Annual Report on Development of China's Engineering Education 2016

中国工程教育发展报告

ZHONGGUO GONGCHENG JIAOYU FAZHAN BAOGAO

2016

高等教育出版社·北京

内容简介

《中国工程教育发展报告》由中国工程院教育委员会组织编写，是我国第一部以工程教育为主题的年度报告。该报告每年出版一本，本书是第五册年度报告。本书由专题报告、数据资料和工程教育大事记三部分组成。其中，专题报告都是在中国工程院院士领衔开展研究的基础上撰写而成；数据资料和大事记则来自《中国教育统计年鉴》《中国科技统计年鉴》，教育部、中国工程院、科技部的官网和国内主流媒体网站，以及联合国教科文组织、经合组织的统计网站。因此，本书具有权威性和资料性的特点。

本书涵盖的学科范围以传统工科为主，同时也包括农科、医科等与工科有相似特点和内涵的学科。本书可为上述学科领域的管理者和研究者提供参考，并为广大教师和学生，以及关心工程教育和农科、医科教育的社会各界人士提供所需要的信息。

图书在版编目(CIP)数据

中国工程教育发展报告.2016 / 中国工程院教育委员会编著.-- 北京 ：高等教育出版社，2018.1
ISBN 978-7-04-049043-5

Ⅰ.①中… Ⅱ.①中… Ⅲ.①高等教育-工科(教育)-发展-研究报告-中国-2016 Ⅳ.①G649.21

中国版本图书馆 CIP 数据核字(2017)第 292615 号

策划编辑 黄慧靖　　责任编辑 黄慧靖 张 冉
封面设计 顾 斌　　责任印制 赵义民

出版发行 高等教育出版社
社　　址 北京市西城区德外大街 4 号
邮政编码 100120
印　　刷 中国农业出版社印刷厂
开　　本 787mm × 1092mm 1/16
印　　张 14.5
字　　数 265 千字
购书热线 010-58581118
咨询电话 400-810-0598
网　　址 http://www.hep.edu.cn
　　　　 http://www.hep.com.cn
网上订购 http://www.hepmall.com.cn
　　　　 http://www.hepmall.com
　　　　 http://www.hepmall.cn
版　　次 2018 年 1 月第 1 版
印　　次 2018 年 1 月第 1 次印刷
定　　价 89.00 元

本书如有缺页、倒页、脱页等质量问题，请到所购图书销售部门联系调换

物 料 号 49043-00

前　　言

《中国工程教育发展报告》又和大家见面了。2016年的《中国工程教育发展报告》延续了以前几本报告的体例，分为专题报告、数据资料和工程教育大事记三个部分。其中，专题报告主要呈现中国工程院教育委员会组织完成的院士咨询研究项目的成果，概述我国工程教育改革发展的整体情况。

《我国工科人才培养质量提升机制与路径研究》是一篇理论与实践有机结合，并体现工程教育理论研究前沿的报告。该报告基于近年来出现的“整体工程教育”这一经典研究范式，构建工程教育系统的理论模型，以此为基础提出提升工程教育质量的若干机制。例如，目标系统设计机制、技术系统优化机制、结构系统改良机制、社会心理系统塑造机制、管理系统创新机制等。针对每一个机制，报告都列举了我国高校工程教育改革的实例进行深入分析，便于读者理解其内涵。

继续工程教育是工程教育的重要组成部分，也是提高工程科技人才队伍水平的重要途径。信息技术在教育领域的广泛应用，为继续工程教育提供了有力支撑。《我国继续工程教育远程培训问题研究》通过对比分析国内外继续工程教育远程培训的政策制度、资源建设和质量监控，探讨我国继续工程教育远程培训的模式。报告涉及培训主体和对象，资源库、管理系统、学习支持服务系统等培训平台建设，培训专家团队建设，以及办学模式和学习模式等多个方面。报告抓住信息技术广泛用于教育的有利契机，探索建立我国继续工程教育的远程培训系统，是十分有远见的。

高校与工程研究院所联合培养博士研究生是由中国工程院倡导，在教育部大力支持下，从2010年起开展起来的。《高校与工程院所联合培养博士生评估制度研究》借鉴发达国家博士生培养质量评估的经验，以我国博士生培养质量评估制度存在的问题为导向，构建了高校与工程研究院所联合培养博士生质量评估指标体系，包括三级指标、指标的内涵和权重等。这一工作对进一步完善高校与工程研究院所联合培养博士生体系有重要作用，对推动我国博士生培养质量评估制度建设也有积极意义。

《中国智能机器人产业人才培养战略研究》通过分析全球和我国的智能机器人产业发展状况,提出这一产业的人才培养战略。智能机器人产业作为新兴的高技术产业,在军事和民用领域,在制造业和服务业,都有广泛的应用前景,世界各国对此都给予高度重视。因此,超前布局智能机器人产业所需人才的培养,主动回应国家的重大战略需求,具有非常重要的意义。

《从数字看我国工程教育新进展》收集了我国和世界工程教育的规模、结构数据以及工程科技人力资源数据,通过对比分析,阐释了我国工程教育发展的成就和在世界的地位,提出了存在的一些问题。报告还通过数据展现了卓越工程师教育培养计划、工程教育专业认证、CDIO 工程教育模式等我国工程教育重要改革举措的进展情况。

《中国工程教育发展报告 2016》是中国工程院教育委员会组织编写出版的第五册年度报告,期待社会各界读者继续给予关注,并提出宝贵意见。

《中国工程教育发展报告》编辑委员会

2017 年 8 月

目　　录

第一部分　专题报告

第三部分　工程教育大事记

第一部分

专题报告

我国工科人才培养质量提升机制与路径研究①

"我国工科人才培养质量提升机制与路径研究"项目组

1　国内外工程教育理论研究

1.1　工程教育及其范式变迁

剖析工程教育系统对完善工程教育研究领域的理论体系和指导高等工程教育实践具有重要的意义。浙江大学中国科教战略研究院的研究团队近年来持续跟踪国内外高等工程教育案例,结合大 E 工程教育、整体工程教育等模式研究,对该问题进行了探析,课题研究成果提出了"一体三维"的整体工程教育、工程教育生态系统等理论概念。

1.1.1　工程教育

很多国家把工程作为国家的未来[1],把工程教育视为国家未来技术和经济发展的基础[2],把工程人才视为发挥国家潜力的保证[3],以及国家竞争力和国家创新能力的核心。所以,国内外研究工程教育的文献颇多,近几年有成为研究热点的趋势,但是工程教育的概念尚无权威定义。Cranch 基于系统视角认为,工程教育是受环境包围的和处

① 原文约 5 万字,限于篇幅,收入本书时做了删节。

于运动状态的工程系统和教育系统的交集系统[4]。王沛民等[5]从社会属性分析认为,工程教育是作为一种社会现象和一项活动而存在的,它不只是一个客观事实,同时也是一个主观概念。李晓强[6]从目标角度认为,工程教育是以工程科学为主要学科基础、以培养工程人才为目标的活动,强调实学、集成和创新原则。

本文中的工程教育参考 Cranch 的定义,认为工程教育是受复杂工程环境包围的、处于运动状态的工程系统和教育系统的交集的复杂系统,有自身培养工程师的目标,有自身的要素和结构,有内部的功能和关系。工程教育本身是一个复杂系统,又是高等教育体系的有机组成部分,并与政治、经济、科技、文化和社会等有着不可分割的联系,所以工程教育系统需要具有适应性。

1.1.2 工程教育的范式变迁

自博洛尼亚大学成立以来,高等教育历经风雨 900 余年。大学一直是理性的灯塔照亮人类文明的进程,期间大致经历了两次范式变迁:洪堡为大学注入了“科学研究”使命,视为第一次学术革命;威斯康星为大学烙印了“社会服务”标识,视为第二次学术革命。工程教育,以 1747 年巴黎路桥学校的建立为开端,在不足 300 年的时间里,大致上也经历了两次范式变迁,以美国的工程教育最为显著,分为“技术主导时期”、“科学主导时期”以及“回归工程时期”,最早由 Crawley 等于 20 世纪 90 年代初总结,同时在《反思工程教育:CDIO 方法》(*Rethinking Engineering Education: The CDIO Approach*)一书中有集中描述[7]。

事实上,我们可以以科学性与技术性为轴,对工程教育进行描绘,分别是技术范式时期、科学范式时期以及工程范式时期(见图 1)。

(1) 技术型工程教育范式

该范式下的工程即艺术、技艺、技巧、技能、技术的应用[8]。1862 年的莫雷尔法案和“赠地学院”促使工程教育开始从车间向教室转移,包括大量现场和实验课程,很少强调科学理论或数学分析[9]。大抵也是受当时实用主义文化兴起的影响,美国工程教育就以技术范式启航,重视实训,以学徒制、操作手册为特色,强调 hands-on 经验的习得,可以说是以培养工匠为旨趣。1949 年,麻省理工学院(MIT)发表了《刘易斯报告》,提出实事求是的专业人员概念以及强调工程教育

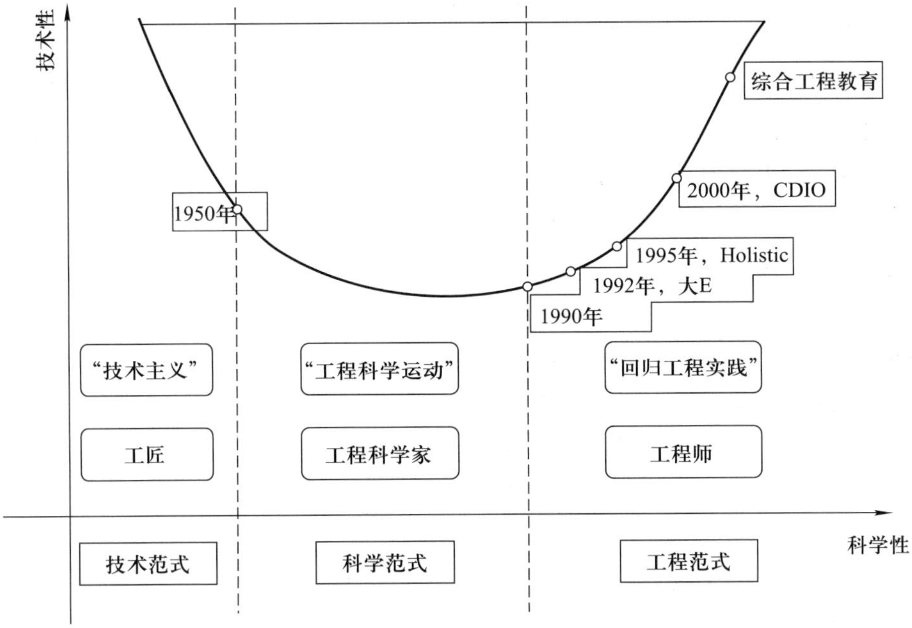

图 1 工程教育范式变迁

实践,集中体现了这一时期的技术色彩。

技术范式的形成是为了适应农业经济时代和工业经济时代初期的简单生产需要。当时工程实践的主要技术是手工艺技术,所以以师徒制为基础的言传身教式技术传承方式成为工程技术教育初期的主要传播模式。但是随着工业经济时代的飞速发展,工程师所面临的工程实际越来越复杂,院校式工程教育模式开始萌芽和涌现。日益复杂的工程实践问题推进了工程学科体系和课程体系的持续丰富,并催生了本科、硕士和博士不同阶段的工程教育层次结构。

(2) 科学型工程教育范式

该范式下的工程是科学的分支,是科学原理的应用。在 1950 年左右,美国工程教育发生范式转变,标志是自然科学与工程科学在工科课程设置中长驱直入,实践和设计课程被大量挤占或删除,这是以技术和实践占主导的传统工程教育被以科学和理论占主导的新兴工程教育取而代之的一场革命,或者说范式变迁[10]。数学和理论方面的课程代替了加工、测量和制图等实践性课程[11],Grinter 指出,“科学指引下的工程课程设置”可以追上科学与技术飞速发展的步伐[12]。

这一时期的工程教育强调工程科学，侧重对现象的原理性解读与分析，以培养工程科学家为旨趣。

科学范式的形式源于对第二次世界大战后工程师作用的反思。一方面，由于当时的工程师偏重于实践，普遍缺乏科学方面的严格训练，难以将科学原理应用于先进技术的开发。另一方面，随着科技革命的深远影响和亚当·斯密劳动分工理论应用带来的效率提高，特别是第二次世界大战期间雷达技术和原子弹的使用所显示出的科学技术对社会经济发展的巨大影响力，需要工程教育范式发生变革以适应环境的复杂变化。以《格林特报告》(*Grinter Report*)为标志，美国工程师培养开始紧跟科学和技术发展的步伐，并确立了工科课程划分的若干基本方针，创立了工科学科体系。工程教育一头扎进科学的怀抱，工程师的培养模式与科学家的培养模式越来越相似。

(3) 工程型工程教育范式

事实上，在 1980 年之后，美国工程教育界出台了若干重要报告，开始对过于科学化的工程教育进行全面反思。比如 1980 年美国国家科学基金会(NSF)发表的《尼尔报告》(*Neal Report*)指出，本科工程毕业生对现有工具与科学知识了如指掌，却没有弥补他们工程实践经验匮乏的机会。MIT 针对美国工业面临的危机和挑战，于 1989 年发表《美国制造：夺回生产的优势》(*Made in America:Regaining the Productive Edge*)，提出工程领域要加强制造工程教育和工商管理教育，以重振美国生产力的雄风，试图抑制工程教育科学化倾向[13]。Moses[14]和 Bordogna 等[15]分别提出了大 E 工程与整体观，为工程范式提升了理念高度。2000 年之后，以项目生产全过程贯穿为特色的 CDIO 更是将工程范式下的模式实践推向高峰，而我们今天所研究的整体工程教育事实上也处于这一范式下。

"回归工程实践"是否等于"技术范式复辟"？"回归工程"究竟要回归到工程的哪里？有学者认为要回归到工程的本体、本源或本性，即综合、整体或集成[10]。Reynolds 认为这是工程教育的钟摆现象[16]。实际上这个问题就是要回答工程与"技术"、"科学"的关系，以及与其他非科学技术的关系。2010 年，联合国教科文组织(UNESCO)发布的首个关于工程的报告《工程发展：问题、挑战与机遇》(*Engineering: Issues, Challenges and Opportunities for Development*)对此有较为明确的论述，认为科学构成了工程的理论基础，而技术则为工程提供了工具性支持[17]。

所以工程范式不是简单地回归到技术范式时期，尽管两者都强调实践，但是工程范式的面向实践是建立在一定的工程科学基础上的，属于科学与技术集成范式，是一种螺旋式递进。这种集成范式中的实践任务需要包括项目组织和沟通，突出学生作为专业咨询人员的作用、创新设计能力及其经验要求，以及科学如何在社会中应用的伦理问题[18]。同时，在科学与技术集成的基础上，工程范式还强调与更大的环境如政治、文化、经济等因素的集成，即 Moses 在大 E 工程理念开篇作中集中阐释的“背景敏感工程”（context-sensitive engineering）。

1.1.3 工程教育的研究视角

工程教育的研究大多立足于宏观教育体系层面：查建中[19]应用控制论思想，建立工程教育的宏观控制模型，并由此讨论工程教育的培养目标和评估体系；常晓玲[20]构建了高等工程教育双闭环控制系统，以便分别根据社会需求和阶段性教育目标的比较差距进行整体或局部动态调控；周凌宇等[21]则应用生态系统理论，审视我国高等工程教育问题等；王沛民等[5]将其总结为研究工程教育的系统方式并指出，对于工程教育，无论是研究它或营造它，亦无论是讨论它的运行或它的控制，系统方式都是不可或缺的。具体分析见表 1。

表 1 工程教育的研究视角

研究视角	具体内容
过程观	把工程教育视为一系列状态构成的整体：反映时间的有序性，表现在对工程教育历史经验的批判继承和对未来发展的预测规划
环境观	把工程教育视为更大系统的一个部分：认识到工程教育并非存在于真空，工科院校也不是“象牙塔”，即系统（外）-环境（内）的二位一体
层级观	把工程教育视为一系列层次构成的整体：当规划、设计、运筹或控制工程教育改革活动时，要求从上而下的思路，力求从全局出发宏观把握问题，了解各层面的关系再逐层解决问题
功能观	把工程教育视为具有某种功能的组织，该组织由相互联系的功能点组成：借助系统结构的输入/输出变换，要辨识三个概念：输入接口处的变换称为功能或目标，结构内部的变换称为效能，输出接口处的变换称为性能或结果

续表

研究视角	具体内容
结构观	把工程教育视为具有某种构造的结构,该结构是由相互联系的元素组成的:在最简单的工程教学系统中,工程学生、工程教师、工程经验和知识三种元素通过不同的组合方式决定了教与学的主次关系

1.1.4 工程教育的经典研究范式

(1) 整体工程教育

在20世纪90年代以前就开始出现若干工程教育课程改革的新方向,例如:① 强调工程的实质抓住工程实践根本的“三明治(sandwich)课程”;② 强调设计的价值、以设计教育作为工程教育主线或核心的“设计式课程”;③ 强调现代工程的综合和跨学科形态的“跨学科课程”[22]。这些反映工科课程设置的新的理念和实践也集中体现在由NSF资助的“工程教育联合体计划”(Engineering Education Coalition)的丰硕成果中。如图2(a)所示,传统的工程本科四年制学士学位计划是由相对彼此独立的一系列课程构成的。在工程教育科学化的大背景下,它在中国即所谓的工科“三层楼式”课程设置:① 主要集中在一、二年级的“公共课”,包括数理化和人文社科(HSS)类的基础课;② 主要集中在二、三年级的“专业基础课”;③ 主要集中在三、四年级的“专业课与毕业设计”。而联合体计划的一个重要贡献是,许多参加试点的院校虽然侧重各自的改革主题,但是都在力图把原来分散割裂的课程打通,在集成(integrated)和统一(unified)的理念下尝试“整体的工程教育”(holistic engineering education),并且通过课程计划成分的不同配置,实现学士类型的多样化[见图2(b)]。

2010年,Grasso等编著的《整体工程教育:超越技术》(*Holistic Engineering Education:Beyond Technology*)一书由Springer出版社隆重推出。这部著作汇集了来自全球的关于整体工程教育改革的19篇重要文献(见表2)。在这本重要的著作中,许多杰出的作者就应对挑战而采用的教育范式展开了不同角度的思考。尽管他们的观察视角各有不同,但全书的主题却是十分明确:21世纪的工程领导者需要具备一个更加广阔的视野,接受一种整体的、系统导向型的教育,而这在当

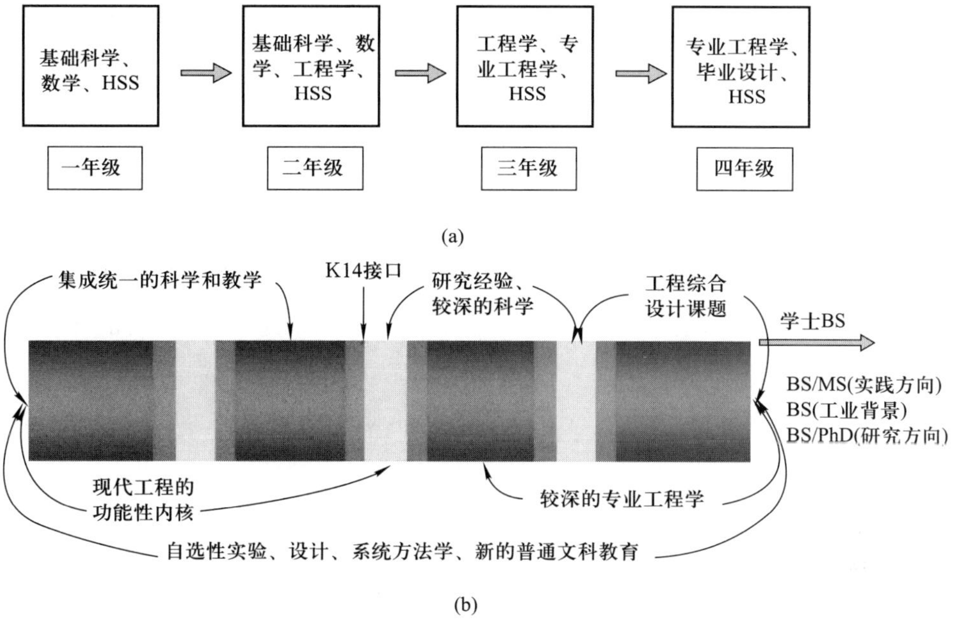

图 2　工程本科课程模式的改革变迁

资料来源：孙旭东，李成刚. 美国工程教育联合体计划述评[J]. 高等工程教育研究，2006(6)：1-5

前必须大力呼吁、提倡与探索实践。Charles Vest 教授在为该书所作的序言中写道："《整体工程教育：超越技术》指出了工程教育和实践转型的路径。这条完整的、灵活的和系统导向的路径，将有效应对 21 世纪规模、复杂性和跨学科程度不断升级的大挑战。"[23]

表 2　《整体工程教育：超越技术》中的 19 篇重要文献

文献题目	作者
超越技术：整体的优势	Grasso，Burkins
整体的工程	Grasso，Martinelli
变革世界中的工程	Duderstadt
K-12 工程：缺失的核心学科	Miaoulis
文科与工程	Koshland
自由教育怎么了？	Christ
整体工程和教育改革	Grasso，Helble
超越系统工程：面向 21 世纪的教育方式	Guthrie

续表

文献题目	作者
整体时代的工程师教育:拉丁美洲的视角	Gallegos
培养创新型工程人才	潘云鹤
工程师的国际化教育和整体性思考	Berkey
工程价值定位:职业需求和个人需求	Wnek, Williamson
工程教育转型所迷失的基础和其他的哲学反思	Goldberg
揭开整体工程的神秘面纱	Grasso, Burkins, Helble, Martinelli
系统工程实践与技术领导力	Austin, Wheaton, Tang, Goodman
整体的系统集成	Grasso, Metzger, Byrne, Huffman, Kreger, Francesca
明天的工程师:整体思维的系统工程师	Wise
协同创新与服务系统	Donofrio, Sanchez, Spohrer
技术和政策	Morgan

Bordogna 曾更加清楚地描绘了“整体的工科课程设置”(holistic engineering curriculum),见图 3[15]。在此整体模式中,科学、数学、人文学科和社会科学的课程是需要“整形”的,这是由工程教育的培养目标决定的。工程教育需要这些学科内容作为自己的功能性成分,并不是要把未来工程师造就成这些学科领域的学者或专家。因此,对这些领域的现成课程不加取舍、拿来就用,除非是万不得已,通常缺少充分的理由。传统模式中恰恰是对这些现成课程推崇备至,并且作为

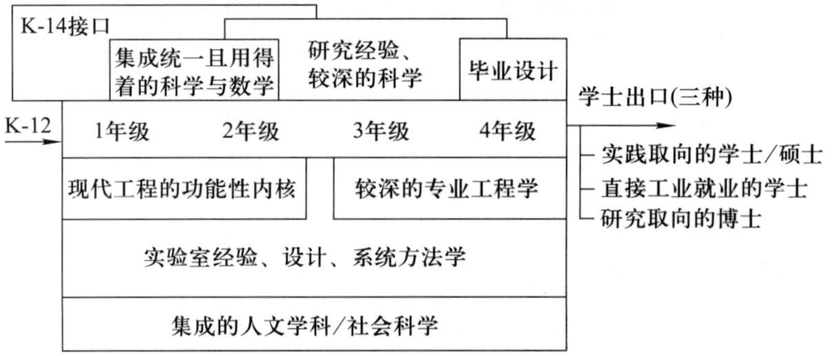

图 3 整体工程教育本科模式

资料来源:文献[15]

"公共基础"反复巩固、加强再三，以致学生兴味索然、教师迷失方向。为整体模式中特设的而传统模式所没有的一种成分，就是新生入学伊始就安排的所谓"现代工程的功能性内核"(functional core of engineering)。它由一系列主题与活动构成，旨在让学生在第一时间就接触工程，使其懂得工程究竟做什么、怎么做，以激发其面对开放性问题寻求创造性解法的动机和兴趣。《整体工程教育：超越技术》中的大多数文章实际上都是在讨论这个新型模式问题；其中 Goldberg 的论文还专门探讨了工程教育转型所迷失的基础和其他的哲学反思，挑明了科学模式或分析模式的负面要害。

当然，上述工程本科系统还只是整个工程教育系统的一个子系统。在该子系统的入口外有一个 K-12 系统，即从幼儿园(kindergarten)教育开始的中小学普通教育，它在今天的中国正在加强"国学"素质教育，它在今天的欧美正在加强所谓的 STEM 教育。在本科子系统的出口处，对学士学位的设计是多样化的：一是能够去公司企业直接就业；二是继续攻读实践取向的工程硕士；三是继续攻读研究取向的哲学(科学)博士或工程博士。在第一种场合，本科子系统连接着工程继续教育系统；在后两种场合，本科子系统连接着工科研究生教育系统，然后再接续工程继续教育系统。总之，一个造就新一代工程师的创新的工程教育系统，必须通过集成方式来实现，其中要由工科院校提供三个层次的特色计划，即：① 整体性的本科课程计划(holistic undergraduate curriculum)；② 面向实践的硕士水平课程计划(practice-oriented master's level curriculum)；③ 聚焦发现的集成博士课程计划(integrative discovery-focused doctoral curriculum)[24]。这样一种整体的、系统的概念，可以完整、清晰地由图 4 来表达。

工程固有的实践性、综合性和创造性这三大基本特性，要求今天的工程教育必须在系统整合的基点上去实践与创新，选择适合自己的方法方式，以多样化的模式适应多样化的需要，在多元化的文化环境中发展各具特色的工程教育模式。

(2)"一体三维"的整体工程教育

整体工程教育模式，是以"集成性、实践性与创造性为一体"为核心逻辑进行的理念与范式构建，其目的是培养具有整体性思维的系统工程师。回归到"集成性、实践性与创造性为一体"工程本真逻辑，进

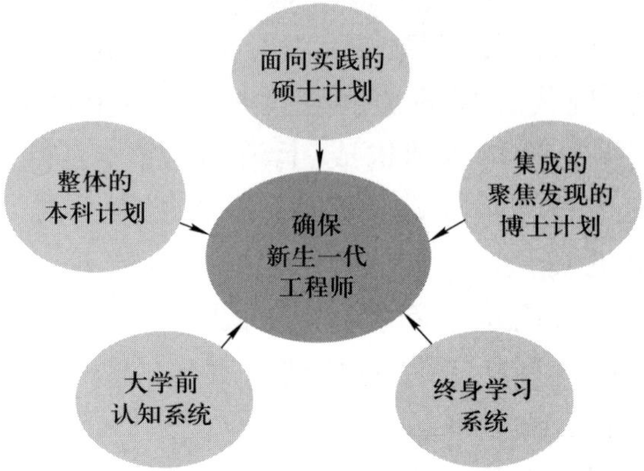

图 4 整体工程教育系统

资料来源：文献[24]

而对工程教育的全过程进行创新架构，形成“一体三维”整体工程教育的范式建构（图 5），具体包括培养规格、过程与支持三个维度。规格维度解决的是“培养什么样及哪种类型的工程人才”；过程维度解决的是“怎么整体性地培养”；支持维度解决的是“整体性培养的其他支持条件”。规格维度旨在回答人才的特征与类型。整体工程教育认为要培养知识体与能力体高度融合的系统工程师，同时要实现多元化的培养，不同类型、层次的学校要对工程人才培养的目标进行针对性的规划。过程维度旨在控制和提升工程教育的质量。为培养整体性工程师，整体工程教育试图充分把握整体工程教育的实践性与创造性理念，以突出真实工程世界体验为主线，整合课程设置，突破教学方式与学业评价的传统模式，对工程人才培养的过程维度进行系统重构。培养支持维度旨在解决如何更好地形成工程教育合力。支撑整体工程教育的模式建构，要在学校与学校间，学校与产业间形成充分的互动，取长补短，互利共赢，进而形成整体工程教育的完整生态系统。

“一体三维”整体工程教育的研究成果在“支持维度”提出了工程教育生态系统的概念，但是没有进一步展开论述如何构建这样一个支持高等工程教育发展的系统，也没有从高等工程教育组织的内在系统进行分析，为今后的深入研究埋下了伏笔。

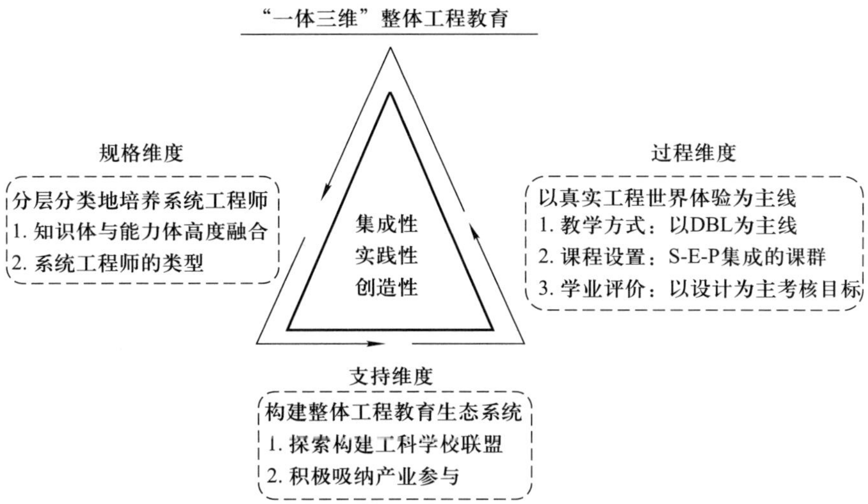

图 5 “一体三维”整体工程教育理念图

资料来源：中国工程院咨询研究项目“基于整体观和大 E 工程理念的综合工程教育模式创新探索”，2013 年

（3）工程教育生态系统

在 2015 年浙江大学中国科教战略研究院承担的中国工程院《我国工程科技人才成长若干重大问题综合研究》课题报告中首次比较完整地提出了工程教育生态系统理论框架。该课题报告从战略定位及目标、培养对象、培养主体、培养方式、评价体系五个方面分析了高等工程教育所面临的重大问题，在工程教育生态系统的理论框架下，比较好地回应了这些问题（图 6）。

具体来讲，该系统由五个部分组成：一是由企业及其他用人单位构成的多样化的人才需求子系统；二是由高等院校、科研机构和企业等构成的多主体协同的人才培养子系统；三是由政府、行业协会和科研机构等构成多主体协同的人才培养服务子系统；四是由工程科技人才三种知识、五种能力、三种品格[①]构成的多维度人才素质子系统；五是由企业、高校等为评价主体的多维度评价子系统。

① 三种知识指专业基础知识、跨学科和前沿知识、经管等社科知识。五种能力指创新能力、综合设计和工程实践能力、学习能力、领导和沟通能力及国际化能力。三种品格指爱国品格、职业道德和健康心理。

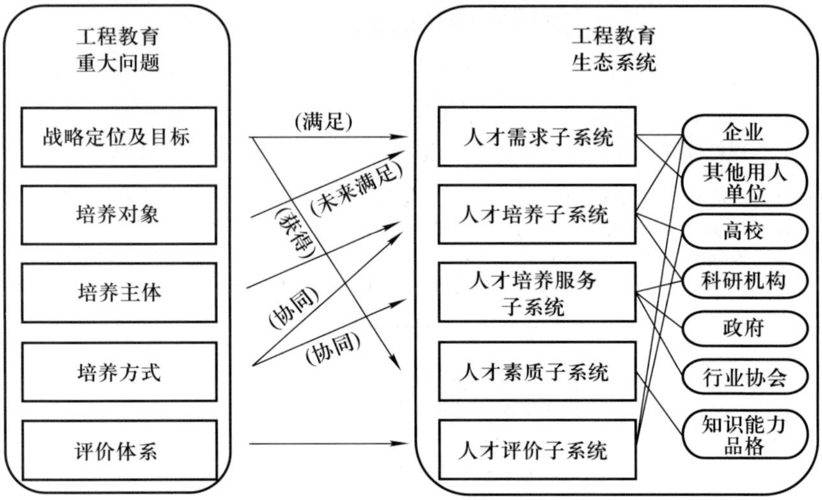

图 6 以工程教育生态系统理论框架回应工程教育重大问题

资料来源:中国工程院咨询研究项目“我国工程科技人才成长若干重大问题综合研究”,2015 年

1.2 工程教育系统及其建构

1.2.1 组织系统理论与系统管理理论

组织系统理论创始人贝塔朗菲将系统(system)定义为相互联系的元素的集合,这其中包含了一些子概念,包括边界、要素、结构、层次和环境,他们构成了一个系统[25]。一般系统理论起始以有机体为研究对象,发展衍生到社会科学,进而结合到组织理论。第二次世界大战之后,组织系统理论开始兴起,该理论认为组织是一个开放性的整体,组织内部有若干相应的子系统,且与外部环境进行相互作用,是一个“开放系统”。该理论的代表人物是霍曼斯、卡斯特、罗森茨韦格等,他们的主要观点是:第一,组织是开放系统,无论是生物系统,还是社会系统,都必须具有持续的投入、转换和产出循环,组织从社会环境这一大系统中输入资源,经过生产过程的转换,再将产品或服务输出到社会环境中去,从而达到动态的平衡;第二,组织系统本身由许多子系统组成,包括目标与价值子系统、技术子系统、社会心理子系统、结构子系统和管理子系统[25]。

系统管理理论是在一般系统论与组织系统的理论基础上发展而来的,在 20 世纪 60 年代得到了广泛认可和应用,曾被称为 20 世纪最重要的管理理论之一。Johnson 等比较全面地阐述了系统管理的观点[26],由此建立了系统管理理论的基本框架[27]。

Kast 等[27]认为,组织是一个系统,由相互依存的众多要素所组成的局部最优不等于整体最优,管理人员的工作就是确保组织中各部分能得到相互协调和有机整合,以实现组织的整体目标。组织是一个开放的系统,即与周围环境产生相互影响、相互作用的系统。系统管理理论基于普通的系统论,其主要思想是:第一,系统是由相互联系的要素构成的;第二,系统的整体性;第三,系统的层次性。

在 Kast 等提出的系统管理理论中,有关组织及其管理的系统观是其基本概念框架。他认为组织是作为社会大系统的一个子系统,必须在整个环境超系统的制约下达到组织目标。组织的内部系统可以由几个主要的子系统构成(图 7):一是目标与价值系统,一方面组织从社会文化环境中取得许多价值观,另一方面也对社会的价值观产生影响;二是技术系统,是指完成组织工作任务所需的知识,以及过程中所使用的技术、工具、方法和设施;三是社会心理系统,包括个人的行为与动机、地位与作用关系、群体动力以及影响网络;四是结构系

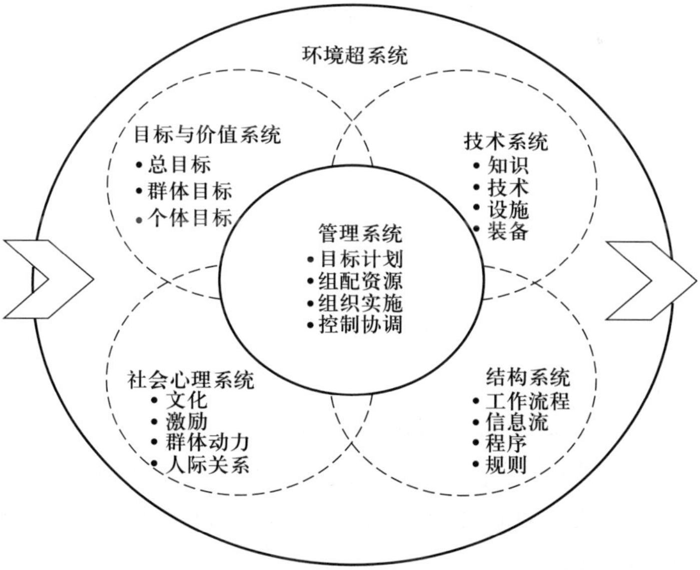

图 7 系统管理理论的组织模式示意图

统，是技术系统与社会心理系统交织而成的一个系统，与组织任务分工的方式、方法以及对组织活动的协调有关；五是管理系统，其对协调统一其他子系统的活动是必不可少的，在确立组织目标、计划工作、设计组织和任务控制中起到重要作用，有效地将组织与外部环境相联系。

1.2.2 工程教育系统的基本构成

高等工程教育的组织系统作为大学组织的一个代表性分支，既具有大学组织的一般特征，又对外部环境的变化非常敏感，尤其是与产业组织系统的互动作用非常紧密，高等工程教育系统可以说是以产学结合为基础的大系统[28]。在大学组织的基本要素与概念分析基础上，结合系统管理理论的思想，本研究提出了高等工程教育系统理论框架。

（1）目标与价值系统

大学组织在刚创办之初，定位于博雅教育，殖民地时期更关注培养牧师。从大学组织讲，主要的目的是传授知识、创造知识、服务社会。工程教育的目标是培养工程科技人才，人才培养目标概言之是四类人才：工程科学家、工程师、高级技术人员和工程创业人才。工程教育始终受“学术化”和“实用化”两种倾向夹击，在设计工程教育目标的时候，要关注到不同社会对工科人才的需求不同、各地的教育体制不同等问题。因此，工程教育目标的基本问题应该理清楚，首先是社会需要哪些工科人才，其次是学校人才培养目标定位，最后是如何供给这类人才。

（2）技术系统

高等教育系统的技术子系统，是指人才培养所需的知识、技术、方法和工具等。基本任务及其相关技术决定了一个组织的大部分性质，同时也会影响组织的结构，因此技术系统是一个组织的基础子系统。工程教育的技术系统，核心是课程体系，除此之外还包括教学场地、实验室、教学方法。随着信息技术的发展，工程教育的技术系统也在发生不断变化，公开课、慕课等新的教学形式不断涌现，促进了知识传播和教学质量的提升。

（3）社会心理系统

不同的成员在大学的社会心理系统中都发挥着作用，这些成员有着不同的目标和动机,其中最重要的特点是大学组织中的多数成员都具有相当的自主性。因此,高等工程教育系统实际上存在着一个极其错综复杂的社会心理系统,一个松散的联结在一起的系统。不同的大学,其社会心理系统存在差异性,不同的学科之间也存在较大的差异性。这种差异源于各个大学、各个学科中的基本差别,每个大学或学科都建立了某种既定的价值系统、“思维方式”或“研究方法”。

(4) 结构系统

组织的结构系统涉及职权职责模式、等级关系、矩阵排列等诸多基本问题。大学作为松散联结的组织,随着规模化、个性化和专业化程度的不断增长,组织的协调控制变得越来越困难。高等工程教育系统的结构子系统,绝对不同于官僚集权型的权利等级,组织权利的一个主要来源是知识的占有者(教师),主要的实施单位是学科或者专业。因此,在大学组织的院校两级治理结构中,同样类似于高等工程教育系统,而且应更加强调学科和专业的自主性。

(5) 管理系统

学科作为高等工程教育的基本组织单位,其在工科人才培养活动的管理过程中发挥着非常重要的作用,是教学计划、培养方案、教学管理等活动的具体执行者,起着协调和沟通学校资源与政策的中枢作用。随着学生个性化发展需求和主体意识增强,学生本身也在影响着教学管理活动,影响着教学管理的政策制定。

(6) 外部环境系统

从组织系统和系统管理理论的视角出发,组织是一个“开放系统”,与外部环境发生着交互作用。作为大学系统的分支,高等工程教育系统受外部环境的影响更为敏感,与外部环境的交互更加明显。一个组织的外部环境,主要包括社会环境、产业环境、政策环境、生态环境四种类型,高等工程教育系统的演化发展影响着外部环境因素,外部环境的变化和发展同样也会作用于高等工程教育系统。

1.2.3 工程教育系统的理论模型与特征

高等工程教育系统的内部结构由目标与价值系统、技术系统、结构系统、社会心理系统、管理系统五个子系统组成;外部结构由社会环境系统、产业环境系统、政策环境系统、生态环境系统四类系统构成(图 8)。

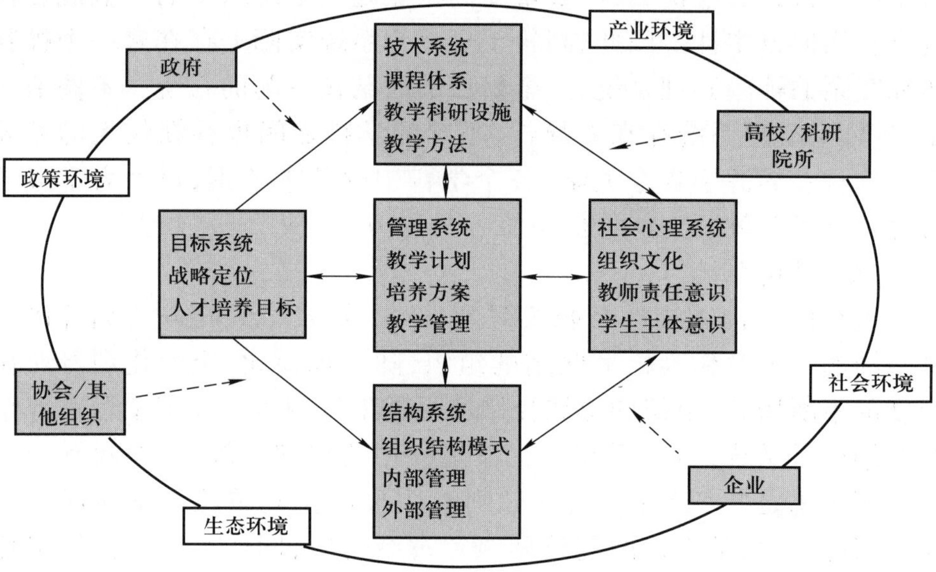

图 8 工程教育系统的理论模型

高等工程教育系统的主要特征包括整体性、开放性、动态性、能动性和文化属性。

1）系统的整体性。整体性是指系统之间不是简单的相加，而是有机的整体。高等工程教育系统的子系统之间、与外部环境系统相互作用，构成一个大系统。

2）系统的开放性。大学组织是一个开放的系统，高等工程教育作为一个大系统，也是不可能孤立存在的，并且每个子系统也具有开放性，与外部环境系统发生着相互作用和影响。高等工程教育系统要想生存和发展，就必须适应外部环境的需求和变化，同时也会积极促进外部环境的发展。

3）系统的动态性。从自组织理论的视角，系统自身具有在变化过程中表现出自适应和进化的能力，因此高等工程教育系统不是一个静止的系统，而是会根据外部环境变化和自身发展需要做出改变。

4）系统的能动性。组织是由个体组成的，组织系统也反映了人类活动的基本特征，包括计划性、智能性和创造性。例如，学科发展规划则反映了高等工程教育系统的主观能动性。

5）系统的文化属性。组织系统文化是指组织成员共同接受的价值观、行为准则、团队意识、思维习惯、工作方式、心理预期等群体意识的总称。高等工程教育系统受大学组织、学科属性的不同的影响，其本身就具有异常复杂的社会心理子系统，因而高等工程教育系统具有较为明显的独特、稳定的文化属性。

2 工程教育质量提升机制

利用工程教育系统的理论分析框架，结合代表性高校在提升工科人才培养质量方面的创新举措、特色体系、特色项目等案例分析，我们认为提升高等工程教育质量的机制主要包括目标系统的设计机制、技术系统的优化机制、结构系统的改良机制、社会心理系统的塑造机制和管理系统的创新机制。

2.1 目标系统的设计机制

2.1.1 浙江大学工高班：培养高素质工科创新人才

浙江大学为培养具有国际视野的高素质创新人才和未来领导者，特别注重人才培养的顶层设计，在修订培养方案时，坚持“更高、更宽”“以学生学习为中心”“加大复合型人才培养力度”三大原则，科学地构建课程体系。浙江大学的工科人才培养以交叉和专业知识精深为目标，通过强化科学素养，培养具有坚实数理基础、富有创新精神、具有国际竞争力的工程专业领域高素质本科人才。为实现这一目标，浙江大学成立了竺可桢学院，建立了工程教育高级班（简称“工高班”，即 ACEE），以“四重”（重基础、重设计、重创造、重实践）为核心，以培养具有坚实的自然科学、工程理论基础，掌握工程设计思想、方法和能力的复合型人才为目标，通过交叉化的通识教育、专业教育、综合教育和创新教育，致力成为培养具有组织工程与领导项目才能、具备较强的专业竞争力、能在未来重大工程科技领域发挥关键作用的组织型人才和领导型人才的摇篮。

工高班不但注重强化学生的自然科学基础，而且更注重培养学生的工程科学基础，通过实现教学环节的文理交叉与理工交叉以及秉承主修专业培养和工程教育相结合的培养模式，积极搭建起“多规格、多通道、模块化、宽专交、开放性、互动式”的高素质、创新型人才培养互动平台和产学合作教育网络。

2.1.2 浙江大学工程师学院：培养应用型、复合型、创新型的工程师

浙江大学工程师学院按照“高层次、高素质、国际化”的人才培养理念，探索应用型、复合型、创新型的工程技术人才培养体系，成为培养造就一批具备先进工程技术研究、开发、管理、转化能力，掌握一定经营管理知识的综合类工程师和专业型工程师的一流工程师学院。

以“需求”为导向，探索职业化工程教育创新模式。面向社会培养急需人才，主要面向企业在职工程科技人员招收和培养工程硕士、工程管理硕士和工程博士，达到培养目标并考核合格者，可获得学历证书、学位证书和浙江省人力资源和社会保障厅的工程师从业资格证书。工程硕士（master of engineering，MEng）将按照“高层次、高素质、国际化”的人才培养理念，建立应用型、复合型、创新型的工程科技人才培养体系。工程管理硕士（master of engineering management，MEM）培养掌握系统的管理理论、现代管理方法，以及相关工程领域的专门知识，能独立担负工程管理工作，具有计划、组织、协调和决策能力的高层次、创新型、外向型、应用型工程管理专门人才，以适应我国产业结构的调整与转型。

以“双导”为特色，构建职业化工程教育课程体系。在培养环节上着重加强工程实践训练、产学合作和国际合作，开展“学校导师+企业导师”双导师联合培养，共同实施“课程学习、工程实践实训、国际交流、技术研发创新”的一体化培养。针对在职人员的特点与实际发展需求，按照拓展学术与产业视野、提高管理能力和提升专业业务水平的要求，实行大类与特色相结合的思路设计培养方案与课程体系。其中课程包括：公共学位课、公共经管类模块课程（3～5 门）、专业大类模块课程、专业特色课程。培养环节包括：课程学习、工程实践实训、海外交流和技术研发创新训练。学分要求为：工程硕士 32 学分，工程管理硕士 30 学分。

2.1.3 小结：以需求为导向的目标系统设计机制

每个组织系统都有其特定的目标，目标是组织系统对于未来一段

时间内能够获取成果的期望,是一切组织活动的出发点。培养服务和支撑产业发展的多层次、多类型的工程科技人才是高等工程教育的总体目标。目标子系统包括学校以及学科的定位、人才培养目标,各个高校不仅需要结合自身的优势特色、资源禀赋,还要根据外部社会环境、产业环境、政策环境以及生态环境的变化和要求,做好目标系统的设计。

目标子系统的特征主要体现在两个方面:第一,目标子系统是多个目标的集合,包括组织的总体目标以及组织内部各部门的目标,体现学科、人才、科研三位一体协同发展的目标集合;第二,目标是动态变化的,需要根据环境及需求的变化以及自身发展诉求,进行调整设计。在高等工程教育系统中,目标子系统是"灵魂",其他子系统都在高校使命的指引下改良优化,目标定位的不同决定了高校培养方式改革重点的不同。各个高校根据培养对象要求的不同,设计不同的人才培养目标,并相应调整培养模式、培养方案、课程设计、师资结构、组织结构、管理制度和组织文化,最终实现组织的目标(图 9)。

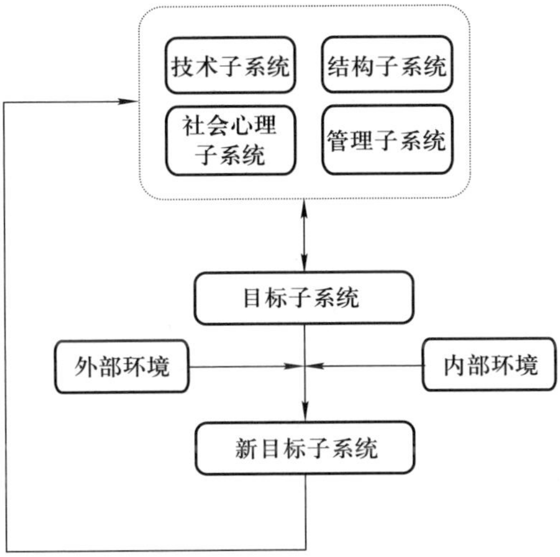

图 9 目标子系统与其他子系统之间的关系

2.2 技术系统的优化机制

2.2.1 清华大学:技术创新创业辅修专业

技术创新创业辅修专业教学计划的目标是在清华 iCenter 和各辅

修专业联合主任的支持下，以前沿技术创新作为原动力，在清华打造一个具有原始创造力的辅修专业，促进清华迸发出更多的未来科技。智能硬件、智能交通和机器人三个辅修专业在 2016 年从学校 20 个院系中招收 72 名大二或大三本科生，并于 2016 年 9 月开始上课，辅修时间为 1.5 年，共 25 学分。

技术创新创业辅修专业通过导师指导下的团队项目实践和跨界学习，使学生掌握全球化背景下的创新创业理论、方法和工具，以创新产品开发为核心，最终做出适应市场需求的未来机器人作品，并完成初步的初创企业策划，以此拓展学生的创新力和领导力，培养学生的创业意识、创新精神和创造能力。

机器人技术创新创业辅修专业的培养目标是基于国家创新驱动发展战略，面向未来机器人前沿领域，针对服务、娱乐、教育、军事等方面的需求，以机器人学及人工智能技术等前沿技术为依托，以产业化为导向，探索具有创新性的机器人产品设计与原型技术并实现技术向生产力转化。机器人技术是一项多学科交叉的技术，机器人辅修专业的建设团队成员主要来自控制、感知、智能、机械、设计与交互等几个方向具有丰富教学实践经验和长期合作关系的骨干教师，为便于开展密切合作，自动化、机械、设计单个学科各聘请一位联合主任，并设辅修专业执行秘书一名。

该辅修学位是以团队形式开展产品设计和实验原型验证工作流程的专业训练项目。以完成一种新型机器人原型开发为目标，在综合运用辅修学位提供的理论知识和专业技能的基础上，通过完成用户调研、需求分析、结构设计、原型开发和实验验证五个实践环节，全面提高学生的创新实践能力。

机器人专业创新实践。机器人项目团队确立项目并完成系统化创新产品开发与制作及初创企业策划。五个实践环节具体如下：

1）未来机器人的用户调研：围绕机器人的产业前沿，通过发放调查问卷、用户访谈等形式，综合运用用户调研手段，有效捕捉社会对新型机器人产品的需求。

2）未来机器人的需求分析：针对收集的用户需求信息，通过系统梳理用户需求，结合团队自身的专长，明确新型机器人系统研发的目标、应用领域和作用范围，准确描述新型机器人产品的功能要求。

3）未来机器人的结构设计：针对团队明确的新型机器人系统的

功能和指标要求，综合运用产品设计思想，给出系统机械、硬件、软件和信息交互架构设计方案。

4）未来机器人的原型开发：以新型机器人的结构设计方案为指导，综合运用机械加工、软硬件开发、调试工具，开发出原型系统。

5）未来机器人的实验验证：从系统开发目标出发，设置应用场景，对机器人原型系统进行试验测试，全面检验系统是否具备设计的功能和指标要求。

机器人专业选修模块。与共同课题组分模块的组成方式类似的是，技术模块以自动化研究方向为主，设计模块以美术学院信息艺术设计系为主，创业模块选修以经济管理学院为主。共同课程组中的模块与专业选修模块的区别在于，共同课题组中的各模块以专业基础为主，涉猎范围较宽，然而，专业选修课程针对性更强，以创业模块为例，共同课程组主要学习创业基础、领导力、经济开发等，专业选修中的创业模块则主要聚焦于技术产品。

学生从共同课程组的四个模块中选择修读至少 9 学分。专业课程组由专业创新实践 6 学分和专业选修模块不少于 10 学分组成，专业选修模块包含技术、设计和创业三个模块（表 3）。

表 3　技术创新创业辅修专业教学计划

时间	共同课程组	专业课程组
第一学期	（3 学分）产业前沿模块：国际产业前沿趋势、全球创新战略、产品开发管理，培养机会识别的能力 （3 学分）设计思维模块：讲授设计定位、用户体验，设计流程、创意表达的角度培养设计思维能力	专业创新实践（6 学分） 专业选修模块（≥10 学分）
第二学期	（3 学分）创业训练模块：以团队的方式学习创业基础、领导力、精益开发、商业机会等内容，培养领导力和执行力	
暑假	（2 学分）国际创新工作坊：国际创客驻校导师对团队进行创新创业专题辅导	
第三学期	——	

专业选修模块中，技术模块选修课程应当突出本专业方向的特色，具备切实的技术“硬东西”，同时也要兼顾“辅修”的需求（表 4）。

创业模块开设的选修课程允许学生跨模块选修。技术创新创业辅修专业依托校内多学科交叉融合、企业和国际导师形成多样化的教学力量，为学生提供多视角和个性化的教学指导，应用慕课、翻转课堂、体验性学习等多种教学模式开展灵活的教学实践，充分利用 iCenter 提供的创新实验环境，为辅修学位的学生提供以团队形式开展机器人创新设计和原型验证乃至产品发布的逼真创业实践平台。

表 4 技术模块的具体课程安排

课程名称与学时/学分	课程内容	授课教师介绍
机器人工程基础应用 32/2	掌握机器人的基本结构、操作及编程方法，通过机器人视觉理论学习了解机器人传感与控制技术	张文增（机械工程系副教授，机械工程学院院长助理，机器人方向专业跨学科机械学科协调人）
信息艺术与设计 32/2	介绍信息前沿技术的最新进展与未来展望，并且给出未来信息艺术设计的潜在需求分析以及相关的用户体验介绍	徐迎庆（长江学者特聘教授，美术学院信息艺术设计系主任，机器人负向专业跨学科设计学科协调人）
人工智能导论 48/3	介绍人工智能的基本原理、方法和技术。内容涉及搜索、推理、知识标识、机器学习。具备对简单的人工智能问题建模、求解和实现的能力	张长水（自动化系教授，原自动化系教学副主任）
电子系统设计和实践 48/3	介绍机器人控制嵌入式计算机系统开发设计，感知环境信息的传感器原理及信号处理方法，运动控制电机驱动电路设计。内容涉及模拟电子、数字电子技术、传感器及功率电子部分	卓晴（自动化系教授）
UNIX 系统基础 48/3	讲解嵌入式软件和实时操作系统（RTOS）的开发原理和应用技术。探讨机器人操作系统（ROS）基本概念和应用。掌握应用于机器人嵌入式控制系统软件开发方法，为实现机器人复杂任务建立软件支撑平台	卓晴（自动化系教授）

续表

课程名称与学时/学分	课程内容	授课教师介绍
线性系统控制工程 48/3	讲解经典、现代控制理论在机电控制系统中的应用案例,并以分组的形势完成自平衡机器人的分析、仿真、搭建和控制系统软硬件的完整设计流程	赵千川(自动化系教授,控制理论课组负责人,协调人) 赵明国(自动化系副教授、专业秘书)
交叉项目综合训练仿人机器人 64/4	讲授仿人机器人的结构、步态、视觉、定位与智能的基本原理及设计方法。通过实践掌握机器人视觉、运动规划及智能的实现方法,并在国际 RoboCup 比赛中检验效果	赵明国(自动化系副教授、专业秘书)

2.2.2 上海交通大学:建立慕课课程

随着信息技术的发展,工程教育的技术系统也在发生不断变化,公开课、慕课等新的教学形式不断涌现,促进了知识传播和教学质量的提升。以移动互联网、社交网络、云计算、大数据为特征的新一代信息技术的发展,正在改变人们的工作方式和生活方式,同样也为教育开辟了新的机遇。自 2001 年 MIT 宣布将课程免费放到网上开始,MOOC(massive open online course,大规模在线开放课程,又称慕课)在全世界范围内兴起。2009 年,哈佛大学推出高质高清课程“公正”将“在线教育”在世界范围内推向风口浪尖,包括耶鲁大学、麻省理工学院在内的世界顶尖大学开始投入巨资建设视频课程。2013 年 7 月,上海交通大学与 C9 高校及部分“985 工程”高校合作建立了“中国高水平大学课程共享联盟”,共同打造我国高水平在线教育平台。上海交通大学组成专门团队,从 2013 年 9 月开始,启动完全独立自主的中文慕课学习平台研发工作,历时四个多月,于 2014 年年初正式推出“好大学在线”平台,面向全球提供在线课程。

上海交通大学为积极应对全球快速兴起的慕课浪潮,进一步开拓了具有中国特色的慕课教育教学模式,在慕课课程跨校共享机制、碎片化教学机制、在线离线学习机制以及教学行为评估机制建设等方面取得了显著成效。

（1）基于数据开源的教学资源共享机制

在“中国高水平大学课程共享联盟”成立之后，上海交通大学还与国内外高等教育机构和相关组织结成开放式联盟。开放式联盟采取联手协作、共建共享、开放资源的形式，整合各盟校的优质教育资源，经由微视频、微课程和社交网络交互的途径，面向盟校和全社会开放，充分发挥各学校的数字教育资源特色和优势，满足各类学习人群的需要，推动慕课的发展及其对全球教育的影响。

“好大学在线”平台作为“中国高水平大学课程共享联盟”的慕课学习平台，已有我国 4 所一流大学的 10 门高水平课程上线，课程发布院校包括北京大学、上海交通大学、香港科技大学和台湾新竹大学。

（2）基于微课程的碎片化教学机制

微课程是慕课的显著特征。研究表明，短视频有助于帮助学生保持注意力，提高学习效果。为了适应学生的网络浏览习惯与注意力集中规律，慕课的教学内容在时长和知识点划分上，以碎片化为特征。“好大学在线”的慕课课程内容通常采用“小视频+小测验”的模式，由若干个 5~10 分钟左右的小视频组成，每个视频之后都嵌入随堂测试，就像游戏里的通关，只有答对的学生才能进入下一个教学环节。这种教学模式不仅便于学生按主题学习，也解决了学习时间碎片化的问题，满足了学生随时随地学习的需要。

在技术上，“好大学在线”平台已初步完成以短视频、强交互为特点的慕课基本教学模式，全面支持 In-VideoQuiz、MasteryLearning 和 PeerReview 等慕课教学特点，采用了兼容 HTML5 和 Flash 的视频播放器。基于大数据分析，自主搭建了云视频服务平台，建立了基于云题库的练习和测试系统，支持公式可视化编辑，支持学生的作业自评与互评功能，部分实现了平台全文搜索功能、用户学习行为采集和分析功能以及针对移动智能设备的慕课课程学习应用 App 等。目前，“好大学在线”平台仍在积极挖掘和开发新的功能模块，继续改善平台的用户使用体验，协助教师更方便、更快捷地维护课程和完成教学活动，追踪学生学习效果，并不断探索新型教育模式与教育理念。

（3）基于大数据的教学行为评估机制

慕课的师生比例极低，教师无暇对每个学生进行传统式的学习指导。为了提高学生学习效果，需要不断地在学习过程中提供大量即时的反馈来支持每个学生的学习过程。因此，“好大学在线”提供了自动化的教学评估方式，如自评分的测验、附有答案的考试或作业以及学习者的学习进度等。这种交互式教学评估方式主要依赖机器进行自动评分或者评级，对分布于世界各地的学习者随时随地提交的在线作业、试卷等实现即时反馈。“好大学在线”每一个参与者的学习内容、学习过程和学习行为的发生，如每一个微课程及相关教学材料、每一个交互式测验和练习等都被“好大学在线”系统记录下来，将数以百万计的学习者在线学习的相关数据汇集成学习大数据。通过计算机分析，找出学习数据中蕴藏的问题和规律，使教师有针对性地及时调整教学方法和技巧，使慕课实现对大规模学习者的个性化教学服务。

（4）基于多方协作的平台运行保障机制

上海交通大学成立了由校长牵头的慕课推进领导小组，增设了校级慕课研究院和推进办公室，投资近 2000 万元用于慕课平台及课程建设，为慕课建设和可持续发展提供重要的组织和资源保障。

上海交通大学与多个国际慕课机构合作共建中文慕课课程，探索建立了开放、有序、互赢、常态化的合作模式。目前已有 8 门课程在 Coursera 平台运行，来自全球六大洲 179 个国家和地区的 16 万人次修读了这些课程；与英国 FutureLearn 签署合作协议，在互换课程的基础上，将推进基于慕课的英国政府支持留学生来华交流项目，促进中英文化和教育交流。

具有完全自主知识产权的中文慕课平台“好大学在线”除了具备国外主流慕课平台功能外，还开发了知识图谱、自适应推送、慕课+SPOC 等特有功能。“好大学在线”的知识图谱，根据课程教学大纲建立各知识点之间的关系，并与微课视频相关联，可系统直观地显示学生视频学习状态、学习进程和学习效果。“好大学在线”的自适应推送，通过记录学生的学习进程、掌握知识的领域和程度等数据，分析其学习能力，给出学业水平评价，并据此推送难易程度不同的课程学习内容和作业。“好大学在线”与百度合作，将平台构建在中国互联网第一入口、覆盖面最广的百度云服务平台（BCE）上，充分利用中国最大互联网企业丰富的网络资源，为课程大规模传播和覆盖提供了重要的互联网基础保障。

2.2.3 小结：以能力为核心的技术系统优化机制

高等工程教育的技术子系统是指人才培养所需的知识、技术、方法和工具等,主要包括课程体系、教学方法、教学科研设施三大部分。技术子系统的优化方向主要受到目标子系统的牵引,并与教学资源的数量与质量、基础设施的建设水平有关(图 10)。技术系统的优化机制主要体现在贯彻内容贯通、强化工程实践的课程设计、以能力为核心的教学方法改革以及借助科技手段实现的在线课程推广。对于高校工科人才培养而言,建立"与时俱进"的知识体系、构建"回归工程"的内容结构是技术系统优化的基本要求。

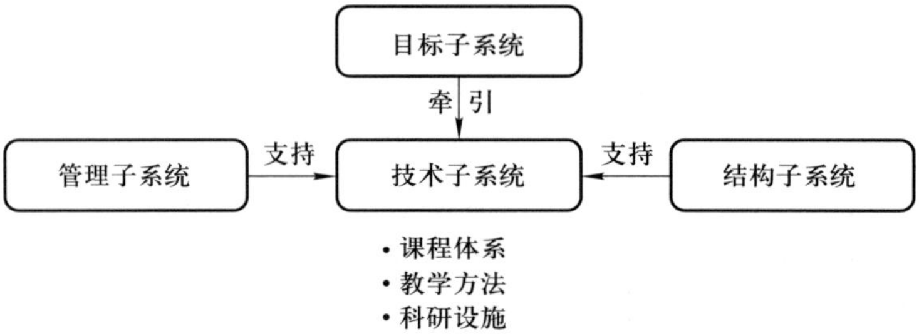

图 10　技术系统与其他子系统之间的关系

2.3　结构系统的改良机制

2.3.1　浙江大学竺可桢学院:搭建跨专业大类平台,培养复合型人才

浙江大学竺可桢学院是以老校长竺可桢命名的本科生荣誉学院。竺可桢学院学生由经过严格遴选的优秀学生组成,实行开放式办学和"自主进出入制"。前期培养阶段,被浙江大学其他学院录取的优秀学生经考核后可进入竺可桢学院学习,而一定比例的不适应竺可桢学院教学模式的学生可选择进入其他学院学习。竺可桢学院在人才培养上有两条主线。第一条主线是从新生中选拔,不分专业,搭建按文、理、工三个大类培养的主体平台,这是实行厚基础、宽口径的前期教育和自主型、个性化的后期专业培养相结合的培养模式。学生进入竺可桢学院,先按文、理、工三大类进行一年半的基础和平台课程学习,然后根据自己的意愿选择主修专业,并实行导师指导下的个性化培养。这一模式体现了基础与专业、共性与个性的有机结合。第二条主线是

竺可桢学院与其他各专业学院共同建立起交叉复合型本科人才培养平台。这是一种面向全校优秀学生的专业外辅修的培养模式,建立了高级工程教育班(即工高班)等特色课程体系和项目,采用团队合作、案例教学、社会实践、参与竞赛等方式,为交叉复合型本科人才的培养提供更广阔的途径。

竺可桢学院为学生提供更多自主选择。例如在四年本科阶段,混合班学生就有五次选择机会:① 第一学年末,学生可选择专业大类;② 第二学年末,学生可在全校理工类中任选专业;③ 同一时段,通过双向选择,学生选择导师,开始进入实验室、课题组进行科学研究的训练;④ 选择课程,选修课占 30%左右,学生可跨系选课,鼓励学科交叉;⑤ 第四学年,免试保研的学生有机会选择研究方向。

2.3.2 上海交通大学密西根学院:开展国际合作,快速建立国际一流学院

成立于 2006 年的密西根学院是上海交通大学和美国密西根大学两所中美顶尖大学全球战略合作、联合办学的成果。其目标是在中国打造国内顶尖、世界一流的学院,使其成为培养新一代具有全球化视野的领袖型人才的摇篮。

上海交通大学密西根学院是一个完全按国际一流大学标准和模式运行的国际化办学特区。该学院引进美国密西根大学的课程体系和教学方法,结合中国特色和上海交通大学优异生源的特点,进行包括一年级不分专业的工程基础课程平台、全部课程按照知识获取过程进行成绩管理与计算、与大型跨国公司合作进行毕业设计实践、将人文素养和软实力的培养全面渗透到第一课堂、实施用多角度的诚信意识锻炼高尚人格等一系列创新改革。经过近 10 年的努力,学院和密西根大学方面实现了教授互聘、学分互认、学位互授、课程共享、全英文授课,通过全方位的工程教育改革探索,在一流师资队伍建设、拔尖创新人才培养、办学体制机制改革等方面取得重要突破,走出了一条通过国际合作快速在中国建设国际一流学院的创新之路。2014 年,上海交通大学密西根学院获得国际教育最高荣誉奖之一的海斯克尔国际教育革新奖[29]。

2.3.3 上海交通大学-南加州大学文化创意产业学院:联合办学,整合多方资源

上海交通大学-南加州大学文化创意产业学院(简称文创学院)由上海交通大学与南加州大学联合建立。文创学院旨在依托上海交通大学与南加州大学的优质教育资源,上海交通大学与地方及企业紧密联动的良好契机,上海交通大学校内相关工程学院、经管学院、媒设学院等的成熟学科,建设多学科大跨度交叉国际化办学平台。文创学院通过整合政、产、学、地、外五方的有效资源,构建了全新的文化产业人才培养体系,建设了一个学科交叉融合、国际合作与产业联动的平台,为培养文化产业管理、技术、创意等领域亟需的国际化交叉型创新人才提供了有力支持。

文创学院首创了"三位一体"的导师组机制,导师组由学术导师、产业导师、外籍导师联合构成,为学生们提供全方位的教学指导,在"交叉学科+产学互动"培养模式创新方面迈出了关键的一步。除了聘请校内知名教授、引进南加州大学教师作为学术导师外,学院更邀请了文创产业界各领域的领军人物和国际学术大师组成了产业导师和外籍导师,打造融合科研师资、课程师资、实战大师于一体的国际一流师资队伍。未来文创学院的办学场地将直接开办在文化和科技产业园区,与产业融合,实现实验室与创意现场一体化,可直接节省文化创意产业教学中通常需要巨资配备的科技设施和技术环境设置,许多课程授课可在企业现场进行,文化产品工作室也可直接作为实验室和实践基地,直接为教师和学生提供关联产业需求的实地教学环境和同步更新的技术环境。

2.3.4 小结:以资源集成为目标的结构系统改良机制

高等工程教育的结构子系统包括职权职责模式和等级关系,主要表现为以学科为基础的院校两级结构。中国高等工程教育的结构子系统受历史影响,一直是苏联的体制,近年来随着办学改革的逐步深化,以学科为基础的结构系统没有发生根本变化,但跨学科、跨大类、跨学校的创新型人才培养结构正在形成,体现了结构系统改良的方向。高等工程教育结构系统的改良重点是构建与国际接轨、满足产业发展要求的组织结构,根本出发点是服务目标系统的重构设计,增强

学科或专业的组织权利、优化配置校院两级的资源。结构子系统是实现其他子系统功能的宏观制度安排,结构子系统可通过建设制度特区,打破原有体制束缚,配套相应师资、课程与实践教学平台,汇聚多方资源,同步实现技术系统、管理系统等其他子系统的优化升级(图 11)。

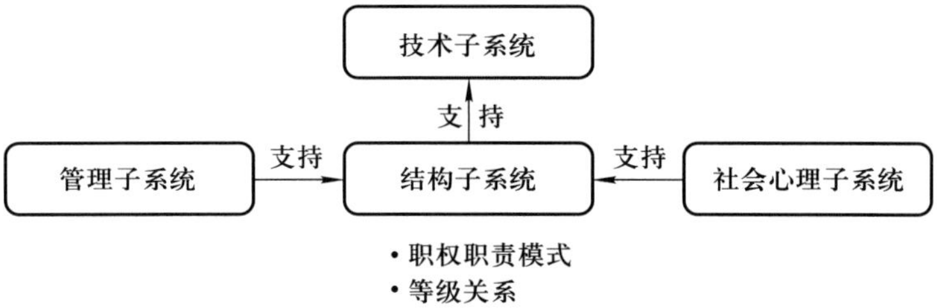

图 11　结构子系统与其他子系统之间的关系

2.4　社会心理系统的塑造机制

高等教育系统具有多元化和松散性的特征。一方面,政府、社会、高校、教师和学生对高等教育的需求和目标不同,系统中同时存在多种不同甚至对立的价值观念;另一方面,由于高等教育系统学科门类繁多且性质不同,工作趋向独立,是一个松散的学术组织,所以高校不能以“一刀切”的方式对各个学院统一管理。鉴于此,高校需要采取多种方式影响和塑造系统内各成员的价值观念,增强系统的包容力和调和力,推动各方为提升教学质量、提高学生能力与素质共同努力。

2.4.1　同济大学:不给辅导学生项目的老师增加压力

同济大学环境科学与工程实验教学中心的前身是创建于 1956 年的给水排水实验站,20 世纪 80 年代开始逐步构建独立的环境学科实验教学部门。实验教学中心以同济大学环境学科优势为依托,以学生的实践能力和创新能力培养为核心,经过长期的发展和几代人的共同努力,形成了“巩固基础、加强实践、发展创新”的三层次实验教学体系。目前,实验教学中心主要负责本科生的实验教学工作、学院设备管理工作、环境科技创新人才培养基地及创新实验的运行管理工作,承担环境工程、环境科学、给水排水工程等本科专业及其他相关专业的实验教学工作。

2009年,实验教学中心获批为国家级实验教学示范中心建设单位之后,校院两级十分重视中心的进一步建设发展,在政策上建立了保障制度与运行机制,在资源上持续增加投入,在学科上充分依托国家重点实验室、国家工程研究中心等国家级研究机构,激励教学科研一线的骨干教师积极投入实验教学,共享仪器设备条件,形成了高水平示范中心建设的保障体系,实现了建设工作的有序高效进行。实验教学中心开设的环境科技创新实验,搭建了科研与教学紧密结合的平台,学生受益面达到95%以上,发掘出了以国家"挑战杯"特等奖获得者为代表的一批本科生拔尖创新人才。同济大学环境科学与工程实验中心在营造"教师积极辅导,学生主动参与"的氛围上有自己的独特经验。中心通过实验定位非成果导向、实验内容与实践对接、实验资源持续投入以及改革激励评价制度,实现了学生参与范围广(达到95%)、教师积极用心辅导、创新成果丰硕的效果。

实验定位非成果导向。中心对于本科生创新实验要求不急功近利,没有硬性的成果规定。中心的创新实验主要是针对本科生开展的实验教学活动,以过程为主。创新实验的目的是希望本科生经历完整的实验过程,通过这个过程让学生们了解工程、了解实验。经历创新实验的学生在未来研究生学习或者产业就业时起步更高、适应能力更强。

实验内容与实践对接。中心持续设立一批与科研成果、工程实践紧密结合的实验教学项目,学生参与的很多实验项目直接来自于工程领域,这样有两个好处:第一,学生们可以直观感受到环境领域的前沿需求和宏观产业发展;第二,学生对行业的适应能力可得到显著提升。

实验资源持续投入。创新实验按照教师和学生人数分配,前沿学科和新兴学科都会紧密结合到创新实验的教学内容中去,中心会根据时代潮流更新教学体系结构。本科生实验教学经费主要来自于学校的投入,本科生在创新实验当中参与项目时,经费来自于课题组教师的项目、学院补贴、企业支持,其中教师课题组的经费支持占大头。在项目实验耗材方面,每个学生的补贴为几百元。

改革评价和激励制度。中心承认带项目教师的教学工作量,教学工作量与职称评定挂钩,获奖项目还可获得其他奖励。带项目教师的工作量差不多相当于带毕业设计的工作量,带一个学生计算0.05个教学工作量，一个组最多可以带五个学生，加起来就是 0.25 个教学工作量。这一制度对于提升教师积极性有显著效果。近两年中心聘用的年轻教师较多，新进教师的教学工作量很难完成，这样的创新实验项目给他们提供了很好的机会。更为重要的是，中心在制度设计时，很好地平衡了教师科研和教学的压力，保证带学生项目不会给教师造成压力，同时还会有其他的好处。在这样的制度牵引下，各个教师都乐意用心辅导学生实验及项目，整个中心实现了良好的教学互动。

2.4.2 中南大学：将学习的自主权交给学生

中南大学全面修订人才培养方案，贯彻“将学习的自主权交给学生”的创新人才培养观，实施新一轮本科人才培养模式改革。新方案的突出特点是：重基础、重实践、重创新、重自主。特色是：① 实行模块式课程设置，强调“三基”的培养和训练，即夯实基础理论、熟练基本技能、完善基本环节；② 总学时压缩到 300 多，确保本科生周学时不超过 25 个学时，为学生留出更多的自主学习、自主研究的时间；③ 减少必修课程比例，扩大选修课程总量，为学生选修感兴趣的课程提供空间；④ 在课程体系上要求有学科交叉，有利于学生的交叉选题与研究；⑤ 增设课外研学学分，学生必须自主完成 8 个课外研学学分。

坚持以学生为中心的教学理念。打破传统课堂教学的“满堂灌”，调动学生自主学习的积极性，把学习自主权交给学生，培养学生自主学习能力、创新创业能力和批判思维能力。

拥有合理稳定的教学团队。拥有一支结构合理、能力突出、乐于教学的课程教学团队。团队至少由 3 人组成，以课程负责人为核心，通过分工协作、优势互补、共建共享教学资源，从教材、教案、课件、试题库、网络教学、教学方法手段、多媒体教学等多方面推进教学研究和课程建设，提高教学质量。

进行科学的教学设计。有完整的教学设计，教学目标明确，教学重点和难点突出。针对不同的教学内容，设计相适应的教学组织形式和教学方法，包括授课内容、教学模式、评价方式的设计，课内、课外的组织形式，知识、能力、素质全面提高的教学方法，实现信息化教学（如微课、慕课）的措施等。

实行开放式的教学方法。以学生为主体、教师为主导，形成活泼自由的教学气氛。由过去的以教师讲授为主向交互式、启发式、研讨式、案例式教学转变，根据课程性质的不同，采取课前导学、课内交流、课后练习、案例分析、课外研讨、专题设计、专题辩论、大型作业等方法，以及师生互动、生生互动、小组交流研讨等多种方式，引导学生进行自主学习和研究性学习，激发学生学习的主动性、积极性、创造性。开放式教学方法的比例要占总课时的 1/3 以上。

实行综合性的考核方式。加强过程考核，根据课程类型、课程性质、课程内容及特点，设计适合的考核内容、考核方式及成绩评定办法。重点考核学生获取知识的能力、应用所学知识分析问题和解决问题的能力、实践动手能力和创新能力等；采用多种形式（笔试、口试、答辩、测验、论文、报告等）、多个阶段（平时测试、作业测评、课外阅读、社会实践、期末考核等）、多种类型（作品、课堂实训、课堂讨论、社会调查、竞赛等）考核方式；成绩评定要求过程考核成绩占总评成绩的比例不低于 40%。

2.4.3 小结：以学生为中心的社会心理系统塑造机制

高等工程教育的社会心理子系统包括了两类不同的对象群体：教师和学生，该子系统需达到增强教师责任意识和学生主体意识的效果，从而提高教与学的效率。与其他子系统不同，社会心理子系统的塑造是个长期、持续的过程，需要目标子系统的牵引、技术子系统的支持和管理子系统的协同，教师和学生群体动力的塑造既需要高校全面深化“以学生为中心”的教学理念，大力推广启发式研讨式教学，提升学生参与积极性，更与“能力与素质并重”的评价制度和激励制度等管理子系统密不可分（图 12）。

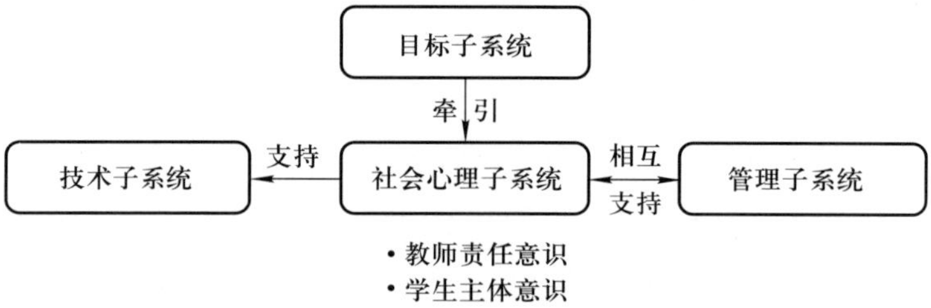

图 12 社会心理子系统与其他子系统之间的关系

2.5 管理系统的创新机制

2.5.1 上海交通大学:重视专业认证,建立评估考核体系

自2007年院校评估以来,上海交通大学的教学改革主要围绕各课程开展,通过发挥广大教师开展教改积极性,将知识传授与能力培养有机融合,落实学校人才培养理念。然而在专业建设层面,缺乏健全的专业评估体系和健全的评估机制来监督各专业的发展,部分专业长久以来缺少自律与持续目标,且尚未形成以"学生学习产出"为导向的评价标准。学校自2005年起使用至今的院(系)考核指标反映了学院的基本教学情况,在一定程度上起到了引导和激励院(系)重视人才培养的作用。但也存在诸如:指标缺少过程考核;忽视文、理、医、工差异,无法体现院系特色;院(系)本科人才培养资源分配与考核结果难以挂钩等问题。为此,学校以专业认证为抓手,修订院(系)考核指标体系,维护人才培养工作的核心地位,保障工科人才培养质量。

以人才培养质量提升为目标,扩大专业认证覆盖面。上海交通大学结合国内工程教育专业认证的实施,快速定位,主管校长亲自带领工作组召开全校工程专业认证动员会,并规划上海交通大学专业认证工作进展方案。在分析前期评估工作和专业建设积累的基础上,制定了"以点带面,长短期结合完成全员工程专业认证"的总体目标。学校投入大量经费,鼓励专业参照国内专业认证标准及ABET标准进行整改和内涵建设,并积极参加专业认证。通过此举,学校尝试建立以学生培养目标和毕业要求为质量依据的评估机制。

学校以专业认证为抓手,推动各专业提高教育教学质量。尤其面向"卓越工程师计划"专业,确立了专业认证目标:至2020年,卓越工程师计划专业100%通过工程教育专业认证。为此,学校根据工程专业认证标准和"卓越工程师计划"专业特色标准,梳理相关文件要求,细化部署"卓越工程师计划"专业参加专业认证的实施方案。通过推动"卓越工程师计划"专业的标准建设,带动其他工程专业进行规范建设,促进专业整体水平的提升。

以工程专业认证为出发点,建立课程评估体系。课程是落实专业

人才培养目标的核心单元,课程评估是提升教学质量的有效手段之一。上海交通大学传统的课程评估以督导听课和网上评教为主要方式,难以有效区分课程的“好”与“差”。工程教育认证工作为课程评估工作开辟了新的建设思路。学校借力工程教育认证工作的推进,在全校推广工程教育认证理念下的院校两级课程评估体系,校级完善课程评教,院系根据工程教育认证理念,做好课程的有效性评估和课程教学的持续改进机制。

学校首先根据学生毕业后 3~5 年内应具备的素质和能力确定学生毕业时应具备的能力,然后将任务或目标分解至学生上每门课程后掌握的知识和能力,最后将任务分解至每门课程相应的知识点。其次,学校通过课程评教,得到每门课程目标的评估结果,将评估结果与培养目标比对,确定这门课程的目标达成度。再次,针对每门课程,院(系)学术委员会根据教师的分析报告、课程的评教结果、之前改进措施的实施状况以及下一步的课程改进措施等,形成院系层面的课程分析报告。这样周而复始,通过对课程的循环评估和改进情况的分析,确定是否要更换课程、教师、课程目标,从而促进课程质量的提升和教学持续改进机制的完善。

以目标考核结果为导向,建立院系考核机制。学校基于分析关键业绩指标法(KPI)对院(系)考核指标做了重新梳理和设计,抽取若干关键指标作为院(系)绩效的考核依据。在此基础上,进一步按照“前馈控制、过程控制、反馈控制”的质量控制方法,对考核指标体系进行设计,新的考核指标体系分为三部分:① 公共指标部分,涵盖教学基础环节、教学实践、国际交流与教学效果 4 个二级指标,旨在强调教学规范,引入过程监控;② 特色指标部分,涵盖课程建设、教学发展、教学改革与学生培养 4 个二级指标,旨在促进院(系)特色发展的前提下,调动院(系)积极性,强调教学共享;③ 负面清单部分,涵盖教学事故和教学过失 2 个二级指标,旨在保障教学、完善管理。在后续实施中,学校以院(系)配套改革工作为抓手,部署、实施新考核指标体系,形成院系间有竞争机制、质量为本的建设蓝图,培育更多教育教学成果,推动学校整体本科人才培养工作朝着“夯实基础、突出亮点”方向前进。

通过专业、课程、院系三级评估体系的建立,上海交通大学旨在构建以工程专业认证为抓手的人才培养质量控制体系。迄今为止,学校已有 6 个专业参加国家工程教育专业认证或 ABET 认证。通过认证，教学质量得到全面提升。

2.5.2 华东理工大学：全面启动专业评估，建立教学质量状态数据库

加强顶层领导督导监控。校领导高度重视本科教学质量监控，"领导听课"制度已常态化，校领导深入一线听课，及时了解本科教育教学现状，为学校内涵发展收集宝贵的第一手资料，营造良好的本科教学氛围。学校持续开展常态化教学质量过程监控，以每学期试卷检查、毕业论文检查和随堂听课等为抓手，切实掌握一线教学活动开展状况，所有检查结果均及时反馈给各院系，以便落实整改。在随堂听课方面，重点关注需晋升职称教师的授课情况，以及各级各类精品课程的开课情况，辅以检查相关教学资料。

设立专业责任教授。学院设立专业责任教授，为其发放卓越津贴，卓越津贴由学校发放到学院，学院根据实际情况进行分配。专业责任教授要带领学科方向发展，对专业的发展、认证和评估负责任，是学科建设的总负责人。专业责任教授有权利聘请核心课程的课程责任教授。

建设教学质量状态数据库。学校自 2013 年 11 月底启动建设教学质量状态数据中心。到 2014 年年底，相关功能已基本完成，并投入测试使用。该数据中心涵盖学校、院系和专业等多层次、多维度的状态数据，实现了常态、及时、综合的数据管理与质量指标监控。管理者可全面了解与教学相关的各方面基本情况，极大地便利了管理决策工作以及质量预警信息反馈工作，有效支撑了教学质量闭环监控和持续改进工作的开展。

全面启动专业评估。按照《上海市本科专业合格评估标准》的要求，学校全面启动本科专业的评估工作，邀请校内外专家，对所有专业进行评估（新建专业以及参加过教育部工程教育认证的专业除外），从中遴选和推荐上海市优质专业。评估工作分为三个部分：其一，专业自评，由专业责任教授撰写和提交自评报告；其二，定量评估，专业责任教授根据标准对定量指标自我评分，专家据此进行审核评分；其三，组织专家组现场考察。评估结果除文字说明外，还用 6 个一级指标及 20 个二级指标的分值来显示，并通过采用红、黄、绿灯来直观表

达专业各项指标的达标情况，反馈出该专业有哪些方面需要整改（红灯）、关注（黄灯）或保持（绿灯），为专业后续的内涵建设和持续改进提供了重要参考依据。

2.5.3 华中科技大学：重视制度建设，构建教学质量保障体系

学校建立健全了标准化的质量保障体系，颁布了《华中科技大学本科教学基本规范》《华中科技大学本科生和研究生课堂教学基本规范》等教学规范文件和《华中科技大学教学质量优秀奖》《华中科技大学教学事故认定及处理规定》等一系列奖惩文件，坚持教学检查制度、干部与教师听课制度、校院系两级督导听课制度、课堂教学质量学生测评制度、新进教师授课资格制度、院系年度本科教学工作评价制度、教学事故认定与处理制度等一系列教学质量监控与评价制度，并将所有制度规范化、文件化，覆盖了“培养目标—计划管理—资源管理—过程管理—质量监控与反馈”的全过程，涉及教学工作体系的教、学、管各个方面。

学校构建了“全员参与、全过程监控、全方位覆盖、监控反馈联动”的教学质量保障体系，质量保障体系由组织架构、制度保障、标准纲要、实施办法和反馈系统组成。教学质量保障体系具体包括以下四个方面。

1）教学计划保障。学校在本科教学水平评估后，多次召开本科专业人才培养计划研讨会，调整专业人才培养计划。特别注重了如下方面的保障：加大外语、物理等通识教育基础课程的改革力度；注重引导学生主动学习，鼓励将研究性学习列入人才培养计划；在各类课程学时分配中设置了课外学时，减少课内学时，为学生主动学习创造了条件；完善学科大类基础课程，建立了学科大类课程分层体系，设置不同层次、不同性质的学科平台课程，以满足学科大类内部不同专业的需求。

2）教学资源保障。教学资源保障包括人力资源保障、教学经费保障、教学硬件设施保障、课程资源保障和实验室资源保障等。其中人力资源保障又包括师资队伍、教师师德建设、教师培训、本科教学奖励与约束机制等。学校设立并完善课程主讲教师制度；推进课程责任教授制度建设；获批国家级教师教学发展示范中心；逐年增加教学经费投入，在多个方面保障了教学资源的充足。

3）教学过程保障。教学过程保障包括招生过程的质量保障、教学过程的质量保障、教学文件档案的保障等部分。学校建立了党政“一把手”本科教学质量第一责任人制度，形成了学校领导联系院系、教学质量评价等一系列制度，有效加强了教学过程的严格规范管理。学校将院系建立教学管理制度、稳定教管人员队伍、严格执行各项学籍管理制度、学籍异动与毕业资格审核环节及时准确等项目纳入院系年度本科教学工作评估方案中。

4）检查反馈联动保障。学校把握人才培养过程中的关键环节和影响教学质量的关键因素，构建了“两期检查、五向反馈”的联动过程。“两期检查”是学期初教学检查和学期中教学检查；“五向反馈”是向学生反馈、向教师反馈、向院系反馈、向相关职能部门反馈、向学校领导反馈。

学校已建立起“两层次、三环节、多要素”的立体、网状本科教学质量评价指标体系。实现对影响教学质量的各个要素、各个环节、各个层次实施监控、评价和保障。

“两层次”指的是单项质量评价和整体质量评价，既评价教学过程中的具体环节和具体要素，也评价院系整体的教学状况，院系整体评价指标又根据学科大类进行细分。“三环节”指的是条件环节、过程环节和结果环节。对于条件环节，学校分别在师资队伍、课程建设、教材建设、教学改革、专业建设和实验室建设六个项目上制定详细的管理规范。对于过程环节，学校制定了理论教学和实验实践教学的管理要求。对于结果环节，学校制定了各专业的具体毕业要求。“多要素”指的是在每个环节之下的具体项目中，学校又设立了若干要素进行详细考察。例如，在实验实践教学中，细分为实验教学、生产（专业）实习、毕业设计（论文）的评价指标。在师资队伍建设中，细分为教学质量奖、教学竞赛、教学团队的评价指标。课程建设中有精品课程评审指标。专业建设中有特色专业和品牌专业的评价指标。在一些审核要素下设立若干分要素，比如在普通课堂质量评价中，针对学生评教和专家同行评教分别设置了两类评价指标。

2.5.4 小结：以质量提升为内涵的管理系统创新机制

高等工程教育的管理子系统是工程教育质量控制的主要环节，包括学制管理、教学计划、教学管理、教学评价和院系考核（图 13）。管理子系统与目标子系统紧密相关,管理子系统中各种制度是基于目标系统中对培养对象和教学活动的要求来制定的。管理子系统可以保证技术子系统的优化,课程体系和教学方法的持续优化需要管理机制的检查、监督和反馈。管理子系统与社会心理子系统相互依赖,可相互转化,正式的管理制度为社会心理的塑造提供制度支持,被广泛认可的组织文化又可以通过制度化变为正式的规章条例。

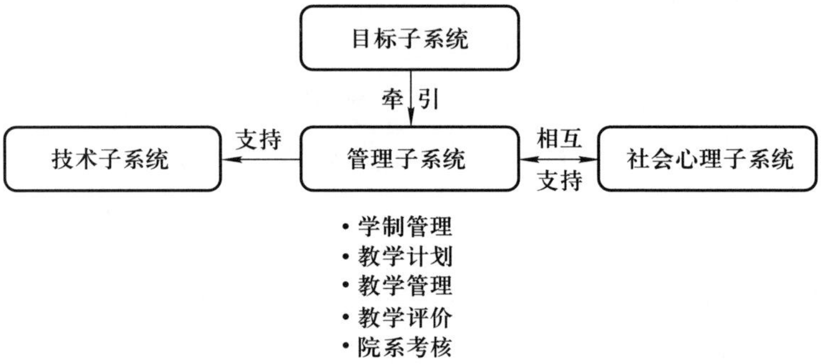

图 13 管理子系统与其他系统之间的关系

2.6 各子系统之间的关系

以系统理论分析复杂的工程教育系统有利于理清各个要素、过程和子系统之间的关系,为提升工程人才培养质量提供结构化思路。高等工程教育系统呈现出整体性、目的性和层次性的特征。根据案例呈现出的线索,我们认为各个子系统具有以下特点。

(1) 整体性

各个子系统相辅相成,共同组成高等工程教育组织系统,各个子系统都是有机结合、缺一不可的,对其中任何一个子系统的过分强调都是无意义的。子系统各自承担不同的作用和功能,单独依靠任何一个子系统都不能实现组织系统的整体目标。例如浙大工高班以培养复合型人才为目标,确定了工程基础、工程设计、工程管理与工程实践匹配互动的改革方向,设计了相应的 DTIL 特色计划①,通过竺可桢学院这一跨学科培养平台,最终完成高素质工科创新人才的培养。

① DTIL 特色计划是指工程设计计划(design)、实践训练计划(training)、海外实习计划(oversea internship)和领导力开发计划(leadership)。

（2）关联性

子系统之间有机联系、相互影响，各个子系统功能的实现需要其他子系统的配合，同时一个子系统的变化也会引起其他子系统的改变。例如，社会心理子系统的塑造需要目标子系统、技术子系统、管理子系统的支持，当社会心理子系统发生变化时，其他子系统也需进行相应改变。为营造学生自主学习的氛围，中南大学全面修订人才培养方案，缩减总学时，通过开设开放式精品示范课调动学生学习的积极性。为增强教师的责任意识，同济大学改革评价和激励制度，承认老师带学生参与项目的工作量，提供奖金、晋升方面的激励，最终实现老师积极找学生辅导项目。

（3）协同性

各个子系统之间应存在目标一致的协同，即当各个子系统围绕相同的目标和使命运作时才可能保证组织整体目标的实现。在高等工程教育系统中，目标子系统是“灵魂”，其他子系统都在高校使命的指引下改良优化。目标定位的不同决定了高校培养方式改革重点的不同。例如清华大学致力于培养创新创业人才，设立技术创新创业辅修专业，重点打造“星火班”、学生科技兴趣团队、“创客空间”、“X-Lab”、校园实验室（Campus Lab）等多个各具特色的“三创”教育平台。中南大学依托行业优势，重点培养工程科技人才，学校与大中型骨干企业联合建立的国家级工程实践教育中心为其实践育人提供了有力支撑。

3 政策建议

建议1：推动“科教融合”，构建回归教育教研并重的知识传承体系。

在竞争性科研机制和促进高校科技成果转化战略的影响下，高校尤其是工科院校过分强调科研成果导向和社会服务职能，忽视了科研服务教学的办学基本原则，背离了科教融合发展的高校工作方针。由于教育教学是一项系统工程和长期工程，人才培养质量评价的反馈周期较长，所以其基础地位和重要程度容易被忽视。高校普遍将“做好科研”作为教师评价的核心指标、甚至是唯一指标，教师对教学的基本原理和技能方法掌握不足,“做一名好教师”的主动意愿和内在动机不强,不能将教育教学工作与科研过程良好结合,知识传播和文化传承的效率过低,科教融合的工科人才培养机制建设不完善。鉴于此,教育部门和高校需要加强科教融合的制度设计,实现科研资源向教学倾斜,推动科教全面融合,扭转“重科研、轻教学”的发展趋势,进一步促进高校回归“教育”这一中心工作,提高知识传承效率。

立足“将教学主导权交还学校”,构建校院两级教学委员会,推动人才培养机制再设计。成立校级及院级教学委员会,对教学事务进行顶层设计及具体落实,校级教学委员会负责对教学进行制度化考核,强化教学的主体地位,院级教学委员会负责整合各实验室资源,实现科教融合。

立足“科研资源向教学倾斜”,向本科生开放科研资源,推行“博士生实验导师”计划。向本科生开放教师主导的科研项目,指导学生参与科学研究活动,使培养活动与科研活动相辅相成。向本科生 24 小时开放实验室,允许学生通过网上预约平台自主安排实验活动。发挥工程实验中心、专业实验室、科技开发平台、技术转化基地等校内外科技基础设施和科研实践空间的人才培养功能,统筹学科资源,实施立体化培养。构建阶梯形实验导师队伍,引进博士生充实现有实验教师队伍,让博士生充当实验导师,为学生实验过程及步骤提供辅导。

立足“人才培养为重”,科研项目中专门安排本科生培养经费,提高本科生的科研实践能力。改革以往以科研成果为结项指标的科研项目评价体系,将人才培养(尤其是本科生)列为科研项目立项及结题的重要指标,在科研项目中安排专门针对本科生的实验指导经费,落实以科研项目育人的科教融合方法。

立足“强化教学质量导向”,完善考核评价与激励机制,激发各层次老师投身教学的积极性。改革教师评价导向,增加人才培养方面的比重,以教学学术能力评价教师。增设专业人员负责教学评价工作的管理,建立校际间的同行评价机制,发挥工科教改协作组的组织力量,以学科为单位建立专家库,邀请教学经验丰富的教授参与,保证教学质量考核的可信度和科学性。完善“教学任务硬要求+教学质量软激励”的激励制度,并覆盖到整个系统,包括本科、硕士和博士的教学以及科研活动,调动各个层次教师的教学积极性和主动性。

建议 2:推动“内容贯通”,构建“重基础、重实践、重创新”的“三重”工程教育技术系统。

课程内和课程外(实践)的教育内容对工程科技人才的培养具有同样重要的地位和作用,两者必须紧密结合起来,形成互为补充、互为支撑的内容贯通体系。然而,目前工程教育体系中存在重知识学习、轻能力培养的软化现象。课程与实践割裂发展的现象严重:课程内容与实践教学脱钩,过于强调科学导向和理论导向;实践教育过程的“知识固化”不充分,实践教学对课程内容的创新作用不足;课程内外教育内容的整体性、系统性还不完善,亟须进一步规划设计和提升质量。高校需要结合工科人才培养目标,依托课程平台提升实践教学效率,通过工程实践来支持课程体系建设以及促进课程内容创新,通过顶层设计来推动实现课程与实践的紧密衔接、融会贯通,建立互为补充、互为支撑的工程教育内容体系,提高工科人才培养过程中的知识传播效率。

“小课”变“大课”,以本科毕业设计为主要抓手,建立从理论学习、动手实践再到探究学习的教学链条。工程实践教学必须体现设计教育思想,以毕业设计为主要抓手,把设计活动贯穿于工程实践教学的全过程,努力开发综合课程结构模型,建立能力达成与课程实践之间的一一对应关系,实现教学与实践交叉螺旋进行,使学生全程协调地获得有意义的综合设计经验,形成未来工程师的综合品质和创新能力。

立足“探究性课程”,建设一批具有示范性的精品基础核心课程,实现课程持续优化。打破学科界限,梳理课程知识点,按照工程逻辑构建模块化课程,开展项目导向的课程体系重构,构建突出工程性与创新性的工程课程体系。以优质科研资源的互补互动为基本保障,全面推进研究型、探究性、开放性的课程设置,推进教学方式从传统课堂灌输向交互式、讨论式、主动式教学转变。建设一批具有示范性的精品课程、基础核心课程与实验课程,这类示范性课程应具有稳定的教学团队、精选的教学内容、科学的教学设计、灵活的教学手段和教学方法,具备可操作性、可推广性和可借鉴性,能发挥引领和辐射作用。

立足“回归工程”和“主动实践”,增加实践教学的梯度和层次,实现综合素质能力培养与提升。实践教育环节应强调学生主动参与,注重层次性、连续性和贯通性。推广探究性实验,注重启发式教学,实现真刀真枪做设计,构建基于能力和全过程的实践教学评价体系,注重工程意识与能力的培养，做到有的放矢。推广 CDIO 模式，推行科研训练计划和创新创业竞赛，让学生经历概念构思到产品实现的全阶段，通过主动实践和做中学，获得应用工程科学技术知识设计产品、制作产品的能力。

建议 3：推动“产学协同”，构建对接国家创新战略的工程教育生态体系。

工程教育的实践性、综合性、经济性和创新性是工科人才培养的基本特征，产学协同是培养优秀工程技术人才的必由之路，必须充分重视工程教育中的产学深度合作问题。然而，目前工程教育有走进“象牙塔”的趋势，大学与企业在课程体系、师资队伍、实践平台等建设方面有结合但不紧密，有效果但不持续。工程教育改革没有充分体现新时期科技与经济发展诉求，交叉学科、新兴学科平台建设滞后，工科人才培养与产业经济发展的协同性不足。

立足“企业实验室”，分类建设制造业工程创新训练中心，打造“开放式实训平台”。分类建设制造业工程创新训练中心，共建生产性实训基地，打造开放式实训平台；遵循协同育人的理念，适应“互联网+制造业”开放式创新环境对人才的新需求，依托重点专业（群），校企共建研发机构，培养创新型人才；培养制造业急需的科研人员、技术技能人才与复合型人才，深化相关领域工程博士、工程硕士等专业学位招生和培养模式改革，积极推进产学研结合。

立足“校企旋转门”，大力推行高校实践型师资计划，构建“双师型教师队伍”。引进制造业领军人才和紧缺人才，推进高水平大学和大中型企业共建“双师型”教师培养培训基地；推行高校工程师实践型师资计划，增强工科教师现场工程经验，探索“学历教育+企业实训”的培养办法。改进企事业单位人员薪酬和岗位管理制度，破除人才流动的体制机制障碍，促进人员在事业单位和企业间的合理流动。允许高等学校、科研院所设立一定比例流动岗位，吸引有创新实践经验的企业家和企业科技人才兼职。

进一步深化产学协同育人，号召要求国有企业、鼓励支持创新型企业建立大学生实习基地。政府部门和高校需要加强培养体系优化设计和制度研究，推动实现大学和产业在工程科技人才培养目标、组织、资源三者协同，促进工科人才培养质量提升，加强交叉学科、新兴学科的工科人才培养平台建设，有效凝聚社会力量提升工程教育水平。通过制定开放企业实验室的相关政策及考评指标,引导大型国有企业建立接纳大学生实践训练的责任和义务;鼓励高校主动与技术先进、管理规范、社会责任感强的"小巨人"企业开展深度合作,完善校企合作教育模式,鼓励企业深度参与高校课程体系重构。

建立一批产学研示范学院,培养"应用型工程师";重视工科人才的继续教育,鼓励支持企业大学的建设。国家层面,相关行业部门(协会)和教育部门联合,统筹规划布局,集聚十个重点领域优势企业,相关高校优势学科专业,结合制造业创新中心(工业技术研究基地)建立一批国家级产学研合作示范学院。省级层面,由省级政府统筹,面向地方行业需求,集聚地方优势企业,地方高校相关学科专业,建立一批省级产学研合作示范学院。产学研合作示范学院应具有独立运行的组织管理体系,明确院系领导班子、教师队伍、教学组织等(可以独立设置,也可以依托现有学院设置)。产学研合作示范学院要坚持以人才培养为中心,主动面向产业需求,结合自身优势、特色和国家的战略布局,加强交叉型、复合型人才培养,培养制造业发展急需的专业技术人才和经营管理人才,建立从研发、转化、生产到管理的人才培养体系。产学研合作示范学院要加强与行业内优势企业、创新中心(基地)等的合作,共建高水平学生实习实践基地,建立产学研合作协同育人长效机制。探索建立产学研合作理事会(董事会)。

建议 4:推动"校际协作",构建对接国际人才标准的工程教育协同育人平台。

工科院校之间合作的主要障碍在于工科人才培养的"同质化"现象和价值导向问题,需要通过校际协作突破组织界限,进一步凝练明确各高校的办学特色和优势,重点通过课程资源互换、师资队伍共享、实践平台共建等工程教育模式的制度化建设,解决工科人才培养多元化、个性化、拔尖型、创新型等资源需求瓶颈问题。充分发挥全国高校工科教改协作组的组织优势,为工程教育资源共享平台架构与共享机制设计提供专家建议和实验空间,逐步探索建立公开课设计、学分互换、师资共享、实践教育平台共建等工程教育改革实践的协作体系,提高工科人才培养资源的优化配置效率。

立足"以学生为中心",推动校际学分互换与教学资源优化,构建网络化工程教育慕课平台。以学生为中心,整合协作高校、企业、科研院所、创新中心等多方面的力量共建工程技术人才培养资源,建成一批优质的教材、课程、实验平台、实践基地、师资等教育资源。依托先进的信息技术手段和创新的管理模式建立教育资源开放共享机制和平台。试点整合一流大学的教育教学资源，构建 MOOC 中国网络平台，依托数字化技术撕裂成员校之间的组织边界，实现政策发布、学生管理、网上教学、项目管理等领域的一体化管理，提高联盟运行效率和影响力，为学生的知识学习创造开放、高效、互动的教学环境。建设虚拟仿真实验教学平台与实验项目。

立足"资源优化配置"，推动工科人才培养的国际化水平，构建优势互补的工程教育联盟体系。鼓励高校积极开展多模式、深层次、全方位的国际合作办学实践，加强与信誉良好的国际组织、跨国企业以及职业教育发达国家的交流与合作，鼓励各院系在国际上寻找对标学院，并根据学科发展阶段、特点和学院自身条件，分类推动开展多种形式的国际合作办学，走出一条"重点突破、以点带面、全面创新"的分布式发展之路；支持高校学习和引进国际先进职业标准、专业课程、教材体系和数字化教育资源；采取多种形式选拔各类优秀人才，重点鼓励专业技术人才到国外学习培训，探索建立国际培训基地。

立足"市场需求导向"，推动我国工科人才与国际市场对标，构建多维度工程教育评估体系。根据国际工程科技人才的质量标准和我国产业发展的人才需求，逐步构建起"市场需求"导向的多维度工程教育评价体系，并在我国工程教育联盟高校间试点推行，鼓励产业界、国内外联盟高校、在校学生以及毕业生等利益相关方，针对高校的教育教学质量、师资质量、人才输出质量、成果转化质量等多个维度进行评价，并以此作为我国工程教育联盟对成员高校进行激励和淘汰的标准。尝试鼓励高校建立毕业生跟踪反馈机制，发布毕业生、校友就业质量与发展状况报告；鼓励行业发布高校对行业发展贡献度报告；实施工程教育专业认证，开展星级专业评价试点工作等。

参考文献

[1] FINNISTON S M. Engineering our future: report of the committee of inquiry into the engineering profession [R]. London: Her Majesty's Stationery Office, 1980.

[2] NRC. Ruminant nitrogen usage [M]. Washington, DC: National Academy Press, 1985.

[3] NSB. The science and engineering workforce: realizing America's potential[M]. Washington, DC: National Science Foundation, 2003.

[4] NRC. Engineering undergraduate education [M]. Washington, DC: National Academy Press, 1986.
[5] 王沛民，顾建民，刘伟民. 工程教育基础[M]. 北京：高等教育出版社，2015.
[6] 李晓强. 工程教育再造的机理与路径研究[D]. 杭州：浙江大学，2008.
[7] CRAWLEY E F, MALMQVIST J, ÖSTLUND S, et al. Rethinking engineering education: the CDIO approach[M]. Springer, 2007: 1-5.
[8] 邹晓东，王沛民，孔寒冰，等. 关于科学与工程教育创新的思考[J]. 管理工程学报，2010(s1): 52-54.
[9] BARBIERI E, FITZGIBBON W. Transformational paradigm for engineering and engineering technology education [J]. Unt Scholarly Works, 2008 (2).
[10] 王沛民. 中国工程教育研究(EER)：式微与复兴[J]. 高等工程教育研究，2013 (6): 13-21.
[11] SEELY B E. The other re-engineering of engineering education, 1900-1965 [J]. Journal of Engineering Education, 1999, 88(3): 285-294.
[12] GRINTER L E. Report on the evaluation of engineering education [J]. Journal of Engineering Education, 1955, 46(1): 25-63.
[13] DERTOUZOS M L, LESTER R K, SOLOW R M, et al. Made in America: regaining the productive edge[J]. Managerial and Decision Economics, 1992, 13(1): 83-85.
[14] MOSES J. Engineering with a big E: integrative education in engineering [J]. Long Range Plan, 1994.
[15] BORDOGNA J, FROMM E, ERNST E W. Engineering education: innovation through integration [J]. Journal of Engineering Education, 1993, 82(1): 3-8.
[16] REYNOLDS T S, SEELY B E. Striving for balance: a hundred years of the American society for engineering education [J]. Journal of Engineering Education, 1993, 82(3): 136-151.
[17] WALL K. Engineering: issues challenges and opportunities for development [M]. UNESCO, 2010.
[18] 李曼丽. 工程师与工程教育新论[M]. 北京：商务印书馆，2010.
[19] 查建中. 中国工程教育改革三大战略[M]. 北京：北京理工大学出版社，2009.
[20] 常晓玲. 高等工程教育的系统科学研究[J]. 大学教育科学，1996(4): 14-16.
[21] 周凌宇，李静蓉. 我国高等工程教育系统的生态学审视[J]. 长沙铁道学院学报(社会科学版)，2013, 14(1): 77-80.
[22] 王沛民，顾建民，刘伟民. 工程教育基础：工程教育理念和实践的研究[M]. 杭州：浙江大学出版社，1994: 329-352.
[23] GRASSO D, MARTINELLI D. Holistic engineering education: beyond technology [M]. Springer, 2010: 11-15.
[24] BORDOGNA J. Making connections: the role of engineers and engineering education [J]. The Bridge, 1997, 27 (1).
[25] 侯光明. 组织系统科学概论[M]. 北京：科学出版社，2006.

[26] JOHNSON R A, KAST F E, ROSENZWEIG J E. The theory and management of systems [J]. Journal of the American Statistical Association, 1963, 58(303): 79-94.

[27] KAST F E, ROSENZWEIG J E. Organization and management: a systems and contingency approach [M].New York: McGraw-Hill, 1979.

[28] 佚名. 官产学研合作与工程教育体系建设——主题座谈会系列之一[J]. 高等工程教育研究, 2008(4):1-12.

[29] 姜泓冰. 上海交大密西根学院探索培养一流工程师[EB/OL]. [2014-03-16]. http://sh.people.com.cn/n/2014/0316/c134768-20785431.html.

项目组名单

项目负责人:杨华勇 邹晓东

项目组成员:陈云敏 陆国栋 徐小洲 魏 江 张 炜 朱 凌
姚 威 李 飞 李拓宇 邵怀忠 孟申思 蒋卓余
林忠钦 卢秉恒 顾佩华 陈启元 刘继荣 郑 力
吴静怡 刘进军 沈 毅 李 晔

我国继续工程教育远程培训问题研究[①]

“我国继续工程教育远程培训问题研究”项目组

1 绪 论

1.1 研究背景

专业技术人才是国家经济建设的主力军,是我国人才队伍建设的重要组成部分。在我国企业由“中国制造”转向“中国智造”的产业升级过程中,通过继续工程教育使广大专业技术人才不断掌握新知识、新技能,提高科技水平和创新能力,以适应经济转型期的新要求,是我国继续工程教育近期的主要任务。非学历继续教育是实现这一任务的主要途径。

专业技术人才承担着推动科技进步、实现产业发展的重要使命,是科技创新、能力建设、经济建设、国防建设的基本力量,是构成国家核心竞争力的第一要素。我国自改革开放以来非常重视专业技术人员的继续工程教育。

随着现代科技的发展,新知识、新理论、新方法、新技术和新技能不断推陈出新,在专业技术人员的继续工程教育中,传统的“面授培训”已难以满足需求。不足逐渐显现:对师资、设备和场地要求较高,尤其是大规模的培训,需要组织多个批次才能完成,培训周期长;对于全国范围内跨区域的培训,由于距离、学习者时间安排等原因,组织实

① 原文 10.6 万字,项目组同时撰写了报告简本,本文以简本为基础,适当增补了部分内容。

施难度大;教学组织、考勤管理、考核方式比较传统,管理效率低。

在网络环境下组织学习,上述问题能够得到很好的解决。远程培训具有学习方式灵活、学习自主性强、知识快速迭代以及资源开放共享等特点,实现了人们随时随地学习的愿望,较好地解决了在职人员的工学矛盾,受到了学习者的普遍欢迎;同时培训的组织管理,包括学员报名、注册、选课、交费、在线学习、考核、学时统计及成绩管理等环节都能通过网络管理,并实时生成统计数据,非常方便培训的组织管理,提升了管理效率。

我国继续工程教育远程培训由于起步较晚,社会化、市场化程度不高,继续工程教育远程培训主要以施教机构自发组织为主,资源建设比较分散,培训平台技术水平不高,继续工程教育远程培训的总体水平有待提高。经过课题组调研发现,在开展专业技术人员继续工程教育远程培训中,存在不少问题:培训课程公需科目较多,专业性课程相对较少;培训内容理论性强,实践性较弱,与实际工作联系较少;培训方式较为单一,缺乏灵活性和创新性;学员的自主性不够,影响学习效果;我国开展继续工程教育远程培训的研究较少,理论和方法不多,难以支撑我国专业技术人员继续工程教育远程培训的发展。

1.2 研究目的与意义

1.2.1 研究目的

继续工程教育远程培训是企事业单位从事人力资源开发的主要途径之一,也是个人因岗位变动需要继续学习的重要渠道,如岗位交流、职务晋升和转岗就业等。因此在开展继续工程教育远程培训时要充分考虑企业和个人的实际需求。通过本课题的研究希望达到如下目的:

1) 通过分析比较国内外继续工程教育的现状、特点及实际典型案例,找到我国继续工程教育远程培训的问题和不足,并结合继续工程教育远程培训平台建设,有针对性地提出解决办法;

2) 从办学模式和学习模式两个方面,分析当前继续工程教育远程培训中的多种模式以及每种模式的表现和优缺点,为施教机构和个人学习选择何种模式提供理论支持;

3）探索我国继续工程教育远程培训的建设思路和方法，为政府制定继续工程教育远程培训的相关法律和政策制度提供咨询服务。

1.2.2 研究意义

继续工程教育远程培训主要是针对专业技术人员的非学历继续教育培训，是实现专业技术人员知识更新和能力提升的主要渠道。本项目研究的主要意义有：

1）开展继续工程教育远程培训，将现代网络技术的优势与继续工程教育相结合，帮助专业技术人员快速掌握新知识、新理论、新方法、新技术和新技能，是专业技术人员非学历教育的重要渠道，对于加强我国专业技术人才队伍建设，推动经济社会发展和科技创新具有重要意义，对于构建学习型社会有着重要的战略意义；

2）目前国内关于继续工程教育远程培训的研究较少，现有资料对我国继续工程教育远程培训领域的发展脉络和现状的阐述不够清晰，本课题通过研究继续工程教育远程培训的基础理论以及终身学习理念，为我国继续工程教育远程培训的发展提供理论支持；

3）通过国内继续工程教育的特点和典型案例的比较研究，以及对我国继续工程教育远程培训的常见模式及其优点和不足的分析，为我国施教机构开展继续工程教育远程培训工作提供参考，以推动我国继续工程教育远程培训事业的发展。

1.3 研究思路与方法

1.3.1 研究思路

本研究主要是在前期问卷调研、全面收集和整理相关文献资料及政策文件的基础上，结合继续工程教育远程培训的概念、内涵、基本特征和基本理论的研究，对国内外继续工程教育远程培训的现状和特点进行了比较研究。在深入分析我国继续工程教育远程培训的常见模式后，提出我国继续工程教育远程培训的建设机制，最后对我国继续工程教育远程培训提出政策建议。主要对以下四个方面进行了研究。

（1）我国继续工程教育远程培训理论研究

阐述了工程教育、继续工程教育、远程培训以及继续工程教育远程培训的概念与内涵，明确了继续工程教育远程培训的目的和对象。根据继续工程教育的特点，总结了继续工程教育远程培训的四个基本特征：资源开放共享、学习自主性强、学习方式灵活、知识快速迭代。对继续工程教育远程培训的终身学习理念以及继续工程教育远程培训的三种理论（建构主义学习理论、现代远程教育理论和网络传播理论）进行了研究。

（2）国内外继续工程教育远程培训比较研究

了解了国外继续工程教育远程培训的基本状况、典型案例、主要特点与经验及发展状况，同时结合调研情况与我国继续工程教育远程培训的基本现状、典型案例进行了比较分析。总结发达国家开展远程培训取得的理论研究和实践探索经验，反思我国继续工程教育远程培训存在的问题和不足，为我国继续工程教育远程培训的健康、可持续发展提供参考和借鉴。

（3）我国继续工程教育远程培训模式研究

分析了我国继续工程教育远程培训的主体与对象；对继续工程教育远程培训平台建设的主要要素（包括资源库建设、培训管理系统以及学习支持服务系统的建设）提出了合理建议；结合实际案例，重点对继续工程教育远程培训的五种办学模式（即高校自办模式、企业自办模式、行业自办模式、校企合作模式、多方合作模式）、两种学习模式（即在线学习模式和混合式学习模式）进行了深入分析，并指出了每种模式的优点和不足。

（4）关于我国继续工程教育远程培训的政策建议

围绕我国继续工程教育远程培训的要求，以提高专业技术人员科技能力和专业技能为目标，从“完善立法和相关配套政策，做好继续工程教育远程培训的顶层设计；跨部门协作与联动，形成推动继续工程教育远程培训的工作合力；注重国际交流与合作，推动继续工程教育远程培训国际化发展；强化资源整合与共建，创新继续工程教育远程培训服务支持体系”等几个方面提出政策建议，为我国未来继续工程教育远程培训指明了方向。

1.3.2 研究方法

本课题的研究主要采用文献研究、案例分析、问卷调查、深度访谈、实地调研与座谈等方法。

（1）文献研究

文献研究主要包括阅读分析党和国家的相关政策、规划、文件；人力资源和社会保障部、教育部和科技部的相关会议文件、制度规章；各个领域、行业的发展规划、总结报告、会议文件；中国工程院相关研究报告和其他研究成果。在了解我国目前继续工程教育远程培训的历史沿革、政策环境和制度保障的基础上，提出继续工程教育远程培训的内涵、定义和特点，总结继续工程教育远程培训的发展趋势。同时，收集国外相关资料，了解国外继续工程教育远程培训的研究发展趋势，特别是收集发达国家在继续工程教育远程培训上的经典案例，从政策环境、培养机制、各方角色三个方面总结基本情况，剖析其主要特点、经验与发展趋势，总结出对我国继续工程教育远程培训发展有益的经验启示。

（2）案例分析

结合前期调研情况，通过收集、整理、比较分析发达国家与我国在继续工程教育远程培训方面的经典案例，了解我国继续工程教育远程培训的现状，总结我国继续工程教育远程培训的主要内容与实现形式，指出我国继续工程教育远程培训中存在的问题。在分析国内外经典案例的基础上，比较中国与发达国家在继续工程教育远程培训上的异同，借鉴发达国家在该领域的成功经验，为我国继续工程教育远程培训的发展提出建议。

（3）问卷调查

通过问卷调查了解我国继续工程教育远程培训以下几方面的内容：① 开展情况、优势和发展前景；② 内容与实现形式，主要包括师资来源与教学方式、课程体系设计、时间安排与学分比例、实现形式与平台功能；③ 现阶段存在的主要问题；④ 考核方式与质量监控；⑤ 组织架构与政策重点，主要包括各组织实施继续工程教育远程培训的主要作用和继续工程教育远程培训的政策重点两方面。在对调研结果进行分析、总结的基础上提出针对我国继续工程教育远程培训的建议。

项目组在学习继续工程教育远程培训相关政策法规和文献资料的基础上，根据课题研究需要，进行了问卷调查，在核工业、航天、船舶、兵器、电力、汽车等行业及中国继续工程教育协会的部分会员单位发放问卷 1200 份，回收 989 份；先后走访了中国中车集团、华电集团、北京公交集团、亨通集团、康力电梯股份有限公司、恒力集团有限公司、通鼎集团有限公司、盛虹控股集团有限公司、凤凰传媒等企业,实地开展座谈及专家访谈工作;对中国人事人才培训网、国家继续工程教育公共服务平台、北京理工大学和华北电力大学等单位进行了典型调研;对斯坦福大学专业发展中心执行主任 Paul Marca、葡萄牙波尔图大学工学院教授 Alfredo Soeiro 等国际专家进行了邮件访谈,了解国外继续工程教育现状及发展趋势。采用社会科学统计程序 Excel、SPSS 软件进行统计分析。

(4) 深度访谈

通过深度访谈,了解继续工程教育远程培训的相关政策、制度,以及措施的背景、内涵和要求;准确把握我国继续工程教育远程培训的发展情况;深入了解我国继续工程教育远程培训的教育模式与建设机制。

访谈对象主要包括中国国家人事人才培训网、国家继续工程教育公共服务平台等继续工程教育远程培训平台的负责人,华北电力大学、北京理工大学等高校继续教育学院的负责人,北京公交集团、中车集团、亨通集团等公司人力资源部门的负责人等。全部访谈对象不少于 15 人,访谈时依照访谈提纲进行谈话并进行摘要记录,根据对象不同,访谈的内容有所侧重。

(5) 现场调研与座谈

在中国中车集团、亨通集团、北京理工大学、华北电力大学等企业和高校进行了实地调研,并召开了专家座谈会,深入了解各研究领域的科研机构和高校的继续工程教育远程培训人才培养特点;了解继续工程教育远程培训的现状、问题、困难和挑战;探讨适合我国继续工程教育远程培训的培训模式与建设机制。

座谈对象以通过中国国家人事人才培训网、国家继续工程教育公共服务平台、华北电力大学、北京理工大学远程培训平台参训的工程科技人才为主,包括参训的工程科技人才上级主管部门、远程培训项目相关负责人、参加远程培训的教师等。座谈内容依照不同的座谈对象、主题和访谈提纲进行,召开座谈会总计不少于 15 场。

2 我国继续工程教育远程培训理论研究

2.1 继续工程教育远程培训的概念与内涵

继续工程教育远程培训是利用远程教育的方式,对在职员工进行非学历知识和能力培训,以提高在职员工的工作技能和综合素质。其培训对象是已经脱离学历教育,参加工作和负有成人责任的人。培训内容是技术人员所需的专业知识更新、补充、拓展,专业技能和实践能力训练。培训方式是利用互联网进行远程知识传播。培训目标是提高专业技术人员现有的知识水平和技能,完成本职工作,更好地适应社会时代的发展。

2.2 继续工程教育远程培训的基本特征

(1) 资源开放共享

在教学模式上,继续工程教育远程培训改变了培训部门邀请几位教师给员工进行集中面授的模式,充分利用现代教育技术,融入网上教学的模式,让不同地区的员工都能分享优质教育课程。

(2) 学习自主性强

现代远程教育培训以网络技术运用为基础,建立了完备的支持服务体系,为个性化学习提供了相应的支持条件。

自主学习模式的主要特点有:学习人员对学习的自主设计;学习人员对学习的自主选择;学习人员对学习的自主评价。

(3) 学习方式灵活

通过远程培训的方式进行继续工程教育,利用多媒体技术和远程视频传输技术为企业提供优质人才资源服务的平台系统。在远程培训过程中,可以传输大量图像、声音、文字等数据,实现"一对单"或"一对多"的面对面多媒体交流,学习者可以感受丰富的媒体表现形式。

(4) 知识快速迭代

继续工程教育远程培训能够动态地集合和利用资源,时时更新最先进的知识技能。各学员能够快速有效地参与到技术创新的研究和实践中来,从而保证技术上的领先,更好地适应工作需求。

2.3 继续工程教育终身学习理念

随着知识经济时代的来临和以网络技术、计算机多媒体技术为代表的高新技术的发展,远程教育越来越受到人们的关注。党的十七大报告提出要加快推进以改善民生为重点的社会建设,将“发展远程教育和继续教育,建设全民学习、终身学习的学习型社会”摆在了建设人力资源强国、实现教育公平的重要位置。党的十八大报告提出要“完善终身教育体系,建设学习型社会”。广义的终身教育包括学校教育、学历补充教育、成人教育、职业教育、文化艺术教育以及市民教育等。狭义的终身教育,可以理解为学校教育以外的有组织的教育活动。终身教育,对于促进人的全面发展和社会进步具有重要意义。

2.4 继续工程教育远程培训的理论

2.4.1 现代教育理论中的建构主义学习理论

在现代教育理论中,建构主义强调以学员为中心,认为学员是认知的主体,是知识意义的主动建构者;强调情境对意义建构的重要作用;强调协作学习和对学习环境的设计[1]。在学习观上,建构主义与以往的学习理论相比突出表现在三方面:知识的主动构建、社会化学习和情境性学习[2]。

继续工程教育远程培训过程中,强调结合学员现有的知识基础水平,以学员为中心,进行新的知识技能的构建。在进行课程设计时,与社会环境相适应,提高学员自主学习的意识,并将所学的知识与一定的真实任务情境相联系,让学员合作解决情境性的问题。充分利用建构主义教学的优点,将实现进行继续工程教育远程培训的有效性。

2.4.2 远程培训中的现代远程教育理论

现代远程教育是现代教育技术与互联网技术在远程教育领域的应用。长期以来,远程教育已经历了19世纪中叶兴起的函授教育、20世纪初兴起的广播电视教育、20世纪末期出现的双向交互网络教育三个发展阶段。目前对现代远程教育的研究逐步深入,取得了一些有目共睹的成果。继续工程教育远程培训的开展运用到的现代远程教育理论中有代表性的理论主要包括自主学习理论、工业化理论、交互作用和独立学习平衡理论、远程教育系统分析理论、网络传播理论[3]。

2.4.3 网络传播理论

传播是人类社会普遍存在的信息交流的社会现象,它是由以下几个因素构成的:发送者、渠道、信息、接收者、发送者与接收者之间的关系、效果、传播发生的语境以及“信息”所指的各种事件。“传播”或“接收”有时是指具有某种意图或目的[4]。传播可以是以下诸种行为中的任何一种或全部:对别人的行为,与别人之间的互动以及对别人的反应。常见的网络传播模式主要有拉斯韦尔的“5W”模式和香农-韦弗的信息论模式[5]。

3 国内外继续工程教育远程培训比较研究

3.1 国外继续工程教育远程培训现状

3.1.1 基本现状

国外继续工程教育起步较早,与我国的继续工程教育的发展相比,较为成熟。随着知识经济时代的迅猛发展,各国意识到继续工程教育对于一个国家培养人才与提高国家竞争力的重要性。互联网作为跨时代的科技发明也逐渐走入继续工程教育领域。相对于传统的教学模式,通过网络或其他电子技术手段,也就是我们常提到的远程培训,可以弥补传统面授的不足。远程培训突破了时间与空间的限制,可以使培训对象更加灵活、快速、高效地完成培训任务。美国、日本、法国、德国等都在大力推动继续工程教育远程培训发展。

3.1.2 典型案例分析

本小节列举了五个案例,包括英国开放大学、苏格拉底计划——推进继续工程教育的开放式远程学习(facilitating open distance learning for continuing engineering education,FACILE)项目、斯坦福大学、通用电气(GE)企业大学及英国医学继续工程教育。

(1) 英国开放大学继续工程教育远程培训案例

英国开放大学(The Open University of the United Kingdom)把远程教育描述为“得到支持的开放学习”,即学员远程独立学习却能得到广泛的教学支持,包括传统和先进方式。开放和远程学习质量委员会(The Open and Distance Learning Quality Council)表示:开放远程教育包括传统函授课程、网上课程、只读光盘形式,特点为灵活、自主性学习,并提供必要的学习支持。

英国开放大学开展继续工程教育远程培训的成功经验体现为以下几个方面:以问题解决法(issues-based approach)为核心的入门课程,阐明学科主题,调动学员积极性;以资源为导向的学习(resource-based approaches);构建远程团队合作;强调学习主动性(active learning)[6]。

(2) FACILE 项目

FACILE 项目是理工科大学为应对知识全球化的挑战,在继续教育领域合作建设学习网络的一种尝试。欧洲不同的继续工程教育中心(Centers for Continuing Engineering Education,CCEEs)密切合作,在同一网络平台中提供各自的继续工程教育学习资源,实现信息互换、资源共享,促进了继续工程教育的开放式远程学习。FACILE 项目的实施为 CCEEs 的人员提供了学习的机会,增强了他们的知识和能力,为推进开放式远程学习积累了宝贵经验,使开放式远程学习的理念被大家认同和接受[7]。

(3) 斯坦福大学继续工程教育远程培训

斯坦福大学远程教育培训机构为斯坦福职业发展中心(Stanford Center for Professional Development,SCPD)。斯坦福教育电视网(Stanford Instructional Television Network, SITN)是主要组成部分,其主要任务是为工业企业的在职技术人员和技术管理人员在企业所在地接受斯坦福大学工学院的继续教育提供服务,另外还有 Stanford Online。

SITN 是 SCPD 的核心部门,除了用电视传送课程之外,它还采用各种远程教育方式和传送方法。通过现场直播,制作压缩视频光盘和有辅导的录像带课程(tutored videotape instruction,TVI)等综合方法,将高级工程课程和硕士学位课程从斯坦福大学传送到学员的工作场所。

SCPD 每年开设的工科学位课程有 250 多门，在全国有 200 多个办学站，与 450 多个企业和政府组织合作，每年有 5000 多名在职人员在保持工作的同时，通过广播、电视、录像以及网络教育等形式获得硕士学位或博士学位，每年有接近 15 万人次的学术访问、短期进修、讲座或培训[8]。

（4）通用电气（GE）企业大学咖啡冰沙式混合培训方式

GE 克劳顿管理学院有着明确的使命，那就是：创造、确定、传播公司的学识，以促进 GE 的发展，提高 GE 在全球的竞争能力。剖析 GE 会发现，它在人才培养上的成就，并不在于出了多少 CEO，也不在于克劳顿村的讲坛上大师云集，而是建立起的一整套结合个人发展的培训层级体系：从基层技术员工到高级经理人，处于职业生涯不同阶段的人才都能够在这里获得自己的所需。如今，GE 将这套成熟运转了多年的培训体系移植到中国来，建立了它在美国本土以外最大的发展培训中心。GE 希望借助人才储备战略，拉开其在中国扩张的序幕。

中国的克劳顿管理学院培训内容注重全球化、本土化。它开设的绝大部分课程，都是 GE 在全球通用的，几个有实力的大业务集团会根据内部需要自行设计课程。GE 企业大学的培训师会和不同级别的人开展讨论，综合他们对培训的各种期望，然后组织培训师资做出议程，并不断地反馈修改，通常需要四五轮过程。GE 凭借全球化的方法，配合本土化的素材这一点，为人才的全球流动打下基础。

GE 企业大学的培训是咖啡冰沙式的混合培训。GE 的做法是：把不同的培训方式混合起来，称为“咖啡冰沙”——混合培训，既有课堂，也有 E 课程。事实性的培训课都会上传到网上，员工可以自己根据个人发展的培训计划去选择。先自学一遍理论概念，课堂上以互动交流和案例分析为主，提高了效率[9]。

（5）英国医学继续工程教育中的 CRISISS 模式介绍

所谓 CRISISS，它是 7 个单词合成的缩写，即：C（convenience），便利；R（relevance），相关；I（individualization），个体化；S（self-assessment），自我评价；I（interest），兴趣；S（speculation），反思；S（systematic），系统化[10]。该模式曾被用来评价欧洲药学继续工程教育的效果，并证实了合理性。而后得到了世界各国医学教育界的认可。其中，在便利、个体化、自我评价以及兴趣这四个要素中，均有对远程培训方式的运用。

3.1.3 主要特点与经验

第一,注重学会、协会联合发挥作用:充分发挥高等学校及各职业社会团体的积极作用;继续工程教育的发展离不开经费支持。第二,注重大学之间的联合、平台和资源建设。第三,充分利用教育信息技术促进继续工程教育发展。第四,跨国合作。

3.2 我国继续工程教育远程培训状况

3.2.1 基本状况

(1) 发展历程

我国的继续工程教育事业是伴随着改革开放逐步发展起来的。改革开放之初,中国面临着世界科技飞速发展、国际竞争日益激烈和国内人才断层、百废待兴的双重压力。在这种背景下,中国领导层审时度势,提出"尊重知识、尊重人才",在恢复高考制度、职称制度的同时,走出国门,借鉴国际继续教育的发展经验,加强专业人才的培养和培训。1979 年 5 月,中国政府派代表参加了在墨西哥城召开的第一届世界继续工程教育大会,从此,现代意义上的继续教育理念被引入中国。1983 年,中国政府在原劳动人事部成立了专门负责继续教育工作的机构。1984 年 11 月,中国成立中国继续工程教育协会。经过多年实践,我国专业技术人员继续教育逐步由工程领域延伸到各行各业,覆盖了整个专业技术人才队伍。

(2) 调查问卷分析

我国状况分析基于为中国工程院项目设计的调查问卷。问卷调查结果及其分析研究将对我国继续工程教育远程分析提供重要依据。

1) 所属单位经济区域。此次调研单位涵盖了华北、东北、东部、中部及西部六大地区,涵盖面很广,能够更为全面地对我国不同地区继续教育远程培训的现状进行描述。

2) 所属单位行业领域。此次调查行业分布较为均匀,如图 1 所示。不同行业问卷回收数量差距较小,主要是交通运输、电子行业及其他行业居多,所占总量比重之和超过 50%。

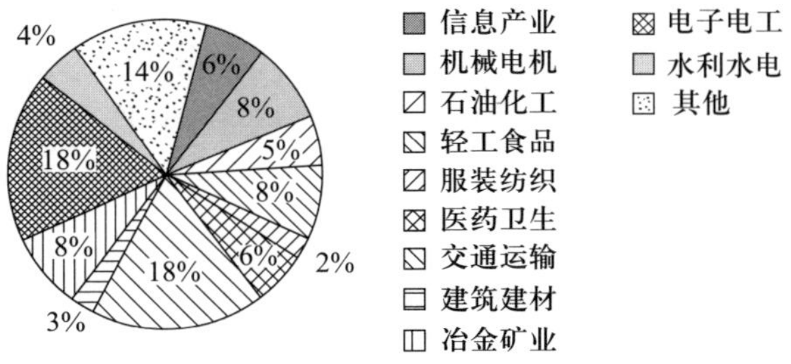

图1 行业分布情况图

3）单位人才文化程度。被调研企业员工学历为本科的比例最大为63%，其次是硕士研究生达17%。在今后更为激烈的竞争环境下，企业员工学历构成将趋向高学历发展。

4）对继续工程教育远程培训的了解程度。图2所示为各单位员工对继续工程教育远程培训的了解情况，结果显示“听说过，不了解”的人数最多，对继续教育远程培训不了解的人数占总人数的75%，也就意味着继续教育远程培训在普及程度上做得远远不够，大部分企业员工对远程培训知之甚少，对其具体内涵即“利用信息互联网平台对在职工程技术人员进行远程的再教育、培训”更是了解不深，这就需要我们在继续教育远程培训的宣传力度上加大投入。

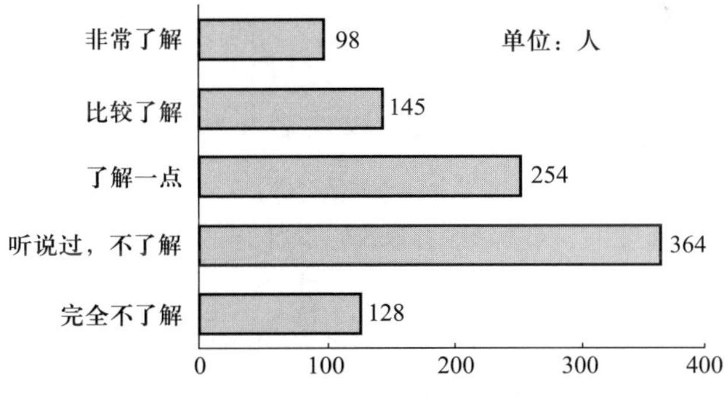

图2 各单位员工对继续工程教育远程培训的了解程度

3.2.2 我国继续工程教育远程培训现状分析

（1）结合调研的现状分析

第一，继续工程教育远程培训的开展情况。近一半的单位已经开展了远程培训，越来越多的企业开展继续工程教育远程培训工作。

第二,继续工程教育远程培训的开展优势。继续工程教育远程培训具有众多的开展优势,如学习行为自主、资源高度共享、减轻工学压力、教育管理自动化、实施成本低等。本次问卷要求参与调查者将以上五个开展优势按重要性由大到小排序,结果如图 3 所示。

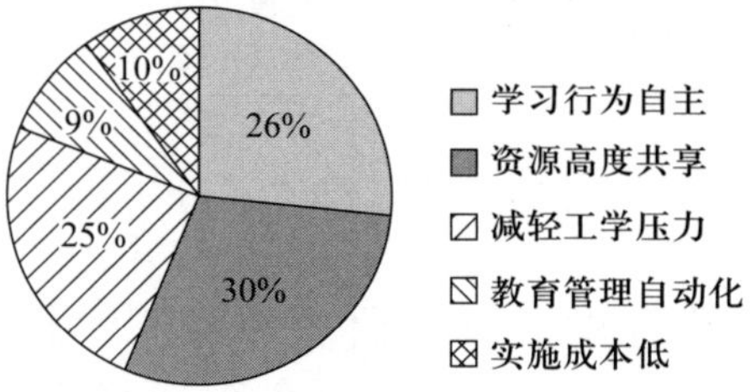

图 3 继续工程教育远程培训开展优势重要性权重

30%的调研对象认为远程培训开展最具优势的一项是资源高度共享,26%的调研对象认为学习行为自主是远程培训最大优势,而仅有 9%的调研对象认为教育管理自动化是远程培训的最大优势。

第三,继续工程教育远程培训的发展前景。72%的调研对象认为远程培训将会有较好的前景,而仅有 3%的调研对象不以为然,近 3/4 的调研对象对继续工程教育远程培训是认可的。

第四,我国继续工程教育远程培训现阶段成果。随着社会的快速发展和信息知识经济的迅猛发展,我国继续工程教育远程培训也取得了一定的成果。网络继续教育模式已经出现了巨大的变革,在教育对象、学习资源、教育观念、管理模式以及教学模式等方面都有了新的发展。

第五,我国继续工程教育远程培训内容。

1) 课程体系设计。如图 4 所示,19%的调研对象认为课程中应包含新理念、新方法、新技术;15%的调研对象希望开设业务技能课程;13%的调研对象认为专业理论方面的课程很重要。相对而言,有较少的调研对象认为应该涵盖压力管理和安全知识方面的课程。

2) 师资来源与教学方式。在 989 份有效回收问卷中,大多数的调研对象希望企业优秀管理人员、专业技术人员或者知名教授学者作为培训讲师。如图 5 所示,555 名调研对象认为知名企业家可以作为讲师授课,494 名调研对象希望有职业培训师来授课。这说明调研对象对继续工程教育远程培训的期待主要集中于真正专业知识的收获。

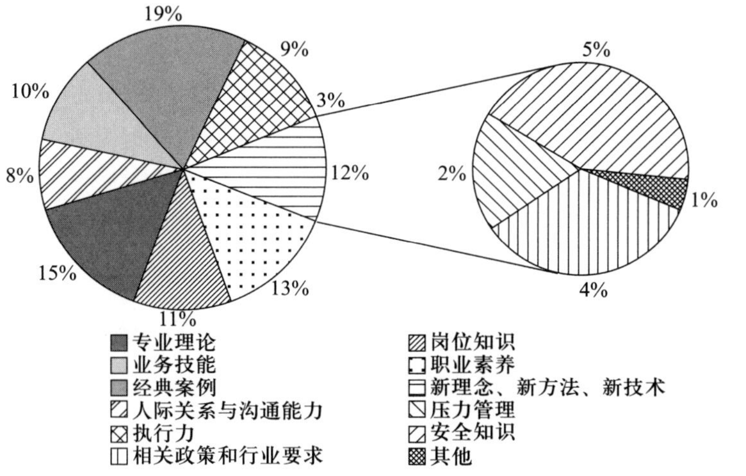

图 4　课程设计涵盖内容

老师在线授课、在线答疑、企业专题讲座三个方式被认为是最主要的教学方式,分别占比为 31%、27%、24%。在全部问卷的答案中有 17%的调研对象选择小组案例讨论方式。

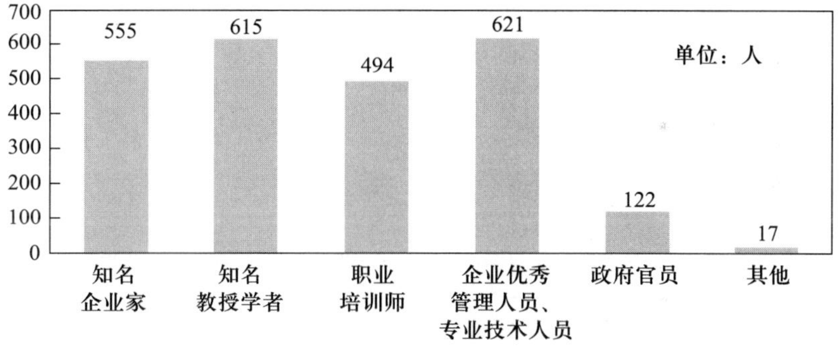

图 5　讲师类型选择倾向

3）时间安排与学分比例。从时间安排可以看出根据学习需要相对集中安排和根据人员需求随机安排是更受青睐的培训时间安排方式,这两类安排方式之和占比达到了 86%(图 6)。39%的受调研者希望培训时间范围在 48 小时,32%的人可以接受 50 小时以上的培训,希望培训时间为 36 小时和 24 小时的调研对象分别占 18%和 11%。

从学分比例看,在 989 份有效问卷中,425 人希望远程培训学分占全部继续教育学分的 30%左右;327 人的期望值更高,为 50%左右。

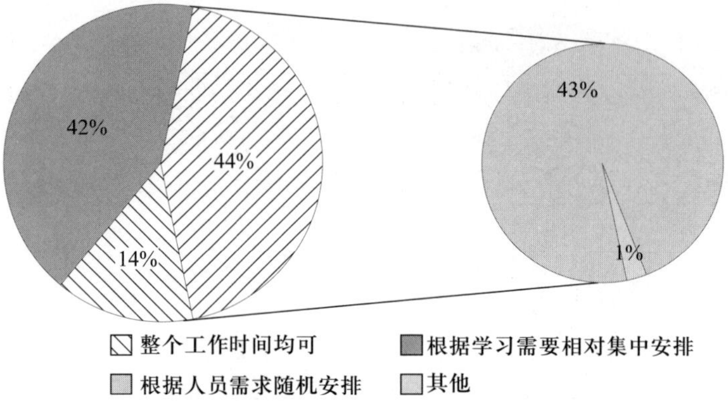

图 6 期望培训时间安排方式

这两类的人数之和达到 752 人，可见更多受调研者希望的远程培训的学分比例为 30%~50%。

第六，我国继续工程教育远程培训实现形式。选择个人电脑、手机客户端和平板电脑 APP 的调研对象分别占比 37%、34%和 24%，另有 5%选择其他电子设备。图 7 所示调研对象对于建设继续工程教育远程培训学习平台应具备功能的期待。首先应具备的功能是选课，占比 13%；其次为资源上传和下载，占比 12%；报名的占比为 11%；在线考核和评价、视频点播、信息发布三个功能占比相同，均为 10%。

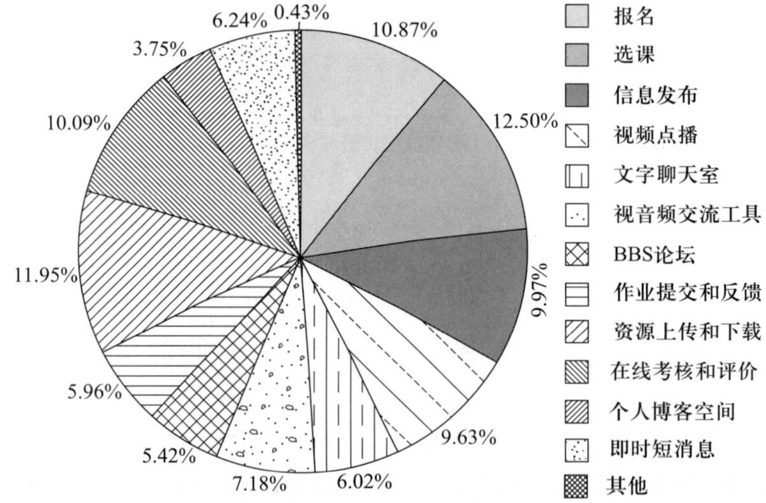

图 7 继续工程教育远程培训学习平台应具备的功能

第七，影响员工接受继续工程教育远程培训的主要因素。占比最大的因素是领导的重视程度，为 13%；其次是培训内容的实用性、技术创新与职业发展要求、政策要求、员工的培训参与意识，占 10%～12%；培训方式与手段、培训组织与服务、职称/晋职评定、培训效果、培训时间的安排和时长占比稍轻，为 6%～8%；培训讲师的授课水平、培训成本、其他则占比很低，仅为 1%～3%（图 8）。

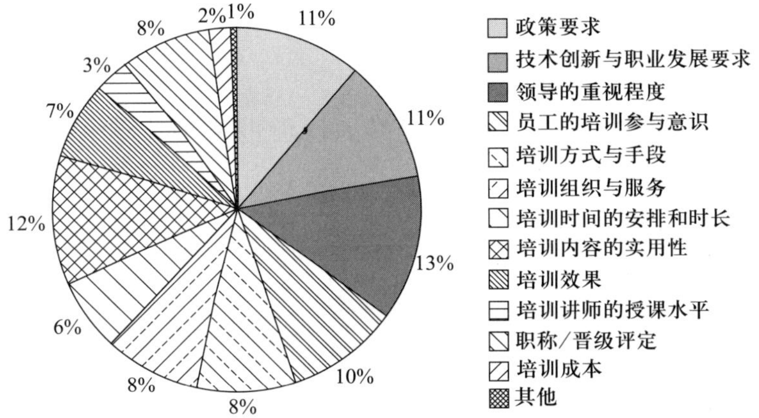

图 8 影响员工接受继续工程教育远程培训的主要因素

（2）我国继续工程教育远程培训的发展特点

我国继续工程教育远程培训呈现的特点主要有以下几点：① 大学发起；② 部门支持；③ 大学、行业协会和培训机构协同合作；④ 起步晚，发展速度快。

我国继续工程教育远程培训存在着些许不足：① 认识不足；② 适合企业的专业性课程比较少；③ 培训方式较为单一，缺乏灵活性和创新性；④ 缺少明确的培训标准和质量监控机制。

3.2.3 典型案例分析

1. 临床医学工程师继续工程教育远程培训案例

（1）临床医学工程师现状

当前医院医学工程专业技术人员流失严重，人员数量少、技术力量相对薄弱。调查数据显示，在被调查的 13 家单位中，38.5%的医学工程科主任所学专业为医学工程，84.6%的科主任具有本科、硕士研究生学历，年龄 40 岁以下占 38.5%，具有中级职称的占 76.9%。另外一组调查数据显示 3 家三级甲等医院的床工比分别 1.14%、1.58%、2.25%，人员数量普遍偏少，人均承担工作任务重；从科室分工来看，采购人员在个别医院所占人员比例有待优化；从学历来看，本科、硕士研究生人员已经成为工作主力；年龄构成各医院实际情况不同，比例有所不同。由以上调查数据不难看出，整个行业存在比较集中的几个问题，即学科持续发展较难，部分科主任专业不对口、医疗行业职称构成及评比体系不合理、各医院医工人员较医护人员学历仍然普遍偏低等。

（2）继续工程教育远程培训模式

医工学会组织开展继续教育培训。借助专业学会的远程培训平台，各级医工学会相互合作，发挥了积极作用。在科主任继续教育培训方面，重点开展专业论坛、管理经验交流、新技术研讨以及行业发展论坛等多种形式的学习交流，有效提升了科主任对医工行业发展动态的了解和掌握。

与医疗设备厂商合作开展培训，提高设备使用率。邀请厂商进行网络专题技术讲座，是开展医工人员继续工程教育远程培训的重要手段。通过远程培训平台，一方面缩短了生产商和使用者的沟通时间，使工作人员更及时地了解新设备的技术特点和掌握新设备的保养方法，提高设备的一般故障维修能力，为新设备正常运行提供保障。另一方面，通过设备的网络反馈系统，对医疗设备的一般故障和不良事件进行监测，有利于医院和生产厂家分析问题产生的原因和潜在的危险，为工作人员提前介入设备的维修和保养提供参考。

将老同志“传帮带”的现场教学录制成视频资料，方便学习者学习。在实践能力的培养过程中，老同志的“传帮带”显得至关重要，维修经验的传授、故障原因的准确判定、理论与实践的结合必须在实践中不断磨合与培养。考虑到部分老同志的身体状况和时间条件，不可能全部采用一对一教学方式，将老同志“传帮带”的现场教学录制成视频资料，放在远程培训平台上供大家学习，能够使更多的医学工作者从中受益，同时由于网络培训的特点，学员可以随时随地反复观看学习，提高了学习效果。

计量质控工作的深入持续。计量质控工作已经成为医学工程行业内公认的重要职能工作之一。在继续教育远程培训工作中主要采取网络专题技术学习、网络会议培训等方式，为各单位培训了大量专职技术人员[11]。

2. 中国石油化工股份有限公司武汉分公司继续工程教育远程培训案例

（1）专业技术人员队伍现状

中国石油化工股份有限公司武汉分公司（以下简称武汉分公司）现有的 1 878 名专业技术人员中绝大多数是中级及以下人员，其中，中级职称技术人员 822 人，初级职称技术人员 521 人，员级 203 人。他们承担着武汉分公司主要的生产和技术任务，其素质决定着企业的生存、效益和发展。随着企业炼量提高，人员精简，更要求专业技术人员必须有全局和系统的观念，尽可能全面地了解和掌握生产的全过程。因此，必须加强对专业技术人员的继续工程教育，拓宽其知识面，提高其知识水平，这样才能适应企业发展的需要，保持企业的竞争优势。炼化企业专业技术人员涉及专业众多，内容广泛，培训层次较多。由于专业技术人员几乎都工作在生产第一线，工作任务繁重，长时间脱产学习会影响生产，工学矛盾突出一直是专业技术人员培训的难题。因此，必须采取分层次、分时段的培训方式，这就需要借助远程培训平台，灵活地对炼化企业专业技术人员进行继续教育。

（2）炼化企业专业技术人员继续教育远程培训的措施

做好培训需求调查，开发针对性强的培训项目。武汉分公司根据需求分析，开发了设备技术人员工艺培训班、工艺技术人员自动控制班、专业技术人员阿斯本软件培训班、工程技术人员网络培训班等，以满足不同专业、不同层次、不同岗位技术人员的需求，取得了较好的效果。

灵活运用多种培训方式。① 短期网络培训班。主要采取网络课堂讲授的方法，用于补充理论知识。技术人员培训时间紧张，必须突出成人培训特点，课堂讲授不能“满堂灌”，讲课内容要有重点，突出实用性和针对性。② 开展远程学术交流。将每年企业各装置大检修中出现的主要技术问题、生产中出现的典型事故和进行技术改造、装置扩建中出现的关键技术问题收集起来形成案例，通过网络进行宣传，邀请专家针对技术专题进行大型的网络直播讲座。③ 组织自学。自学是专业技术人员继续工程教育的重要方式。要编制科学的培训指导方案，结合继续工程教育学分制的实施，鼓励技术人员自学。通过网络平台发布一系列课程视频，为学员自学提供材料，并且借助平台的技术支持,起到有效监督学员自学时间达标的作用。学员在自学过程中产生的任何疑问都可以通过平台及时反馈,不仅可以促进学员之间的交流,也可以获取更专业人士的指导。④ 建立开放式的教师管理系统。专业技术人员继续工程教育培训层次复杂、培训内容广,仅靠企业专职培训机构的师资力量难以满足需要,建立开放式的教师管理系统和符合企业需求的兼职教师队伍,如聘请大学教授、经验丰富的工程师进行网络授课,共同为企业的继续工程教育服务[12]。

3.3 国内外继续工程教育远程培训状况比较研究

1. 政策制度

国外发达国家政策制度较为完善,出台了很多相关法律,不断完善本国在继续工程教育方面的法律法规,加强继续工程教育立法,以法律形式确定其地位,如美国的《成人教育法》、日本的《职业训练法》、法国的《高等教育基本法》等。同时,完善继续工程教育体制,加强督导,将继续工程教育纳入到法制管理体系中去,建立继续工程教育发展的激励机制、约束机制和保障机制。例如法国成立了职业教育部,它是和国民教育部平行的国家机构,主管全国的职业培训,负责全国继续教育的立法,统一管理、分配使用继续教育的经费。

2. 资源建设

(1) 社会广泛参与建设

美国继续教育机构类型多种多样,公司企业在美国继续教育系统中占比约 50%。各类学会也是举办继续工程教育的重要机构。除了公司企业、高等学校与学会的参与外,还形成了具有国家特色的社区学院[13]。

(2) 按实际需要组织建设

法国的继续工程教育是"买方"即委托单位的市场,形成了紧密结合实际、直接服务于经济发展的继续教育形式[14]。同样美国也已形成了以市场需求为导向的继续工程教育模式,注重实际技能的培养,重视实地考察与调研[15]。

我国在课程内容的实践性方面已有了质的飞跃,采取了产学结合、校企合作等多种方式。目前我国继续工程教育远程培训的实践性教学模式即课程作业(在线与书面相结合)、课程实验实习(虚拟与实际相结合)、毕业设计(现场教师指导与施教机构教师指导相结合)等方面有了很大的发展。

3. 质量监控

国外在质量监控方面(如课程的学分学时、业绩考核、监督主体、引入企业第三方等)履行得较好。美国、日本、法国、德国等制定了管理制度,对入选的项目和承办单位进行公示,接受社会监督。对项目开展情况进行指导、监督和检查。建立人才培养培训评价体系,及时跟踪考核社会效益和实际效果[16];加强了经费使用情况的监督,建立相应制度,确保培养培训资金专款专用。强化企事业单位经费配套和使用的监督管理;逐步实现现代化网络管理,通过全国综合管理网络体系,及时掌握情况,实时监控,动态调控,提高了实施效果。相比而言,国内在这方面提升空间很大,人才评价考核要更为科学和具体,经费监督制度需要进一步完善。

4 我国继续工程教育远程培训模式研究

4.1 继续工程教育远程培训的主体与对象

(1) 培训对象

继续工程教育主要是指对专业技术人员进行知识更新、补充、拓展和能力提高的培训,以掌握新知识、新理论、新方法、新技术和新技能为目的。

(2) 培训主体

目前,继续工程教育远程培训的主体主要有企业、高校、培训机构和行业协会。企业是实施继续工程教育远程培训的关键主体。继续教育是高校履行社会服务的重要职能之一,从事继续工程教育远程培训是学校服务社会的有效途径。培训机构在开展继续工程教育远程培训中发挥着越来越重要的作用。行业协会应发挥好对继续工程教育远程培训的指导作用。

4.2 继续工程教育远程培训平台建设

继续工程教育远程培训平台资源库、培训管理系统和学习支持服务系统如图9所示。

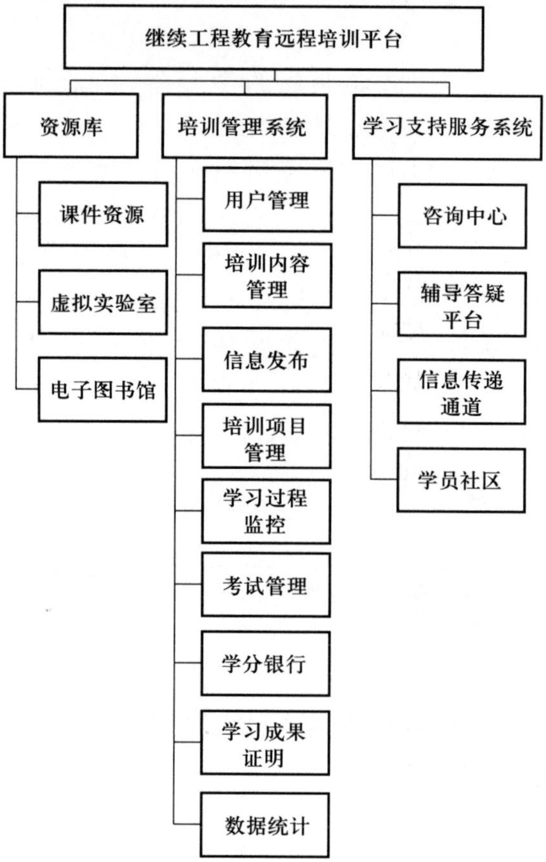

图9　继续工程教育远程培训系统结构图

4.2.1　资源库

(1) 课件资源建设

课件资源建设是继续工程教育远程培训的核心。继续工程教育的网络课件有其特殊性，既要体现网络课件的要求，也要反映继续工程教育的特色。在课件制作上，企业、学校和培训机构要发挥各自优势，共建资源。第一，引入先进的课件制作理念，使继续工程教育的网络课件影视化。第二，施教机构与企业开展合作，提高继续工程教育的网络课件的实用化。第三，充分利用网络虚拟实验室，提高继续工程教育远程培训的实践性。第四，以国际先进标准为引导，促进继续工程教育网络资源的国际化[17]。

(2) 虚拟实验室建设

依托虚拟现实(virtual reality,VR)、多媒体、人机交互、数据库和网络通信等技术,建设高度仿真的网络虚拟实验室,实现真实环境中难以完成的教学功能,弥补远程培训中实践环节的不足。学员在虚拟环境中进行模拟操作,虽然不能完全代替实习实训环节,但是通过在虚拟实验室的练习,能增加对实际操作过程的熟练程度,提高理论联系实际的能力。因此借助虚拟实验平台,再结合一定学时的真实环境的实习实训学习,能有效提高专业技术人员实践环节的学习效果。这种学习方式主要有如下优点:① 数字化三维虚拟仿真技术画面逼真精美,在虚拟实验室中操作让学员身临其境、体验到现代教育技术的乐趣,实现寓教于乐;② 三维虚拟仿真技术从学员的思维角度出发,有效地将大脑信息接收、转化与储存等各环节紧密连接,能提高学员的学习兴趣,提升远程培训的效果;③ 学员在虚拟网络空间模拟实际操作,熟悉实习实训的全部过程和内容,能显著减少真实场景下的实习实训时间,并降低实习实训期间的原材料损耗。

(3) 电子图书馆建设

继续工程教育远程培训电子图书馆的建设虽然没有一般校园电子图书馆建设那么庞大,但包含的内容基本相同,主要包括电子期刊、电子图书、案例库以及学员优秀作品库等,在资源采集和使用上更强调资源的共享性与开放性。第一,电子期刊、电子图书。提供一定数量的与培训内容有关的电子期刊和图书,帮助学员了解相关知识背景、掌握基本原理、拓宽学员知识面,主要通过购买期刊和书籍的知识产权来获取使用权。第二,案例库。选择行业或企业的典型案例,逐步构建具有行业特点的案例库,帮助学员掌握理论联系实际的能力,提高培训的实战性。第三,学员优秀作品库。继续工程教育的学员队伍庞大,很多来自企业一线员工,有丰富的实际工作经验,在处理实际工作问题时会产生一些巧妙的方法和构想。在培训过程中,鼓励学员将这些好的方法和构想共享出来,供其他学员参考,日积月累,形成学员优秀作品库。

4.2.2 培训管理系统

继续工程教育远程培训管理系统一般包括用户信息管理、培训内容管理、培训项目管理、信息发布、学习过程管理、考试管理、学分银行、学习证明以及数据统计等模块。

(1) 离线移动学习功能

平台具备离线移动学习功能,实现随时随地学习。这就要求课件有较高的适应性,在IOS系统、Android系统和Windows系统能正常使用。目前不少培训机构和高校已经构建了基于移动端的学习平台,实现了云端一体化的学习模式。离线学习要注意两个方面的要求:一是学习记录要能自动同步;二是保护好课件的知识产权。

(2) 虚拟课堂互动功能

远程培训与面授培训最大的区别是远程培训中学员与老师不能现场互动,影响培训效果。如果能够虚拟一位网络教师与学员进行互动,将极大程度地激发学员的学习积极性。

这种虚拟课堂互动方式主要有两个难点:一是对网络带宽要求较高,由于要上传大量图片和视频材料,在短时间内会占用较大带宽,适合于在本地端建有培训教室的远程培训;二是对于复杂的动作识别比较困难。随着VR技术的发展,将来这种方式的应用会越来越广泛。

(3) 在线考试评阅功能

继续工程教育远程培训主要依靠计算机网络开展在线培训,为加强学习效果,"学""测""评"三个阶段缺一不可。这种方式主要有两个方面的要求:一是要建设一定量的试题库,保证短期内试卷的重复度不能太高;二是需要可靠稳定的远程平台,能支持突然断网后的续考和离线考试。

(4) 收益回报机制

继续工程教育远程培训平台的核心是课件资源,建立科学合理的内容提供回报机制将会大大地提高培训师资提供优质课件和更新课件的积极性。

(5) 学分银行系统

学分银行是借鉴银行的特点,以学分为计量单位,对学习者的各类学习成果进行统一认证与核算,是具有学分认定、积累、转换等功能的新型学习制度、教育管理制度和学分管理机构。学员在远程培训平台学习的课程可折算成一定数量的学分,并存储在远程教育平台中。该学分可以转换为学历教育或资格证书对应的课程学分,当累积学分达到符合学历证书或资格证书规定的相应标准后,可申请获取相应的学历或资格证书。这种方式尤其适合工程继续教育人员的继续教育,边工作、边学习,学完一门算一门学分,能有效缓解工学矛盾,减少学员重复学习时间,提高他们的学习积极性。

(6) 学习成果证明

目前国内继续工程教育远程培训的学习成果证明主要是课程学习证明或者培训项目结业证书,社会认可程度较低,一般只能获得企事业单位内部的认可。坚持远程培训标准化和品牌化的发展思路,按照行业特点或者企业实际,推出类似微软认证或者思科认证等社会认可程度高的培训证书,是将来远程培训发展的一个重要方向。

4.2.3 学习支持服务系统

学习支持服务的目的在于指导、帮助和促进学员的自主学习,提高远程学习的质量和效果。本项目所说的学习支持服务主要是针对学习过程中的支持服务。学习支持服务系统主要包括咨询中心、辅导答疑平台、信息传递途径和学员社区等。

4.3 队伍建设

4.3.1 建设继续工程教育远程培训的专家团队

可以考虑由中国继续工程教育协会等类似机构牵头组建由政府相关部门、企事业单位及其他行业协会专家共同组成的继续工程教育远程培训专家团队。集合优势力量,对于我国继续工程教育领域特别是远程培训方面的理论、案例及新技术进行研究探讨,吸收国外优质资源为我所用,从顶层设计上为我国继续工程教育远程培训的发展提供政策咨询服务等。

4.3.2 组建专兼结合的继续工程教育远程培训师资队伍

培养一支专兼结合、有较强实践能力和丰富实际工作经验、具有国际视野的高水平教师团队。应发挥各类培训主体,比如企业、高校、培训机构、行业协会等的主观能动性,依托现有的师资团队,进一步丰富、扩大团队组成,专职、兼职相结合,理论研究与实践操作相结合,既有来自高等院校、培训中心等部门的专职教师,又有来自一线的、具有丰富实操经验的优秀专业技术人员担任兼职教师。

4.4 继续工程教育远程培训模式研究

我国当前进行继续工程教育远程培训的主体主要有高校、社会培训机构、企业和行业协会等。政府在推动继续教育发展中发挥主导作用,通过制定计划、加强评价机制、解决利益分配等引导高校、社会培训机构、企业及行业协会等培训主体积极参与继续工程教育远程培训,发挥政府“有形的手”的作用,为继续工程教育远程培训的发展营造良好的制度环境。根据培训主体的不同,目前的培训模式主要有:高校自办模式、企业自办模式、行业自办模式、校企合作模式、多方合作模式。根据继续工程教育远程培训学习方式的不同,主要有在线学习模式和混合式学习模式。

4.4.1 继续工程教育远程培训的办学模式研究

1. 高校自办模式

(1) 模式表现

市场化、企业化运作。继续工程教育远程培训的发展模式完全不同于传统的学历教育,继续工程教育远程培训有很强的市场性,对培训要求很高。从课程设计到招生宣传,从师资聘请到课后评价,几乎每个培训项目的每一个环节都要重新制定,与传统学历教育几乎不变的模式存在很大的差别,这就要求高校继续教育机构放宽视野、转变思路,探索市场化下的教育模式。

发挥高校的学科专业优势。高校长期从事科学研究和学历教育工作,有丰富学科专业建设资源。教师理论知识扎实,有深厚的学科专业基础,能为企业解决生产中遇到的问题提供理论支持;对于学科发展的新知识、新技术有先知先觉的优势,通过继续工程教育远程培训能及时传递给生产一线的专业技术人员,有利于企业的产品研发和战略方向的调整。

促进与国外继续工程教育的合作与交流。高校比较关注国际教育交流与合作,能及时引进海内外优质教育资源用于继续工程教育远程培训。一方面,利用国外大学与企业的良好合作关系,促进我国工程技术人才与国外企业人员的交流,拓展学员的国际视野,培养具有全球战略眼光的高技术人才；另一方面，在合作过程中积极学习借鉴国外大学在开展继续工程教育远程培训方面的经验，推动我国继续工程教育远程培训事业的发展。

（2）典型案例

清华大学始终以“教育服务社会”为宗旨，坚持“社会责任第一，社会效益优先”的发展原则，依托自身优质的教育资源和学科优势，积极开展继续工程教育远程培训。

2005年以来，清华大学与国家发展和改革委员会合作组织实施了“中国创新成长型企业自主培训体系建设(521)工程”。先后与河北、吉林、江苏、山东、内蒙古、新疆、四川、河南、山西、陕西、甘肃、昆明等20多个省市政府合作。通过在当地举办名家论坛、清华远程企业学堂落户当地企业等，联合开展创新人才培训工程，并取得了良好的效果。到目前为止，已拥有清华企业远程学堂的用户单位近1 500家，参加培训和受益的学员超过300万人次。

（3）模式的优势与不足

高校自主办学这一模式的优势体现在以下三个方面。

1）高校的品牌效应。一谈起高校，人们就会想到它悠久的历史、深厚的文化底蕴，尤其是名校对人们有一种天生的吸引力。不少人的学历教育无缘名校，但可以注册成为名校的继续工程教育远程培训学员，通过网络学习弥补心中的遗憾。

2）高校有丰富的课程资源。高校建设了丰富的网络课程资源，有国家级(市级)精品课程、网络精品课程、精品网络共享课程等。不少知名高校都成立了远程教育学院，建设了本校的课程资源库，拥有众多的网络课程，包括公共课程、专业教育基础课程和专业核心课程，许多课程可直接用于继续工程教育的远程培训。

3）高校有雄厚的师资力量。高校有教学经验丰富的教授团队，有学术能力强的科研团队，他们许多都是行业中的佼佼者，对行业的发展现状和趋势了然在胸。他们主讲的课程，能让学习者开阔眼界、拓宽思维，激发创新活力。

高校自主办学这一模式的不足主要体现在以下三个方面。

1）理论联系实际不紧密。不少高校在建设继续工程教育远程培训课程资源时，照搬学历教育模式，课程内容中理论讲述得太多，联系生产实际的内容较少，对于指导学员解决工作实际问题的帮助不大，学员反映学完之后用处不大,影响了学习效果。

2）同质化竞争严重。由于高校主要是办学历教育,各学校专业建设相似度很近,在开展继续工程教育培训中不可避免地存在同质化现象。不少高校内各专业学院也逐渐成为举办教育培训的主要力量。与此同时,社会上的培训机构也呈现出蓬勃发展之势。这样高校同社会培训机构之间、高校之间、高校继续教育学院与专业级学院之间都存在着严重的同质化竞争现象。

3）办学机制不灵活。传统的高校继续教育一直承担着成人教育学历补充的职能,学历继续教育在招生、教学、师资培养等方面已经形成了一套完整而又成熟的办学模式,突然转向以市场需求为主的继续工程教育远程培训模式,对传统的学历办学模式是一个巨大的冲击和挑战,需要妥善处理好传统学历继续教育办学体制与现代非学历继续教育市场机制之间的矛盾和冲突。

2. 企业自办模式

（1）模式表现

在行动上,企业大学相对于传统的培训部门是积极主动的。企业大学主动地根据企业战略来规划行动战略,实施培训项目。企业大学不仅关注员工工作绩效的改善,更重视组织整体绩效的提升。但传统培训部门一般根据主管和员工的培训要求被动式地做出反应。

在运作上,企业大学作为企业的业务单元甚至独立运作。新型的企业大学除了在企业战略和文化上与企业相承,资金和管理都独立于企业之外,为企业发展战略提供帮助。而传统的培训部门往往是企业发展的辅助性部门,通常隶属于人力资源部门。

在教学方法上,培训部门常以传统授课的方式或者“师徒”方式来进行理论和实践的培训,形式单一。而企业大学则能根据需求和培训效果的分析,提供包括多媒体教学、网络教学、虚拟教学等多种形式的教学方式。

在学习频率上,企业大学提倡“终身学习”的持续性,强调持续性学习的重要性,适应时代发展的需要。而培训部门的课程形式固定、单一,通常课程培训对象为一般员工,内容深度有限,培训局限于提高工作岗位技能等。

在目标对象上,企业大学的建立和执行需要CEO、高层经理、商业单位及员工全面支持与认同,其目标对象也因为培训的深入,由单一的员工培训拓宽至价值链客户的培训，甚至有培训需求的广大受众对象，而培训部门的目标对象仅为企业员工。员工接受培训也是指定的、被动的。

在经营策略上，企业大学的建立和执行需要CEO、高层经理、商业单位及员工的全面支持与认同，对外的企业大学还需要经受市场竞争的考验，需制定营销策略来提高市场认可度。相反，传统的培训部门几乎不进行内部行销，直接指定员工来接受培训，导致认同和配合程度较低。

（2）典型案例

中车大学在2013年建立了网络学院平台，采用“东软在线学习管理系统”，以“统一平台、内容分布、集中管理、信息共享”的配置策略进行统一部署，可供50 000用户在线学习。中车大学投资数十万元，采购620余个、学习课时635小时的网络课程课件，其中精益制造、“四新”技术等课程课件近百个。中车大学近年来依托网络学院平台组织继续工程教育培训，共有23 000余人参加学习，学习课时数量为300 000多课时。同时，网络学院上线运行以来，不断进行改造升级，现已实现与人力资源信息系统学习管理业务模块有效对接，具有学习社区、学习积分、学习资源上传下载等功能。移动学习、微信学习和学习地图等功能正在建设之中，逐步向“平台（学习资源）+APP”模式的学习平台发展。

（3）模式的优势与不足

企业大学这一模式的优势体现在以下三个方面。

1）依托于企业背景、资金、人员、理念等优势。企业大学可以充分利用公司人、财、物的支持，这也是企业大学成败的关键。企业大学还依托于企业的组织文化、经营管理知识库、企业品牌形象等这些无形的优势，将其转化为自身培训理念、管理模式、培训内容的有机组成部分，以在培训市场上独树一帜。

2）企业大学能解决人才长期发展的需要。企业大学则能依据企业对持续性人才的需要规划一套适合人才长期发展的体系。

3）企业大学扮演多面手的角色。随着不断发展，企业大学扮演的角色也越来越多，成为吸引人才、企业文化传播、新技术创新、企业形象代言、强化产业链和长期培训方案策划咨询的多面手，在培训市场和企业竞争中发挥着更多的作用。

企业大学这一模式的劣势也有以下三个方面的体现。

1）课程理论教学不足。企业在继续工程教育远程培训的实践方面优势明显，但在理论知识方面稍显不足，知识更新较慢。

2）课件资源开发不足。在企业大学成立之初，企业往往比较重视，投入很大的财力引进先进的网络教学资源，而在后期课程内容更新、课程开发上的投入不足，造成课件更新慢、内容陈旧。

3）照搬国外企业大学。许多国内企业大学仍是照搬国外企业大学的培训模式，或是还未脱离原来公司内部培训部门的雏形，不能真正实现其传承公司文化、培训卓越的持续性人力资源、形成学习性组织等目标。

3. 行业自办模式

（1）模式表现

行业协会在继续工程教育远程培训中的发挥作用主要表现在：

1）确定培训需求。行业协会作为企业之间的联系平台，必须密切关注经济结构调整和培训岗位的变化，及时反应并确定行业内部的培训需求，调整行业内继续工程教育远程培训的思路与措施。

2）引导会员单位共建平台、共享资源。由于各企业规模差异很大，开展继续工程教育远程培训的水平参差不齐，尤其是中小型企业，人员不多，平时生产任务重，基本没有时间和精力来组织企业内部的远程培训平台和课程资源建设，如果由行业协会牵头，根据本行业生产培训的实际需要，组织会员单位共同建设本行业的培训平台和课程资源建设，既能减少不必要的重复建设，又能提高资源的使用效率。

（2）典型案例

中国煤炭工业协会远程教育培训资源包含十二大栏目：煤炭大讲堂、高层论坛、实用小课堂、安全培训、企业经营管理人员培训、专业技术人员培训、四新（新技术、新工艺、新成果、新装备）培训、职业技能签订培训、技能大师绝活、区队班组培训、企业节目、通识类培训。网上平台有课程资源近万课时，主要针对经营管理人员、专业技术人员、技能操作人员，横跨煤炭板块、煤化工板块、电力板块、铁路运输板块以及煤机板块[18]。

（3）模式的优势与不足

行业自办模式的主要优势如下：

1）课程资源更加符合实际需要。由行业协会引导会员单位共建课程资源,课程内容根据企业员工的实际需求定制开发,并由企业实践经验丰富的技术专家讲授,将更能引起学员的共鸣,更加理论联系实际,培训内容更符合企业员工培训的实际需求。

2）有利于在行业内部迅速推广。由行业协会引导共建的远程培训平台,一般都得到了会员单位的支持。远程培训平台从课件资源、培训管理及建设机制等方面,都密切联系企业的实际情况,在本行业内部能得到快速的推广和应用。

3）促进本行业继续工程教育远程培训的发展。行业协会是政府与企业之间的纽带与桥梁。行业协会可以向政府报告本行业专业技术人员继续教育远程培训的基本状况、总体规划、需求分析、实施途径等有效信息,并为政府制定继续教育远程培训的政策提供建议和咨询服务,促进政府对远程培训的政策支持和经费支持,推动继续工程教育远程培训的发展。

但是,我国行业协会在继续教育远程培训中扮演的多重角色,甚至角色冲突,导致行业协会功能得不到有效发挥。一方面行业协会承接了政府部分职权,代表行业整体需求,推动本行业继续工程教育远程培训的发展;另一方面作为企业的组织者与集合体,也是单个企业的代言人,常常考虑到自己所在企业的利益,造成整体需求和个体诉求的冲突,需要行业协会权衡各方面的实际情况,平衡发展。

4. 校企合作模式

(1) 模式表现

订单项目合作模式。订单项目又称为定制化项目,按照培训需求,企业派代表参加培训项目的方案设计、课程开发、培训管理和实施办法等,由高校与企业共同制定培训计划,共同组织培训,并按照企业的订单需求,培养适合企业发展的人才。

共建远程培训平台的合作模式。企业提供资金,学校提供技术。在师资队伍组成上,高校师资以理论教学为主,企业师资以实践教学为主。课程内容紧扣企业生产的实际情况,使员工参加培训后真正学有所用;同时将远程培训平台与企业的人力资源管理平台无缝链接,员工在远程培训平台的学习情况在人力资源管理平台上能够及时体现,并与岗位考核和职位晋升紧密挂钩,这有利于激发企业员工的学习热情,促进企业员工专业技能和理论水平的提升。

组建校企培训联盟。成立校企培训联盟,发挥各自优势,共同解决某一行业共性的资源建设和平台建设问题。校企培训联盟资源共建、共享,利用联盟优势、发挥整体效益,减少单个企业和学校之间的沟通成本,以最少的投入获取最大的收益[18]。

(2)典型案例

中国石油大学(华东)继续教育远程培训一直以来坚持校企合作,对接行业企业、地方企事业单位的人才需求,结合自身办学特色,形成了面向石油企业的长效战略合作模式、面向地方政府的协同发展模式、面向地方企业的咨询培训一体化模式、校企合作共建继续教育基地模式等。运用这四个模式,取得了显著成效。

这四个校企合作模式中,第一是面向石油企业的长效战略合作模式。学校与中石油、中石化、中海油、神华集团、延长石油五大能源集团公司签署了人才培养长效战略合作机制,成立了石油行业校企继续教育联盟与在线教育联盟,成为石油石化行业重要的继续教育人才培养基地。第二是面向地方政府的协同发展模式。学校、政府、企业"三方合力",构建了服务区域经济、社会发展的区域继续教育人才培养基地。第三是面向地方企业的咨询培训一体化模式。校企联合制定人才培训规划,构建了涵盖需求分析、培训设计、项目研发、组织实施、评价反馈等环节的咨询培训一体化模式,实现了由培训承担者向企业人力资源开发的参与规划者的转变。第四是校企合作共建继续教育基地模式。校内,依托校办产业、国家级重点实验室和国家级实习基地等资源开展继续工程教育远程培训工作;校外,与全国省、市、区的110个主要石油石化企业建立培训合作关系,共建继续教育基地,利用当地石油石化企业的资源开展专业技术人员继续工程教育远程培训[19]。

(3)模式的优势与不足

校企合作模式的优势明显,可以准确根据用人单位的市场需求对企业的专业技术人员进行培训,培养适合企业发展的人才。课程设置的针对性强、实用性程度高,理论与实践结合紧密。校企合作共同设计培训内容,有效地促进了学员的专业知识更新和技术水平提高。校企合作实现了让学员所学的知识与企业实践有机结合,让学校和企业的设备、技术优势互补,节约了培训成本,是一种"双赢"模式。

但是由于校企合作远程培训针对性比较强,大部分课程内容需要重新开发,培训成本高,复制性、推广性较差。另外由于学校和企业机制不同，在合作时，需要协调好不同机制之间的冲突问题。

5. 多方合作模式

（1）模式表现

部委、行业协会牵头组织专项计划。政府建立专项行动计划支持我国专业技术人员的继续教育，对于促进我国继续工程教育远程培训的发展具有重要意义。例如我国人力资源和社会保障部实施的“专业技术人才知识更新工程”、商务部实施的“千百十工程”、中国软件行业协会和科技部发起的“213 培养计划”等。

参与各方优势互补。企业从人力资源开发的角度出发，有建设自身远程培训体系的内在需求，但是由于受到企业生产和自身能力的限制，不少企业尤其是中小企业自主建设远程培训体系比较困难，希望能借用或者共享社会性的培训资源。

高校的继续教育承担着服务社会的职能，希望利用学校的资源优势，面向行业、企业开展继续工程教育远程培训工作；社会培训机构利用自身的技术优势，愿意提供平台开发、课件制作、移动学习、内训直播等培训服务；行业协会能发挥桥梁和纽带的作用，将各相关单位联系在一起，共同开展继续工程教育远程培训。

（2）典型案例

国家继续教育公共服务平台。国家继续教育公共服务平台提供在线培训一站式全方位服务，包括网站搭建、平台开发、服务器使用、宽带租用、课件提供、使用培训、后期维护、用户咨询等，确保在最短时间内开通平台。

远程继续教育的学习平台采用先进分布式云计算，支持千万人在线学习，适用于大规模人员培训。平台包含 9 个方向、28 大类别、66 个模块、1 000 多门、6 000 多课时的自主知识产权课件，建立了公务员、专业技术人员、企事业人员三个维度的课程资源体系，内容涵盖了职业素养、管理科学、政策法规、时事热点、教育考试、专业技能、文化素养、科学技术、综合知识等多个板块。

资源共享平台支持各类资源的导入，建立了资源共享机制。目前华北电力大学、北京理工大学、云南大学、中科院软件中心有限公司等多家单位的课件资源已加入该平台，推动了会员单位之间的资源共享。

中国继续工程教育协会牵头组织的多方合作模式很有借鉴意义，

其融合了多方力量的优势,实现了资源共享、优势互补。

(3) 模式的优势与不足

这一模式的优势体现在以下三个方面。

1) 多方协作,优势互补。多方协作模式的最大特点即充分发挥多方优势,相互借鉴,互补短板。

2) 共享资源,互利共赢。在大数据发展的今天,资源变为了一个重要因素,在多方协作下各自贡献自己的资源,构建庞大丰富的资源库,互利共赢,共同发展。

3) 节约成本,减少浪费。如果多方力量都致力于搭建自己的培训平台,建构资源,而其中很多资源是互通的,这样就会造成资源重复建设问题。如果大家可以共享资源的话,会节约很多成本,减少浪费。

这一模式的主要不足有:

1) 参与单位较多,管理、协调困难。由于涉及多个合作方,各自利益诉求不一样,管理协调工作比较困难。

2) 内容广泛,针对性不强。多方协作需要考虑各方面学习者的需求,难以保证课件的针对性。

4.4.2 继续工程教育远程培训的学习模式研究

1. 在线学习模式

(1) 模式表现

自主学习式。自主式在线学习在整个学习的过程中只有学习者、学习资源和学习平台三种因素存在,学习者可以自己确定学习的主题或学习目标,以自己的方式来自定步调进行学习,并利用自己的元认知监控能力来对自己的学习过程进行监督的一种学习方式。

引领学习式。引领式在线学习强调整个学习活动应以老师为主导,以学习者为中心。该模式通过老师的引导与鼓励,让学习者积极主动地参与到学习的交流、协作中来。学习的过程中通过角色扮演、网络实时交互、头脑风暴和研究性学习等方式来完成学习任务。

(2) 典型案例

edX 的在线学习模式。清华大学和北京大学于 2013 年 5 月与 edX 建立合作关系,并相继推出了一系列 MOOC 课程。该平台的课程视频和作业是开放的,学员可以根据自身情况自由安排学习时间,但是作业和考试有截止时间。当点击进入具体的课程页面,会发现每门课程都是由课程信息、课件、讨论、进度四个部分组成,便于学员安排学习时间,做到对课程了然于心。该平台为了有效分析在线学习行为与效果,还采用了数据挖掘技术对学员在线视频的观看、习题的完成情况、论坛活跃程度等环节进行追踪并对所产生的信息进行收集,然后将其量化为具体的数据进行研究分析,以便更好地引导学习行为。

Coursera 的在线学习模式。Coursera 可以说是世界上最大的 MOOC 平台。课程范围涉及医学、数学、人文科学、计算机科学、社会科学、艺术、音乐等领域。Coursera 平台在个人课程管理页面中会显示学习者参与学习的所有课程、课程开课时间、完成课程学习所需时间以及课程的进度安排等。教师会根据课程进度安排,以星期为时间单位,发布必须完成的任务,包括观看视频、阅读在线教材、完成课堂练习等,学习者可以选择通过自主学习、分小组讨论等多种方式开展学习。课程视频中还内嵌有测试题,一方面,便于及时检验学习者的学习效果;另一方面,缓解学习者的视觉疲劳,提高其注意力。在评价方式上,客观题主要依靠系统给予测评,以便能够及时将结果反馈给学习者,对于学员的作业则采用同伴互评方式,一份作业随机分配给 5 个学习同伴给予打分,这种评价方式提供给学习者的是个性化的学习反馈[20]。

(3) 模式的优缺点

学员在网络背景下的这种自主性和探究性学习使他们的学习具有了传统学习无可比拟的优点。当学员面对计算机时,他所产生的第一感觉就是:我将要用它来学习了,我必须自己干了。这实际上是促使学员确立自己在学习过程中的主体地位。同时,学员学习不受入学年龄的限制,并且可以避免传统教学模式下时间和空间的限制。最后,网络背景下的学习是一种多向的信息交流活动,学员在获取不同的学习资源时可进行比较,集思广益,取长补短,深入理解和消化所学的知识,益于对新知识的意义建构。

同时,在线学习模式也有不足之处:课件资源开发滞后于网络建设,在线资源总体质量不高;在线学习管理、在线服务有待优化。

2. 混合式学习模式

(1) 模式表现

混合式学习的教学过程形式多样,既包括传统面对面的课堂教学过程,又包括网络教学过程。要想有效地组织教与学活动,更好地发挥混合学习的优势,就需要根据学习环境、学习内容、学习者等实际情况,采用以下不同的培训组织形式:以班组为单位,教师实行面对面的课堂教学;基于网络教学平台,教师组织和引导学员进行自主学习;以小组为单位,学员通过参与课堂活动和完成网络教学平台发布的任务进行协作学习。黄怀荣教授在相关研究的基础上,提出混合学习的四个关键教学环节,即课程导入、活动组织、学习支持和教学评价。

(2) 典型案例

IBM 公司的混合式学习。Basic Blue 是美国 IBM 公司的初阶经理人培训课程,这种课程既可以传授比传统训练更宝贵的学习经验,又可以增加公司的投资效益。由于 IBM 公司的人员流动量很大,而且遍布全球各地,原本的五天室内训练课程已经远远达不到需求标准,再者,由于经理人的时间、空间、工作压力等因素的困扰,新型而灵活的培训形式的运用显得尤为迫切和必要。因此 IBM 为了突破困境,在 1999 年推出了 Basic Blue for Manager 课程,将原本仅仅五天的室内培训课程扩展为一年持续性学习的混合课程,Basic Blue 推出后,其灵活性和互动性极受学员欢迎[21]。

亨通集团的混合式学习。江苏吴江的亨通集团有限公司的管理人员在上海交通大学、哈尔滨理工大学的研修班学习时就采用了混合式学习这一培训模式。由于时间空间的限制,公司大部分受培训者不能抽身去参加面对面的讲授学习,而如果全部采用在线学习方式不能有效地实现对知识的理解和掌握,达不到预期的效果。因此,混合式学习的培训模式是理想的选择。通过三个阶段的培训,每个阶段大约持续六个月,一般情况下是前五个月进行网络在线学习,后一个月开展集体面授,增强学习效果。通过这种灵活的培训方式,网络授课和集中面授相结合,实现预期的培训效果。

(3) 模式优缺点

这一模式的优势体现在以下三个方面。

1) 丰富的学习资源。混合学习模式为学员提供了丰富的学习资源,包括在线学习资源、教师为学员精心挑选的大量阅读资料和视频资料。开放的门户网站为学员获取大量在线学习资源提供了便利。教师为学员提供的大量阅读资料是其参加各种学习活动的基础,通过阅读大量资料,学员可以形成独立学习的习惯和自主学习能力,并培养问题意识以及解决问题的能力,为课堂学习和在线学习做好铺垫和准备。

2）明确的教学目标。在面对面学习和多媒体、在线学习中都设定了明确具体的教学目标，并且两部分的教学目标互相衔接、互为补充，提高了混合学习的教学效果。在课程开发中也紧紧围绕教学目标展开，以教学目标为根本进行课程设计和开发。多媒体技术的选择也以达到教学目标为依据。

3）面对面学习和多媒体、在线学习的有效结合。根据不同的课程特点、学员需求、教师授课方式，对两个环节应承担的任务有不同的明确规定，使两者能够有效衔接，并相互融合，达到最优的教学效果，并超越单一面对面学习或在线学习模式。

混合式学习模式存在的问题主要表现在：

1）学习者的学习适应性差距较大。由于学习者的学习动机、学习兴趣和身心成熟程度等初始能力存在差异，因此，学习者对教学环境和方式转变的适应能力也不尽相同，往往会出现两极分化的现象。

2）课堂与网络学习的融合效果有待完善。在部分难于操控、难于理解的课程内容讲授的环节中，仍然只是单纯的采用面对面的课堂讲授形式，未能将网络学习有效地融入其中。同样，在网络学习的自主学习阶段，由于教师不便于对学员进行实时监督和指导，不能保证学员自主学习的学习质量和效率。

5 政策建议

5.1 完善立法和相关配套政策，做好继续工程教育远程培训的顶层设计

1. 提升继续教育立法层次，为更大力度推动继续工程教育远程培训提供法律保障

项目组建议，人力资源和社会保障部应在《专业技术人员继续教育规定》的基础上，出台《专业技术人员继续教育条例》，弥补国家层面继续教育法律法规在法律效力和政策指导力方面的不足，进一步明确继续工程教育远程培训的地位及实施路径，为各继续教育参与主体进一步推进继续工程教育远程培训提供有力的法律保障和政策

依据。

2. 分类指导各地、各行业健全继续工程教育远程培训的配套政策

项目组建议，由人力资源和社会保障部牵头，分类指导各地方政府和承担部分继续工程教育职能的有关部委如工业和信息化部、环境保护部、知识产权局等行业部门健全继续工程教育培训的配套政策。进一步明确继续工程教育远程培训的地位和作用，突出远程培训的重要性和必要性，为开展继续工程教育远程培训工作提供比较坚实的政策保障和行动依据；制定相应配套制度，明确我国继续工程教育远程培训的指导思想、目标要求、组织管理、资金投入、资源建设、运行机制、质量监管和成果认证等内容，规范继续工程教育远程培训的行为，指导社会各类施教机构开展继续工程教育远程培训工作，促进继续工程教育远程培训的规范化。

3. 重大人才工程带动继续工程教育远程培训工作

实践证明，远程培训是大规模开展工程技术类人才继续教育的有效方式，国家重大人才工程是推动继续工程教育远程工作的有力抓手。项目组建议，以国家重大人才工程为基础，将远程培训作为保障工程顺利实施，完成培养培训目标的重要方式，带动全国各地、各行业领域继续工程教育远程培训工作的深入开展。

4. 加强继续工程教育远程培训工作的经费保障

经费是继续工程教育远程培训可持续发展的关键，是远程培训硬件建设和软件开发的基础。

第一，发挥政府财政拨款的引领示范作用。各级政府应把继续工程教育远程培训投入列入本级政府财政预算，并加大对公益性和普惠性继续工程教育项目的经费支持。

第二，引入市场机制，探索多渠道筹集经费。积极吸引企业、社会团体或个人参与办学或捐资助学的形式支持继续工程教育远程培训建设。建立国家、地方、企业、高校和学习者本人“分级投资，共同承担”的融资机制，努力拓宽继续工程教育远程培训投入机制的空间和渠道。

第三，落实用人单位远程培训经费保障。根据《专业技术人员继续教育规定》的有关要求，进一步明确用人单位提取和使用职工教育经费开展远程培训支出的比例和办法。对企业、社会组织和个人在继续工程教育远程培训的支出，应准予在缴纳所得税时按国家有关规定

在计算应纳税所得额中扣除。

5.2 跨部门协作与联动,形成推动继续工程教育远程培训的工作合力

在推动继续工程教育远程培训的过程中,需要政府、企业、施教机构和行业协会等各方的共同努力,跨部门合作,建立和完善人社部门主管、行业主管部门联动、社会力量广泛参与的组织管理体系。

1. 政府发挥引导作用

由人力资源和社会保障部牵头,联合中国工程院、各行业主管部门、行业协会等建立跨部门继续工程教育远程培训协调机制,推动继续工程教育远程培训的顶层设计和统筹管理。各部门、各行业根据职责分工、明确任务、落实措施,加强协同配合,将继续工程教育纳入自身发展的规划,整合资源,优化配置,建立指导机制。

2. 企业发挥参与主体作用

我国工程科技人才大多数在企业,中层及以下工程科技人才基本以参加企业内部培训为主。因此,要顺利推动继续工程教育远程培训,就必须保护和调动企业开展远程培训的积极性。一是鼓励和支持企业完善自身继续教育体系,明确员工参加继续工程教育远程培训是企业的责任;二是促进企业与政府、施教机构的信息沟通,其反馈评价信息对远程培训的人才培养方案制定、课程体系设置等方面有重要作用;三是强化约束与激励机制,保障企业内部工程科技人才参加远程培训的权益,企业应每年投入一定比例的经费用于员工的继续工程教育远程培训等。

3. 行业协会发挥监督作用

我国的行业协会是政府与企业的桥梁和纽带,具有专业性、独立性的特征。为保证继续工程教育远程培训的健康有序发展,应充分发挥行业协会在继续工程教育远程培训中的中介服务、协调管理、质量监督作用。一是充分发挥区域协会、行业协会、专业学会和相关中介机构的质量评价和监测作用,引入独立、专业、权威的专业评估机构、研究机构等非政府组织对继续工程教育远程培训的质量进行评价和监督,推进网络教育信息化质量监管系统平台建设;二是充分发挥行业协会的协调服务作用,利用自身拥有的业内外资源,通过组织专家研讨会、国际合作与交流等形式,发挥集体智慧,促进继续工程教育远

程培训的发展。

4. 各类施教机构发挥推动作用

对高校、科研院所而言,可以运用学科力量、师资队伍、科研水平的优势,紧密结合人才培养、科学研究、社会服务、文化传承创新四大组织功能,推动继续工程教育远程培训发展,促进优质教育资源共建共享。对企业而言,培训机制较完善、培训经费较充足的大中型企业,尤其是跨国企业,可以通过建设远程培训平台,解决工程科技人才继续教育的工学矛盾问题;民营企业和中小微企业应及时反映工程科技人才远程培训需求,探索与外部机构的合作经验,增加教、学、用三方互动。对行业协会而言,应在推动继续工程教育远程培训的过程中,发挥智库作用。通过组织行业会议,对行业技术和人才需求情况开展调研,全面收集行业相关信息,加强理论研究,深入把握继续工程教育远程培训发展的新趋势和内在规律。对社会培训机构而言,应加强与高校、企业、行业协会的资源互补,创新教学模式,提升教育质量,健全继续工程教育培训体系,充分发挥在继续工程教育远程培训中的主阵地作用,成为专业技术人才培养的重要基地。

5.3 注重国际交流与合作,推动继续工程教育远程培训国际化发展

推进继续工程教育远程培训国际化发展,需要更多参与国际交流与合作,提升交流合作水平。要坚持把国际优质资源“引进来”与中国特色“走出去”相结合,促进继续工程教育远程培训国际化高水平发展。

1. 搭建继续工程教育远程培训的国际化平台

2016 年 6 月,中国工程院联合清华大学设立了联合国教科文组织国际工程教育中心。该中心聚焦工程科技人才培养,围绕工程教育质量提升与促进公平的核心使命,与世界各国广泛合作,将通过远程培训等多种手段,建成一个惠及广大发展中国家的高水平工程科技人才培养基地、智库型研究咨询中心和国际化学术交流平台。我们应该更多利用以国际工程教育中心为代表的国际化交流合作平台,推动中国与其他国际政府机构、高校、企业和继续教育机构的深度合作。充分利用好中国继续工程教育协会在国际继续工程教育协会以及亚太工程教育协会中的地位和作用,在国际知名继续工程教育师资来华授

课、国际继续工程教育合作项目等领域为国内继续工程教育远程培训发展提供支持和帮助。

2. 引进继续工程教育远程培训的国际化资源

要积极通过开展国际研讨会、组织赴外培训团等交流形式，注重学习借鉴国际继续工程教育远程培训领域在教学模式、教学管理、服务保障等方面的新理念、新技术、新方法；要深化国际课程资源建设，加强国际优质继续教育资源互换共享，协同开发高质量的网络教育精品课程，积极引进国内急需的、在国际上具有先进性的课程、教材和项目；要建立国际认可的培训评估体系，探索区域间和国际继续工程教育远程培训成果的认证；要完善继续教育信息化基础建设，打破各国继续工程教育信息化发展的技术壁垒，为实现继续工程教育的需求和供给在全球范围内有效对接提供可能。

3. 探索继续工程教育远程培训的国际化战略

随着“中国制造 2025”、“互联网+”行动计划、“一带一路”等国家重大战略和倡议的实施推进，一大批国家重大科技项目正在实施，一大批代表中国品牌的企业，如华为公司、中车集团、中核集团等已在激烈的国际竞争中脱颖而出，跨区域、跨国界的专业技术人才培训需求旺盛而紧迫。要积极探索在海外设立继续教育培训基地，通过远程培训的形式，培训工程中标所在国的境外专业技术人员，为中标工程完工后的顺利运营提供人才支撑。要进一步提升我国在国际继续工程教育远程培训领域相关事务和国际标准制定中的实质性参与，注重宣传和推介我国继续工程教育远程培训的发展成就，不断增强我国在国际继续工程教育远程培训领域的话语权和影响力。

5.4 强化资源整合与共建，创新继续工程教育远程培训服务支持体系

当前，云计算、大数据、物联网、移动计算等新技术逐步广泛应用，深刻改变着人们的思维、生产、生活、学习方式，信息技术对教育的革命性影响日趋明显。继续工程教育远程培训正由初步应用阶段向融合创新阶段过渡。远程培训基础建设初具规模，但区域间、行业间发展不平衡现象突出，培训质量参差不齐；远程培训管理系统信息化发展较快，但信息孤岛严重、基础信息各自为据；在学习资源建设方面，公需科目和专业科目稳步推进，但优质资源短缺，缺乏共享机制；专业

技术人员继续教育远程培训参与人数逐年增长,但培训的质量效益、内容的针对性等方面还需提高和改进。继续工程教育远程培训是一项十分复杂的系统工程,不仅需要有完善的网络设备和信息技术作支撑,更需要科学规范的资源建设体系和运行保障机制。新时期,推动继续工程教育远程培训深入发展,要强化资源整合和共建,努力构建全过程、高质量、可持续的服务支持体系。

1. 优化在线学习平台建设

要充分发挥国家专业技术人才知识更新工程公共服务平台、国家继续教育公共服务平台等国家级平台的示范引领作用,完善优化在线培训功能,增加交互式学习和多媒体互动教学模块,设置个性化学习测评、授课教师在线答疑、授课教师与学员、学员与学员之间互动,致力于建设一个覆盖广泛、功能先进、安全可靠的国家级在线学习平台。鼓励各行业部门和各地方根据需要,建设具有自身特色的行业性、区域性的继续工程教育远程培训学习平台,支持各级人社部门继续教育机构、企事业单位施教机构利用国家已建平台资源进行延伸发展,进一步满足各级各类专业技术人员多样化、个性化的继续教育需求;同时,要促进区域性、行业性在线学习平台与国家级在线学习平台相互衔接,使得扩大国家级优质平台资源覆盖面与吸收各地各行业有益探索良性互动,形成全国范围内、覆盖各重点领域的,兼容、开放、共享、规范的继续工程教育远程培训学习平台建设系统。

2. 倡导学习资源多元化供给

随着现代信息技术水平的成熟与推广,以课件为代表的学习资源将日益成为继续工程教育远程培训的核心内容。要根据经济社会发展形势和专业技术人员继续教育需要,坚持自主开发与合作共享相结合、政府引导和市场化运行相结合,探索多渠道、多机制的继续教育远程培训产品和服务的供给模式。各级继续教育主管部门要加强公需科目等基础性继续工程教育远程培训课件资源的供给,利用以互联网为主的多种手段将精品资源提供给各类施教机构,扩大普惠性继续教育资源的覆盖面。要引导专家师资在开展继续教育培训活动中结合信息化手段,通过保护知识产权和合理的投入回报机制,提高广大继续教育师资生成和创造优质继续教育资源的积极性和主动性。要鼓励各高校和科研院所面向社会开放精品教学课件,推动优质高校学习资源为继续工程教育远程培训所用。要鼓励行业协会和相关企事业单位的施教机构结合自身优势领域，自主开发或更新社会急需、形式多样的继续教育学习资源。

3. 开展标准化建设与质量控制

明确远程培训各环节的服务和技术规范，探索建立多方认可、行之有效的通用标准，其根本目的是推动继续工程教育远程培训的共建共享和资源整合，服务继续工程教育远程培训的质量和效益。一般意义上说，影响继续工程教育远程培训质量的影响因素至少包括学习资源、在线平台、培训效果等环节。在学习资源建设方面，要符合网络培训规律和特点、适应网络化的学习环境，在深耕课件内容质量的基础上，促进实现学习资源在不同平台间的移动转换，避免不必要的重复建设和低效制作；在学习平台方面，要突出学习者操作使用的便捷性和友好性，不断更新配套功能，提升技术水平，并确保学习者数据安全；在培训效果方面，要立足于不同行业、不同层级、不同时期的专业技术人员继续教育需求，注重学习者的兴趣点和关注点，把知识更新和岗位能力提升结合起来，使得远程培训取得实实在在的效果。

4. 提升信息化管理服务水平

现代信息技术在继续工程教育领域的应用，不仅改变了传统的继续教育教学模式，还推动了管理服务模式的转型发展。但利用信息化技术，在继续教育需求征集、教育培训信息推送、在线考试、学习成果认证、培训效果评估等方面还有很大的发展空间。目前，在国家层面，以保障专业技术人才知识更新工程重点项目实施的公共服务平台，已经在继续教育管理信息化方面做了诸多探索。下一步，建议推动建成覆盖各级继续教育部门、各类施教机构等的继续教育管理信息化体系，实现专业技术人员继续教育基础数据的一体化收集和互通共享。要推动管理信息化与继续工程教育远程培训深度融合，不断提高继续教育的工作效率，实现决策支持科学化、管理过程精细化、教学分析即时化，推动继续工程教育远程培训治理能力的现代化。

参考文献

[1] 沈利民. 中小学教师继续教育远程学习和管理系统的设计与实现[D]. 苏州：苏州大学，2006.

[2] 冯忠良,伍新春,姚梅林,等. 教育心理学 [M]. 北京:人民教育出版社, 2004.
[3] 沈利民. 略论远程开放教育教学过程管理的几个基本问题[M]//《现代教育管理理论与实践指导全书》编委会. 现代教育管理理论与实践指导全书: 第六卷. 北京:人民日报出版社, 2008.
[4] 李志友. 基于 Moodle 平台的农村远程教育培训系统的设计与实现 [D]. 济南:山东师范大学, 2012.
[5] 马池珠. 基于受众中心的农业电视传播体系研究 [D]. 广州:广东华南师范大学, 2006.
[6] BISSELL C, ENDEAN M. Meeting the growing demand for engineers and their educators: the potential for open and distance learning [C]. Meeting the Growing Demand for Engineers & Their Educators 2010-2020. Munich, 2007.
[7] de MARI G. Internationalisation in continuing engineering education: a case study[R/OL]. [2008-05-22]. http://hdl.handle.net/1853/24442.
[8] 杨静, 李名义. 斯坦福大学继续教育的经验及对我国的启示[J]. 世界教育信息, 2005 (6): 24-26.
[9] 全球第一所企业大学:通用电气公司克劳顿学院[EB/OL]. [2012-06-20]. http://blog.hr.com.cn/html/94/n-96294.html.
[10] 潘金云. 英国继续医学教育中的 CRISISS 模式 [J]. 国外医学: 医学教育分册, 2001 (3): 5-7.
[11] 周龙甫, 吴向阳, 呼永河. 临床医学工程师继续教育工作的探索与思考 [J]. 医疗卫生装备, 2016 (3): 141-143.
[12] 陈玉萍. 炼化企业专业技术人员的继续工程教育 [J]. 石油化工管理干部学院学报, 2004 (4): 45-48.
[13] VIERLINGER U E, REICHL F, CSANYI G S, et al. Networked facilitated open and distance learning in continuing engineering education[C]. IEEE International Conference on Advanced Learning Technologies. Madison, 2001: 397.
[14] 刘奉越. 法国继续工程教育的特点 [J]. 职业技术教育, 2005, 26(29): 73-75.
[15] 吴治兵. 美国继续工程教育对我国的启示 [J]. 扬州大学学报: 高教研究版, 2005 (6): 45-47.
[16] 李海霞. 国外远程职业培训的现状与特点浅析 [J]. 中国远程教育, 2007 (11): 73-76.
[17] 徐琤, 陈庚, 袁希岚. 网络课程开发现状和发展趋势 [J]. 中国远程教育, 2003 (15): 39-42.
[18] 吴家瑞. 企业大学与高校继续教育的合作模式研究 [D]. 上海:上海交通大学, 2008.
[19] 王慧慧. 校企合作的继续教育模式研究 [D]. 西安:西安建筑科技大学, 2010.
[20] 牟占生, 董博杰. 基于 MOOC 的混合式学习模式探究——以 Coursera 平台为例 [J]. 现代教育技术,2014 (5): 73-80.
[21] 吴治兵. 美国继续工程教育对我国的启示 [J]. 扬州大学学报: 高教研究版, 2005 (12): 45.

项目组名单

项目负责人：朱高峰 戴光前

项目组成员：俞家栋 余志捷 胡文忠 刘敏超 沈剑飞 姜国定
张剑军 明道福 高 擎 董雅婷 冯向荣 马润青
冯 蕾 张婷婷 李春艳 陈新义 孙 爽 姜虹宇

高校与工程院所联合培养博士生评估制度研究[①]

"高校与工程院所联合培养博士生评估
制度研究"项目组

1 研究背景

高校与工程院所联合培养博士研究生是培养具有创新精神、创新能力和实践能力的高素质人才的有效途径,是根据社会发展的需要,综合利用国内外、高校、企业以及各类科研机构的资源,对博士研究生进行学术和综合能力训练的培养模式。高校和工程院所联合培养博士研究生试点工作的启动开创了研究生教育改革的新模式。高校与科研院所联合培养博士研究生,大大推动了双方的强强联合、深度合作和协同创新,为双方搭建了重要的战略平台并提供了有效的沟通桥梁,利于充分发挥双方具备的优势,使博士生在科研实践中充分激发创新活力、在科技创新中得到锻炼和成长,在自主创新的社会实践中成长为拔尖创新人才。高校与工程院所联合培养博士生既是提高我国科技创新水平的需要,也是建设创新型国家、提高国家竞争力的重要举措,同时对于推进国家创新驱动战略的实施具有不可忽视的重要意义。

对于工程科学领域的研究生而言,研究生培养包括理论学习、实践能力和综合素质的培养,而实践环节应贯穿于研究生的整个培养过程之中,实践能力与创新能力是其培养的核心,其特点有以下三个方面。第一,培养过程以实践操作为主要方式,注重产学研结合培养研

① 原文约 5 万字,限于篇幅,收入本书时做了删节。

究生,以产学研结合形式牵头承担了大量国家课题和企业课题,这些课题往往涉及企业生产设计、流程优化改造、产品品种品质等诸多领域。研究生论文选题基本来源于这些科研课题,论文内容往往就是科研课题的重要组成部分,具有鲜明的学术性和实用价值。第二,所授专业知识与工作领域的对应性很强,在行业内具有明显的学科优势,承担了大量国家课题和企业课题,经费充足。这些课题往往都是以市场为导向,具有前沿性、战略性、综合性和实用性特点,用于解决行业关键性、共性的技术问题或企业生产工艺、产品品种质量等实际问题,科研成果直接面向市场,应用性较强,转化速度较快。第三,很多定量研究的内容对学生的应用能力要求更高。通过国家财政拨款和单位自筹资金,开展基础设施和科技平台建设,大幅度地提升了自身的科研装备水平和配套条件,建立了相当数量的高水平的国家级中心、重点实验室和科研产业基地,引进了一批国际一流的科研仪器设备;高校与科研院所各自发挥其优势,对提高高层次研究型人才的整体水平具有不可估量的重要作用。

高校与科研院所联合培养的研究生,经过在科研院所的学习和工作,一方面拓宽了研究生的研究思路,增强了动手实践能力,他们在学期间发表论文的数量、质量、层次都有很大的提高;另一方面,由于联合培养研究生在科研院所非常接近业界的科研环境下,增加了研究生就业的竞争力。同时,联合培养能够很好地弥补高校在硬件设施上的不足,使研究生毕业论文的内容有了扩展与深化。总体来看,工程科研院所的研究生培养具有以下三个特征。首先,工程科研院所注重产学研结合培养研究生,以产学研结合形式牵头承担了大量国家课题和企业课题,这些课题往往都是以市场为导向,具有前沿性、战略性、综合性和实用性特点,为研究生论文选题提供了学术性和实用价值的课题来源。其次,工程科研院所在行业内具有明显的学科优势,且科技创新性人才充足。最后,工程科研院所通过国家财政拨款和单位自筹资金,开展基础设施和科技平台建设,建立了一批高水平的国家级研究中心、重点实验室和科研产业基地,引进了大批国际一流的科研仪器和设备。

近年来,高等学校将企业集团、科研院所等人力、物力资源纳入高校研究生教育的力度加大。高校与科研院所开展联合培养研究生,为双方协同创新搭建了重要的战略平台,提供了有效的沟通桥梁。面对新时代对博士研究生教育提出的挑战,如何科学、合理地建构起高校与工程院所联合培养博士生质量评估的指标体系成为本课题要解决的问题。

1.1 高校与工程院所联合培养博士生的现状

高校和科研院所联合培养博士生作为培养方式的一种新尝试,对于增强博士研究生的动手实践能力、提高创新能力、就业潜力,以及促进高校和科研院所的深入合作有重要意义。联合培养的本质为合作教育,意味着学生培养过程的多主体参与。根据联合主体的不同,联合培养可分为国内外高校联合培养,高校企业联合培养,高校科研院所联合培养等多种形式。高校与企业、工程院所联合培养研究生是协同创新的重要路径,是大幅度提高国家科技自主创新能力,实现中华民族伟大复兴的重要举措。高等学校和科研机构同是我国国家创新体系的重要组成部分,高校联合培养博士研究生,体现了科技、人才和教育三方面的发展与革新,推动双方的强强联合、深度合作和协同创新,是加快提高自主创新能力的一条重要途径。

1.1.1 我国当前博士生联合培养的规模

在中国工程院工程研究院所研究生教育学术委员会的组织推动下,2010 年教育部开展了工程研究院所与高校联合培养博士研究生试点工作,下发了《教育部关于开展高等学校和工程研究院所联合培养博士研究生试点工作的通知》(教发〔2010〕4 号)。2011 年,教育部将“完善高等院校和工程研究院所博士研究生联合培养机制”列为年度主要工作之一,13 家单位加入联合培养的试点范围,当年度专项招生计划为 210 名,是 2010 年的 2.4 倍。2012 年,专项招生指标达到 412 名,是 2011 年的近两倍。以国家重大战略需求为导向,参与联合培养试点工作的工程科院所和高校的数量在稳步增长,学科专业的范围随之逐步扩大,同一单位的合作方也实现适度增加,联合培养总体上体现出多样化、多层次的发展趋势,初步形成了一定的规模效应。

截至 2015 年,该项工作已经覆盖 41 所高校(约占全国“211 工程”高校的 37%、“985 工程”高校的 59%)、47 个工程研究院所(约占有研究生招生权的工程院所的 30%、有博士生招生权的工程院所的

96%)，共计 114 个联合培养项目，2015 年招生计划 706 人，是第一批联合培养项目招生计划的 9.8 倍(2010 年招生计划为 72 人)，为各高校、工程院所、大型国企培养和储备了一批科学创新能力与工程实践能力兼备的人才。

近年来，我国众多高校开展了与科研院所联合培养研究生的探索，如南京大学与中国地质调查局南京地质矿产研究所组建的“南京大学地球科学系研究生培养工作站”，复旦大学与上海科学院组建的“研究生联合培养基地”等就在这方面进行了有益的尝试。

1.1.2 取得的初步成效

随着联合培养工作的深入开展，初步效果也已基本显现，主要体现在以下四个方面。

(1) 品牌效应逐步形成且生源质量逐年提高

联合培养发挥了高校与科研院所之间的互补优势，增加了学生在理论课程、实践课程、师资力量等方面的可选择性，以及对科研院所发展亟需的前沿技术、理论应用的了解。同时，联合培养学生有更多机会参加双方各自组织的国内外学术活动，拓宽学术视野。这些集成优势在 2011 年、2012 年等后续年份的招生工作中初步显示出其特色和优势，有助于进一步吸引优秀生源。同时，列入试点单位的高等学校和工程科研院所以对人才培养的负责态度，本着宁缺毋滥的原则，从严把关，择优录取，同时积极探索招生机制改革，在目前生源数量相对有限的情况下，对生源质量也起到了重要的保障作用。

(2) 贯彻“实践育人”理念，构建多层次、高规格的实践平台

工程科研院所的课题多为生产性课题，课题紧密联系生产实际，成果转化也相对较快。因此，工程科研院所培养的研究生毕业后通常可以更快地独立承担研究课题。联合培养的研究生在基本完成课程学习任务后，由双方导师根据学生的研究方向商定其科研实习单位，有接触一线课题的机会，并直接参与到合作院所及其附属单位的科研课题和项目中去。

(3) 以联合培养博士生为纽带来引领科研合作和学科建设

通过联合培养项目的实施，拓展了双方合作的深度和广度，并逐步向深度融合迈进。联合培养博士生将双方的学术活动、学术交流与学术合作更密切的联系在一起。在活跃学术氛围、共享优质资源的同

时，加强了导师之间、课题组之间、实验室之间的人员往来和信息交流，并在此基础上开展科研合作。例如，联合申报课题从而带动学科建设和发展。联合培养博士生的这种"纽带效应"已初步显现。

（4）发挥互补优势推动创新型人才培养取得初步效果

联合培养发挥了高校教育资源集中、教学经验丰富的优势，突显了高校多学科、跨专业交流合作多、管理程序规范的长处。同时，有效地结合了工程科研院所在实验条件、课题项目资源、国家经费的优势。参与联合培养试点工作的工程科研院所多为国家重点科研机构，在行业内学术影响重大。工程科研院所自身对专业人才也有稳定需求，这些因素使联合培养的博士毕业生的就业渠道更广，更容易得到用人单位的认可。在优势互补的基础上，联合培养博士生的培养质量得到了保证，创新型人才培养也取得了初步效果。

1.1.3　存在的主要问题

高校与科研院所按照"联合招生，合作培养，双重管理，资源共享"的模式，合作双方在优秀生源选拔、导师互聘、合作指导、学科共建、成果共享、学籍管理、学位授予等多方面进行了探索与实践。在总结成效的同时，课题组认真梳理了目前存在的问题，概括起来，主要有以下几方面。

（1）管理难度大，衔接不顺畅

高等学校与工程科研院所联合培养研究生试点工作，不仅涉及高等学校内部的研究生院、科研、人事、后勤等多个管理部门，也涉及工程科研院所内部的相关部门，还涉及国家教育行政机关内部不同层级、不同职权的部门，以及中国工程院与教育部之间的协作问题。这项教育管理工作涉及部门众多，层次复杂，事务繁多，需要各方不断沟通和协商，协调工作量很大。因此，在培养管理过程中，容易出现政策不完全、管理不到位、衔接不顺畅等实际问题。

（2）联合培养合作模式单一

目前，已经开展的高校与工程科研院所联合培养博士生试点工作，在培养单位的准入资质方面，根据《高等学校和科研机构开展联合培养博士研究生工作暂行办法》，重点强调进行联合培养工作的高等学校和科研机构，需要具有相同的博士学位授权点，保证联合培养项目强强联合。但这也在一定程度上限制了没有博士学位授予权的工程科研院所。有些科研单位虽然没有博士授予权,但其研究基础雄厚、科研资金较多,科研队伍实力很强,上述准入资质使它们失去了参与培养博士生的机会,造成了联合培养合作方式单一化。

(3) 导师资格认定过于刚性

部分高校要求,科研院所或企业导师申报博士生导师要有一定数量的学术论文或课题层级要求,比如是否有近五年发表的高水平学术成果,是否主持国家、省部级重大科研项目,解决重大关键技术难题等。这些规定不完全符合工程院所的实际情况,使得部分非常优秀的科研人员不能加入联合培养博士生导师队伍。另外,在工程技术系列最高职称认可的问题上也存有一定瓶颈。

(4) 招生计划下达滞后

生源质量是影响研究生培养质量的重要因素,如何吸引优秀生源也是各个培养单位非常重视的工作重点。招生计划下达过晚影响了博士招生工作的正常进展和导师的积极性。

(5) 培养方案设计缺乏特色

调研发现一部分单位的联合培养方案,与普通研究生培养方案区分度不高,未能充分体现联合培养的项目特色和优势。在体现联合培养特色的课程体系建设方面,双方联合开设课程的比例较低,影响了教学资源方面的优势发挥。

(6) 学位授予标准缺乏共识

一般来讲,高校与科研院所对研究生课程学习阶段的评估容易达成一致,但对其论文发表要求和学位授予标准常会产生歧异。同时,在研究成果和知识产权的归属方面,也仍然存在认识不一致、标准不统一的问题。

1.2 高校与工程院所联合培养博士生质量评估的必要性

1. 培养规模的持续扩大亟须开展质量评估

随着我国高校与工程科研院所联合培养博士生规模的不断扩大,有必要对现行的项目质量进行一次整体评估。对所培养博士生的整体质量水平进行综合评估,即联合培养博士生的质量是否达到联合培养政策所设定的目标。同时,还要对目前联合培养制度的有效性和可行性进行综合判断。通过对项目质量的整体把握,客观评估项目运行情况，对此项目的实施成果进行客观展现，为我国研究生教育培养模式的改革创新提供重要的实践依据，这对丰富我国研究生培养模式具有重要的意义。

2. 培养质量的提升需要“以评促进”

自2009年教育部印发关于《高等学校和科研机构开展联合培养博士研究生工作暂行办法》的通知以来，这种自上而下推动的有组织、有规模的正式联合培养研究生的试点工作逐步扩大，参与的高等院校和科研院所数量逐年增加，参与的联合培养研究生规模稳步扩大，参加试点工作的首批博士生陆续完成培养过程。因此，通过对这一项目的培养质量进行评估，全面了解该项目的运行情况，找出不利因素，总结有益经验，这对于提高我国联合培养博士生的质量将起到重要的推动作用，并有利于进一步完善联合培养项目，为国家培养出真正有用的工程型创新性人才。

3. 培养模式的推广要求推进质量评估

高校和工程科研院所联合培养博士研究生，是我国博士生培养模式改革的重要创新，是探讨新型研究生培养模式的突破性举措。其为我国培养具有实际操作能力和科学研究能力的高层次应用型工程技术人才提供了新的培养渠道和培养路径；为各教育主体间突破彼此的体制和机制障碍，通过优势互补，共同致力于提高博士研究生培养质量，最终实现互利共赢提供了可能性。如果这一培养思路和培养模式最终被证实是有效和有利的，即该模式所培养的博士研究生质量能够达到或超越预期水平，那就说明我国各教育主体间突破桎梏，共同参与高层次创新人才的培养，最终实现合作发展将成为现实。同时，这也意味着联合培养作为一种典型的博士生培养模式将会具有重要的推广价值，或者能够为新型的博士研究生培养模式提供重要的参考和借鉴意义。因此，构建科学的评估体系对联合培养项目质量进行评估，发现问题，总结经验，对在未来协同创新的环境下鼓励更多的创新主体发挥自身优势与主观能动性、积极参与到高层次人才培养中具有重要的战略意义。

2 研究的理论基础

2.1 主要概念界定

2.1.1 博士生质量

在《中华人民共和国学位条例》第六条中对于博士学位的质量做了这样的规定:高等学校和科学研究机构的研究生,或具有研究生毕业同等学力的人员,通过博士学位的课程考试和论文答辩,成绩合格,达到下述学术水平者,授予博士学位:首先,在本门学科上掌握坚实宽广的基础理论和系统深入的专门知识;其次,具有独立从事科学研究工作的能力;最后,在科学或专门技术上做出创造性的成果。

具体来说,博士生质量由博士生培养质量和博士生发展质量两部分组成。博士生培养质量体现的是博士生在攻读学位期间的质量,用来衡量博士学位获得者在学位证书获得的这个时点上所具有的素质与能力;博士生发展质量是用来衡量博士学位获得者毕业后的发展情况,可作为博士生培养质量评估的重要参照[1]。本课题所研究的质量指的是博士生培养质量,为了使本研究能够有针对性地开展,在此将时间界定为由博士生入学开始,至其获得博士学位止[2]。

现阶段,对于博士生培养质量的概念界定各不相同,为使研究更加有理可依,可参考对研究生质量的界定,其中较具代表性的有以下几种。根据《教育大辞典》的释文,教育质量是指"教育水平高低和效果优劣的程度","最终表现在培养对象的质量上"。《中国学位与研究生教育发展战略报告(2002—2010)》中对"研究生教育质量"进行了界定:"研究生教育质量是指研究生教育系统所提供的服务满足社会需要的程度"。其有狭义和广义之分,其中狭义的质量指研究生教育培养出的人才质量,对培养出的人才有两方面的界定:一是达到学位标准和要求的满足程度,二是对社会做贡献的程度。广义的质量包含:一是满足学术的需要,即推进科技进步、创造知识;二是满足社会对各行业专门人才的需要,即推进社会进步、应用知识;三是满足受教育者自身教育、自我实现的需要，即推进个性进步、传播知识。杨颉、陈学飞把研究生教育质量界定为："研究生教育质量不外包括人才培养质量、科研成果的质量和社会服务程度三个方面。具体如下：在人才培养质量方面，指培养的高层次人才满足社会需求和人的发展需求程度；科研成果的质量方面，指研究生培养单位创造的知识满足现在和未来的学校需要、社会需要和人的需要的程度；服务社会的方面，指研究生教育所提供的服务满足社会需求和人的个性发展需要的程度。"

综合国内外学者对博士生培养质量的已有定义可以发现，博士生培养质量是一个复杂的综合性概念，涉及教、学、培养条件以及教育基础多方面；评估标准既有全国乃至世界的共同标准，又有某学科、地区独有的特点；既贯穿于培养过程始终，又体现在培养结果上。根据内涵界定和实际对比，我们将博士培养质量界定为：博士学位获得者在取得学位证书这个时点上所具有的能够体现博士生在攻读学位期间的素质与能力的"增值量"，可以通过其在博士学习阶段所发表的文章、科技发明、专利申请、社会贡献等具体可量化的指标来衡量。在本课题中，探讨的质量核心问题主要有三个：一是质量要素，即找出博士生群体区别于其他群体的本质特征，可称为博士生质量核心要素；二是质量影响因素，即找出当前影响我国博士生质量的一系列重要因素；三是质量的高低，即总体的质量现状如何，哪些方面质量较高，哪些方面质量较低，找出质量的薄弱环节所在。

2.1.2 博士生质量评估

我国开展博士生教育评估的时间比较短，国内对博士生质量评估还没有形成一个明确的概念。在此将根据评估、教育评估的相关概念，尝试对博士生质量评估进行分析和界定。就评估的对象而言，博士生质量评估是针对博士生层次的教育活动。评估的主要内容是博士生的教育质量。这一特殊的评估对象就决定了其相应的评估目标、评估方法的特殊性。因此，博士生教育评估主要指针对博士专业教育质量进行的不同形式的评估，包括以院校认证、专业认证、全国性博士专业教育质量排名为主要方式的外部评估和以院校自评估、专业内部评估以及对学生的评估为主要方式的内部评估。

研究认为，博士生质量评估指通过设计评估方案，收集有关博士专业师资力量、专业资源获得、博士生培养过程、学生绩效等资料，并基于资料分析对博士专业质量进行价值判断，对其优势和劣势进行综合分析，并为专业发展提出改进性意见的评估活动。博士生质量评估的目的在于将评估获得的信息反馈给专业，用以调整、改进专业的结构和进程，调整专业行动的方向，最终促进学生成才、发展。

2.1.3 校所联合培养模式

校所联合培养模式是将高校和科研院所双方的资源进行有效整合，充分挖掘各自潜在的优势而形成的一种研究生联合培养模式。由于高校和科研院所的职能、研究生的发展规模、文化背景以及优势学科背景存在较大差异，因此，校所联合培养研究生具有扬长避短、优势互补、学研一体等特点。校所联合培养研究生是洪堡教育理念的延伸，是在借鉴发达国家研究生教育发展成功的基础上建立的具有共享优质教育资源和科研资源、适应教育科技发展趋势和建设创新型国家需要的研究生培养模式。

2.2 协同创新理论

协同创新是以知识增值为核心，企业、政府、知识生产机构（大学、研究机构）、中介机构和用户等为了实现重大科技创新而开展的大跨度整合的创新组织模式。经过多年发展，我国科技资源已跃居世界前列，各类科技创新基地和平台建设取得了重要进展，特别是形成了相当规模、涵盖创新链各环节的各类创新基地，为进一步整合科技力量、共享科技资源、集聚创新人才、推进国家重大创新基地建设奠定了基础。协同创新是深入贯彻科学发展观、落实中长期科技发展规划纲要、提高自主创新能力、促进科技与经济结合的重要举措，是深化科技体制改革、进一步完善科技管理体制、完善国家创新体系的关键所在，是转变政府职能、发挥市场经济下举国体制优势的重大部署。协同创新主要表现为产学研合作的过程，但产学研合作并不是自发的过程，因为各个创新主体的利益诉求和出发点都不一样，如果缺乏国家宏观的引导和制度安排，结果很可能是零和博弈，个体的理性导致群体的非理性，个体的利益最优而导致群体的利益最少化。协同创新是国家创新体系的一部分，因此必须从宏观视角来分析协同创新的内涵和本质。

协同创新是将各个创新主体要素进行系统优化、合作创新的过程,协同创新可以从整合以及互动两个维度来分析。在整合维度上,主要包括知识、资源、行动、绩效,而在互动维度上主要是指各个创新主体之间的互惠知识分享、资源优化配置、行动的最优同步、系统的匹配度。而根据两个维度上的不同位置,协同创新就是一个沟通—协调—合作—协同的过程。

1)沟通涉及知识的整合。大学以及科研机构作为知识的主要生产者和提供者,对知识的传播、整合、流通起到重要作用。马奇认为知识分为学术知识和经验知识,学术知识强调普遍有用、永远有用,而经验知识则强调能够直接应用于具体情境,具有很强的时空聚焦性。创新过程是两类知识的糅合和整合的过程。学术知识是理解和应用经验知识的基础,协同创新不仅注重知识的开发和创造,更强调知识的灵活应用和价值转换。

2)协调涉及知识的整合、资源的优化配置。经济的快速增长大都依赖于资源的消耗和利用。如何利用协同创新进行资源的优化配置,进一步完善国家创新体系,是值得深度研究的问题。整合和运用正确的知识,可以更好地进行资源优化配置,运筹学中很多的基础理论和定理被运用在生产实践中,不仅优化了资源的配置,而且大大节约了生产过程中的人力、物力、财力。

3)合作涉及知识、资源、行为三个层面的整合,主要包括知识的分享和整合、资源的优化配置、行为的同步优化。我国高校和科研院所每年产生大量的知识,各种知识以数据库、发明专利、文献等形式呈现出来,但我国知识的转换率却很低。这说明我国重视了知识的生产,但没有重视知识的集成、转移和扩散以及资本化,在产学研三方合作的过程中忽视了行为的最优同步化。高校、科研院所在创造新知识的过程中,并没有考虑将这些知识进行商业化,使知识实现增值,而企业作为创新主体要素,对显性知识的吸收力度和对隐性知识的外化程度还不够高。政府需要提高针对协同创新的政策的一致导向性,才能有利于高校、企业、政府三者之间的行动最优同步化。

4)协同涉及知识、资源、行为、绩效的全面整合。系统的匹配度是影响绩效的重要原因,政府制定的各项经济政策与实际经济运行实践之间、高校和科研院所的研究成果与企业的技术需求之间的匹配度，系统内知识、资源、行为的匹配度都将影响到创新绩效的高低。整合能否实现，取决于系统内不同要素的互动和合作的程度。互动的强度与创新主体改变行为的程度和频率有关，这些包括互惠信息的交换、绩效与同步行动的系统匹配。系统的整合度越高，就会需要有更多的高强度的互动合作。

协同创新是各个创新要素的整合以及创新资源在系统内的无障碍流动。协同创新是以知识增值为核心，以企业、高校科研院所、政府、教育部门为创新主体的价值创造过程，基于协同创新的产学研合作方式是国家创新体系中重要的创新模式，是国家创新体系理论的新进展。合作的绩效高低很大程度上取决于知识增值的效率和运行模式。知识经济时代，传统资源如土地、劳动力和资本的回报率日益减少，信息和知识已经成为财富的主要创造者。在知识增值过程中，相关的活动包括有知识的探索和寻找，知识的检索和提取，知识的开发、利用以及两者之间的平衡，知识的获取、分享和扩散；协同创新过程中知识活动过程不断循环，通过互动过程，越来越多的知识从知识库中被挖掘出来，转化为资本，并且形成很强的规模效应和范围效应，为社会创造巨大的经济效益和社会效益。

3 国外博士生培养质量评估的经验

博士生教育在各国教育制度中都占有相当重要的地位，美国、欧洲的部分国家以及日本等的博士生培养质量与管理制度起步较早且经验较丰富。因此，研究对当今世界具有相当影响力的美国、英国、法国、德国、日本、俄罗斯等国的博士生培养质量与管理制度进行分析，以此作为参考和借鉴。

3.1 美国

美国博士生培养质量评估体系不是一朝一夕建立的，而是随着美国博士生教育的发展和社会变迁在博士生教育规模扩张与质量治理交替过程中形成的。美国博士生培养质量评估体系在批判性反思中不断改进，使美国博士生培养质量在自律与他律的双重作用下不断提升,主要表现为如下两个特征。

1. 根据博士生教育的发展水平确定评估的质量目标

在20世纪初,美国博士生教育在经过第一次大规模增长后,面临对博士生教育进行规范化治理的主要任务。规范专业标准使博士专业达到基本要求,成为当时的主要目标。20世纪30年代以后,经过规范化治理,美国博士专业间的质量差距日益明显,评估的目标重心逐渐从规范专业发展到追求卓越、激励专业质量提升。20世纪90年代以后,社会各界对博士生教育的批判增多,专业认证和院校认证以及外部排名等评估方式的局限性日益暴露,人们逐渐意识到评估应当促进学生的成才和发展,于是博士生培养质量评估逐渐以内部持续的形成性评估为主,更多地涉及了学生的成长发展过程、学术成果、职业发展等。

2. 评估体系的有效性得益于合理结构与系统的协调运行

美国博士生培养质量的提升取决于评估体系结构的合理性与体系内部要素的协调运行。

(1) 内外结合、层次分明的体系结构

美国博士生培养质量评估体系的结构表现为如下几个特点。第一,内部质量评估体系与外部评估体系密切结合。美国博士生培养质量评估虽然主要由外部评估机构进行,但却以内部评估为基础,因为质量目标的实现依靠严格的内部质量监控体系来实现。因此,其重心是内部评估体系,但外部与内部合力推进博士生培养质量。第二,专业、院校、地区、国家层面等不同层次评估体系相互合作与制约,共同服务于博士生教育质量提升。第三,院校认证、专业认证、外部质量排名、内部自评等多种评估形式功能互补,认证发挥总结、鉴定和监督功能;排名发挥激励、导向功能;内部自评发挥改进功能。

(2) 评估过程设计的科学性与程序的完备性

评估参与主体日趋多元化;评估指标逐渐涉及博士专业质量的多面内涵;资料收集中综合运用定性法与定量法;发布有效反馈、广泛交流、能被充分利用的评估结果。

(3) 在自律与他律合力作用下被评机构参与的"自愿性"

被评机构的自愿参与表现为四个方面。第一,地区、专业和全国层面的认证机构的诞生是自发的,反映了美国高等教育和专业发展的自律精神;第二,被评机构是自愿接受认证的;第三,外部评估在自我评估的基础上形成，院校、专业认证评估程序中的专家观察、研究报告等都是在学校和专业自评的基础上形成的；第四，评估结果的利用具备自愿性，被评机构参与评估目的是在于提高质量，因而非常重视评估结果并用评估结论应答社会问责，证明自身质量，将评估中的意见作为专业改革的决策依据。

3.2 英国

欧洲是博士生教育的发源地，现代意义上的博士生培养起源于19世纪的德国，在西方200多年的博士教育的发展历程中，“欧洲模式”和“美国模式”这两种模式已成为研究型博士培养的主导模式。典型的欧洲模式中，一种是以德国为代表的个人学习模式，博士生没有系统正式的课程学习，高校中没有专门负责博士生教育的机构，不设置系统的博士生课程。导师和博士生之间是非正式的师徒关系，也可称为是一种私人关系。博士生通过与导师的交流掌握本学科的相关知识以及研究方法，并在此基础上作为独立的研究者完成具有相对贡献的原创论文。另一种是英国、法国等为代表的学院培养模式，在这种培养模式中，博士生以班组的形式进行系统的课程学习，最后进入研究阶段。

英国博士生培养质量评估体系在评估主体、评估方式和评估标准等方面具有鲜明的特征。

英国博士生教育质量评估主体的特点是从自我调整走到外部机构评估。英国早期博士生教育发展阶段，高校内部自我评估与“内审式”评估是主要评估方式。第二次世界大战后，英国的博士生教育规模不断增大，博士生质量外部评估机构随之出现，高等教育的大众化促使博士生质量评估主体趋于多元化。1997年，高等教育质量保证署(The Quality Assurance Agency for Higher Eduction, QAA)成立，与原来高等教育基金委员会(Higher Education Funding Council, HEFC)共同负责英国高等教育的质量保证。此外，科研组织与机构如科学与工程研究委员会、医学研究委员会、自然环境研究委员会等在博士生教育质量评估中也发挥着重要作用。英国高校从自我评估的“内审式”逐渐走向外部评估主体参与的“外评式”，表明英国博士生教育质量多元化评估主体已经形成，在保障其博士生教育质量中发挥着重要作用。

英国博士生教育质量评估方式经历了从学术评估逐渐到院校审查的过程,以往的 QAA 学术评估只包括学科层面与院校层面,前者包括学术评估的标准与学术资源的评估,后者包括院校对学术质量和标准的整体管理、管理程序、学位授予功能、课程批准、学生学习成果评估等。如今,QAA 发布了新的评估方案,即院校审查,规定所有英国大学将接受审查与评估,重点是评估大学内部质量保证机制的有效性,既对大学在院校层次的内部质量保证体系进行评估,又对这种体系在具体学科专业层次上的执行情况进行更加详细的评估。

英国博士生教育质量评估标准呈现多样化发展。评估主体与评估方式的多元化发展促使英国博士生教育质量评估标准随之不断丰富具体。自外部博士生质量评估主体出现后,英国评估标准开始统一化,并具有较强的针对性、代表性和实效性。例如 QAA 的评估标准设置就更为科学合理,其评估内容包括院校内部质量保证体系与机制的有效性、教育质量与学术标准定期评估方式及执行方式、院校提高博士生课程质量措施的有效性、院校对其内部质量保证结果的使用效果,对外部评估结论以及来自学生、毕业生、雇主信息的利用效果、院校公布的学位学术标准、教育质量信息以及教学质量信息的准确性与完整性等。评估标准的多样化归因于评估主体和评估方式的多样化发展。

3.3 法国

法国博士生培养质量评估体系不同于美国和英国教育体制,法国在教育行政管理方面实行高度的中央集权制的集中统一管理。教育政策和标准由国家统一制定,地方政府和教育行政机关必须严格按照中央政府的决定和指示办事。集权性决定了政府成为高等教育质量评估的唯一主体,政府在评估中占主导地位,采用一元化的评估模式。政府通过控制拨款、文凭颁发和鉴定、教师与行政管理人员的任命、课程设置等手段来保障研究生质量。

20 世纪七八十年代,法国教育委员会提出“构建欧洲高等教育模式”的改革方案,开始构建由政府、高校和社会三者共同组成的质量保障体系,共同承担起高等教育质量评估。在此改革方案中,对高等学校的评估将由高等评估事务所这一民间机构执行,评估事务所公布全国大学和大学校各系的名次,且每五年对高等教育系统评估一次,评估结果报告直接影响各校经费预算。

法国在传统的政府主导评估基础上,也开始引入社会机构参与评估,评估方式也随之变化与发展。具体表现为内部评估与外部评估相结合,自我评估与他人评估相结合,综合评估与单项评估相结合,结果评估与后继跟踪评估相结合。评估委员在评估时采取大学自评、现场访问、实地考察、问卷调查、组织有关人员座谈等方式来进行;将定性和定量相结合,对收集的信息进行综合的分析;并将评估报告送给被评估大学的校长进行审阅以提出看法并修正评估结果,力争客观。允许学生参与评估,尊重学生的意见。评估项目包括历史变革与当前状况、科研的运行方式与质量、大学生的录取、学业和毕业情况、继续培训、学校管理、校园内社会活动等。

20 世纪 80 年代,国家评估委员会的成立使法国具有了相对独立的政府评估机构,该机构包括院校制度的评估、学科评估和高等教育状况的总体评估三种评估形式。进入 21 世纪以来,法国研究生教育质量评估逐渐走出了中央集权体制的枷锁,第三方力量参与性加强,评估主体与方式的多样促使法国研究生教育质量评估标准也变得逐渐多样。

3.4 德国

德国博士生教育项目会根据国家相关机构外部认证和评估的要求围绕研究生教育项目进行自我评估,承担博士生培养任务的院系也是如此。德国科研协会(Deutsche Forschungs Gemeinschaft,DFG)作为一家独立的学术经费管理机构,是德国最大的高校科研经费第三方提供者,也是基础研究领域最核心的赞助机构,它的大部分资金来源于州和联邦政府,为促进德国高等教育和科学研究的发展提供了重要的资金支持。进入 21 世纪后,德国为促进精英高等教育发展,为最优秀的机构和项目提供专项资金支持,DFG 组织开展了“联邦与各州促进德国高校科学与研究的卓越战略”。卓越战略中的研究生院项目旨在为年轻的科学研究者提供高水平的教育,优秀研究生院的选拔资助过程在某种意义上也成为研究生院的选优评估。申请参评的研究生院首先要开展自我评估,在评估之后将自我评估报告作为申请材料提交给 DFG。

另外,德国将研究生教育的自我评估整合到高校整体评估中考量。通过包含研究生教育自评在内的高校整体自我评估,从更加全面的视角反映研究生教育的质量水平。2008 年之后,德国国家认证委员会开始了新的院校系统评估,以高校为单位考察包括研究生教育在内的学习项目在人才培养过程中的质量水平。系统认证已不单纯聚焦于认证本身,而是力图帮助高等教育机构打造一个全方位的教学质量保障系统,从教学计划的制定到教学过程中的质量把控,再到质量结果的提升和质量文化的塑造,可以说系统认证将着眼点放在质量的持续改进和整体提升上。参与系统认证的高校提交的自评报告需要包含四个方面的要素。第一,质量计划。教学计划当中要包括促使高质量学习项目生成的必需要素。第二,质量引导。高等教育机构在所有学习项目运作的全过程当中,要有促进质量发展的持续指导和不断改进。第三,质量提升。高等教育机构的成员要支持学习项目的发展,在发展过程中满足自己的个体目标,同时提升学习项目的质量水平。第四,质量结果。学习项目要有明确的目标和界定;对学习项目目标的实现要制定相应的日程计划,并拥有必要的组织和物质资源;与目标一致的具体概念要在实践中得到履行;高等教育机构使用恰当的评估工具,随时跟踪目标的实现情况,对问题及时进行修正和改进。

3.5 日本

众所周知,日本是一个名副其实的科技强国,其科技的强盛得自于有一支强大的科学技术研究队伍。而其研究队伍的强大则来自于研究人才培养制度的完善,在日本科研人才的培养制度与机制中,博士研究生阶段的培养被置于非常关键的位置。为了缩短与国际发达国家的研究生教育差距,日本在进行了一系列改革的同时,其博士教育也进入了迅速发展阶段。

(1) 教育评估走向专业化

日本大学评估学位授予机构建立了科学的动态评估指标体系。高教评估的职能从为选拔、分等级的终结性评估转向为重视高校运作外部因素、投入、过程和产出的形成性评估,这加强了高教评估的诊断、激励作用，体现了现代教育评估的发展方向。同时该机构拥有的一批高质量的专业人才（评估专家的人才库）主要是来自公私立高等院校、实践界的专家学者，这些专家所具有的专业素质、高效工作和公平理念将使评估结果具有极大的权威。

（2）政府、学校、社会配合

在评估办法上，日本强调政府的间接功能、大学的自我评估及其与中介结构相结合的方式。日本教育部在对具有独立颁发文凭的民办高校进行评估时可以缩小他们与公办高校之间的距离，以强化质量要求。高等教育机构和各省级相关部门在评估的过程中可以扮演参与者、召集者和评估指标体系与评估步骤方法的制定者的角色。作为独立于政府和教育界的认证机构，不受来自政府和教育界的影响，更有利于提供具有公平性的认证结论。

（3）坚持走内涵发展道路

日本在评估中更多地关注对学生成绩、课程、专业、教学质量和教学效果的评估，教学过程的监控，教学质量保证体系的建立等。通过学科和专业的评估实现高校内涵发展。

（4）多元质量效益观

日本高等教育从注重内部评估到外部评估再到现在的内部评估和外部评估相结合，强调多主体对不同大学进行不同层次、水平、方面的评估体现了当代高教评估的发展方向。

3.6 俄罗斯

作为世界教育大国的俄罗斯，拥有丰富的教育资源，尤其是在研究生教育方面，有着悠久的教育传统，形成了自己在世界教育史上独特的俄罗斯模式。

目前在俄罗斯的高等教育体系中是两轨学位体系并存。一轨是苏联时期保留下来的学位体系，即“专家—副博士—博士”学位；另一轨是从 20 世纪 90 年代后半期开始，俄罗斯为外国留学生设置的学位制度，即“学士—硕士—博士”学位。这一轨学位制度是苏联为了加强与外国学位与研究生教育的合作和交流设立的。苏联国家教委 1989 年 3 月 30 日发布了《关于在苏联高等学校培养攻读学士（科学、艺术）的外国专门人才问题》的指令。同年 6 月 5 日又发布了《关于在苏联高校培养攻读学士和硕士(科学、艺术)的外国专门人才问题》的指令。这两个文件规定,从1989年9月1日起,为外国大学生设立学士和硕士学位。留苏的外国大学生完成苏联高校前四年教学计划和教学大纲要求并通过国家考试者,可授予相应知识领域的学士学位;修业期限为五年以上的专业,可授予硕士学位。目前,俄罗斯"学士—硕士"的教育体系迅速发展,大有取代"专家—副博士—博士"的教育体系的趋势。一般认为,俄罗斯副博士学位的学术水平与国际惯例的博士学位大体相当。

教育质量是研究生教育工作的重中之重,它与研究生的教育水平、导师队伍建设、研究生科研训练、研究生培养模式等都息息相关。俄罗斯教育的一大特色是非常注重研究生教育的管理与质量的评估。为了全面分析和评估各高校教学状况,促进教学质量提高,俄罗斯形成了一套完备的高等学校教学质量综合评估体系。该体系由内部评估体系和外部评估体系构成。

俄罗斯高等教育质量内部评估体系主要是指高校的自我检查,包括:学生、学校的自我评估等,有教育活动的组织法律保障,高校结构及其管理体系,学生培养结构,学生培养内容,教学过程的组织,学生总体培养质量,高校内部学生培养质量检查体系,人员保障质量,教学方法、信息与图书保障质量,科研与科学方法活动的质量,物质技术基础质量十二项评估指标。

俄罗斯高等教育质量评估外部体系包括许可、评定、鉴定三个相互联系又各有侧重的环节。这是一种全新的、综合性的评估方式。

(1) 许可制度

许可证是确认高等院校的基本设置、配备是否符合国家要求的基础条款。根据《俄罗斯联邦教育法》规定,许可制度是指无论何种形式的办学机构都必须经过相应的教育管理部门的批准,取得许可证后方可办学。许可制度实施的目的就是保障俄罗斯公民受教育和培训的权利,使正规教育机构有法可依。此制度是对高校的一般性认可,保证了教育的基础条件。高校如果想提高自己的规格,就要进入下一个程序——接受质量评定。

(2) 评定

评定是国家与公民对俄罗斯高等教育机构的教学内容、教育内容和教育层次进行检验的主要形式。它侧重考察取得国家认可院校的教育质量。评定一般是在院校提出申请的前提下,每五年进行一次。评审委员会由重点院校的教授和得到社会普遍认可的公共组织的专家组成。参审院校只有在本校毕业生质量等连续三年通过评估检查的条件下才能顺利进入鉴定环节。

(3) 鉴定

国家鉴定是俄罗斯对高校整体的评估,是建立在对俄罗斯高校类型和类别认证的基础之上的。主要鉴定指标包括教学计划、教学大纲与国家标准相符程度、学生的培养质量、各类教育机构是否具备学生进行职业活动的条件等。如果高校顺利通过此环节,将有权发放《高等教育毕业证》及《高等教育毕业学位证》、享受国家财政拨款等。

4 高校与工程院所联合培养博士生质量评估指标体系构建

高校和科研院所是我国重要的科研创新主体和人才培养基地,加强两者间科学研究和人才培养的深度合作,是提高国家自主创新能力的有效途径。联合培养研究生的试点工作紧密结合《国家中长期科学和技术发展规划纲要(2006—2020年)》,瞄准国家重大战略需求和我国国民经济发展的需要,进行学科领域的布局布点,集中在重点领域及其优先主题、重大专项、前沿技术、基础研究,集中力量支持重点行业和领域的创新型拔尖人才培养工作,包括航空航天、环境保护、有色金属、电信通讯、海洋渔业、船舶设计、工程物理等。因此,随着当前我国高校与工程科研院所联合培养博士生规模的逐渐扩大,构建科学的指标体系对联合培养博士生进行质量评估具有重大的现实意义。

4.1 我国博士生培养质量评估制度存在的问题

我国博士生教育质量不高的关键原因是缺乏科学的博士生教育质量保障体系。虽然我国从形式上形成了内外结合的质量保障体系,但外部评估体系还在建设阶段,在实践中存在许多问题,在目标实现中显得低效;内部质量监控体系由于管理松散,在目标实现过程中则显得低效甚至负效。由于缺乏有效的监督保障体系,导致博士点评估、招生过程、培养过程、成果考核方面出现许多漏洞。现将我国博士生教育质量保障体系的主要问题分析如下。

4.1.1 建设之中的外部评估体系在目标实现过程中的低效

目前,我国针对博士生教育开展的外部评估主要有博士点授权审核、学科评估、优秀博士论文评估等,这些评估方式还在尝试阶段,在博士生教育规范与质量提升中并没有发挥充分的作用,在目标实现过程中显得低效甚至负效。

(1) 博士点申报制度的一劳永逸使博士点持续提升质量的意识淡薄

目前我国的博士生教育评估主要是以政府组织的外部评估为主的,内部自评因为是在政府要求下进行的,而且评估多以鉴定为目的,评估结果直接决定着博士点的生死存亡,或者通过博士学位授权单位申请,或者被评估为优秀或良好、通过,评估过后对整改效果也不进行深入调查。评估结果对博士专业发展的重要性使许多院系在自评报告中扬长避短,尽量回避问题,扩大优势,许多专业虽然通过了评估,但是对现存的问题却视而不见。许多学校在盲目攀升的冲动中建立的博士点,长期在低水平中重复。

(2) 学科评估制度目标的实现不容乐观

为了促进我国博士生教育质量的持续提升,我国学位与研究生教育发展中心自 2002 年在全国开展学科评估工作。但在学科评估进行了一轮以后,我国研究生教育的质量问题还是没有得到缓解,许多专业并没有因此采取积极的改进措施,我国博士生培养存在的质量问题依然没有得到缓解。

(3) 专业排名没有对专业发展产生深刻的影响

我国目前的专业排名,并没有对专业发展产生强大的推动作用,因为这些排名体系缺乏应有的公信力,其主要原因如下:第一,以科研产出为主要指标的声誉排名导致学术功利现象;第二,评估指向过去,以证明质量为主,不能推动专业改进。

(4) 优秀博士论文评估的过程无涉影响其示范效应

优秀的博士论文是博士专业各种核心要素,包括导师、博士生、管理人员、资源等核心要素理想结合的产物,产生于培养过程中。但是,目前的优秀博士论文评估没有分析优秀博士论文产生的过程和影响因素,使其榜样示范效应大打折扣。

4.1.2 学术机构内部质量监控机制相对松散

(1) 招生评估:依分取人,应试制度的延续

博士招生方式在某种程度上成为基础教育阶段应试制度的延续,无法选拔出真正有创新精神的研究者。以笔试成绩取人,有可能使高分低能的人进入学术职业,降低学术规范和标准,难以进行原创性的研究;也有可能使不擅长考试但却适合搞原创性研究的人与学术职业擦肩而过。

(2) 过程评估:以课程成绩和论文发表为主要参考依据

第一,课程学习与考核相对松散。我国博士生课程学习的突出问题是课程分量不够,首先表现在学分要求相对较少;其次,课程设置较少;最后,对学生的课程学习状况也没有进行严格的考核。第二,以学术论文发表为重要参考指标导致学术功利化。以论文发表数量作为考核博士生重要指标的评估方式,导致了目前博士生学习的异化现象,有的博士生以文章发表作为博士学习阶段的主要追求,以达到毕业条件为博士学习的神圣使命。

(3) 结果评估:评估博士论文缺乏客观、清晰的标准

在评估方式上以开题报告和论文答辩为主。开题报告主要考察研究的价值和可行性,论文答辩主要考察研究方法的合理性、主要结论及创新点。这种评估从形式上来看,缺少了对论文写作过程的监督,导致从开题到论文完成中对研究过程的失控。

(4) 专业内部缺乏形成性评估

我国目前还没有形成对博士专业定期评估的制度,评估还是以证明质量的总结、鉴定式评估为主,导致许多专业长期固守传统,不能定期进行反思和改进,没有及时发现问题。课程设置陈旧,积累的问题越来越多,博士点没有在发展中持续提高。

4.2 我国博士生培养质量评估制度的改进对策

任何一种模式的建立都应该与其所处的社会经济环境相适应,我国博士生培养也应该考虑这方面因素,构建有中国特色的、与社会主义市场经济体系相适应的博士生培养模式体系,并随着社会经济的不

断发展而不断完善修正,以适应变化的外部环境。

4.2.1 观念上的认同:批判性地学习并使国际经验本土化

目前,我国博士生教育发展还在起步阶段,和美国20世纪初的状况极其相似,正处在规模扩张后的质量危机中。我国高等教育质量在发展过程中积累的专业设置、培养方向等方面的问题,也需要在评估中进行反思、对比、调整,以保证不断提高教育生产力。因此,要建立科学的评估体系,就要从观念上认识到对国外博士生培养质量评估体系要批判性地学习,使国际经验本土化,在实现博士生培养质量目标的过程中逐步提高评估体系的有效性。

4.2.2 实践上的操作:构建内外结合、运行科学的评估体系

(1) 建立内外结合、以内部自律为主的质量监控体系

目前,在我国博士生教育规模目标已基本实现、质量问题日益凸显、高校之间的生源竞争日益激烈的情况下,高校积极组织自评,建立年度评估制度成为生存和发展的必要。通过深入到博士生、导师中间去了解本校博士生教育的实际情况,从课堂、论文指导、论文写作过程中去发现问题,请外部专家协助评估,发现、分析问题,从促进指导教师和学生共同发展的角度出发,解决问题,真正达到"以评促建"的目的。

(2) 健全学术机构内部评估制度

首先,通过考试淘汰制度,使博士生注重课程学习环节,掌握扎实的基础知识,为后期的研究打下良好的基础。其次,通过考试挑选出合格的博士资格候选人,为后期的培养把好关,以免造成人才培养的浪费。第三,以论文发表作为博士生评估的参考依据和激励成才手段。博士生学习既需要一定的考核压力,也需要一个长期思考的弹性空间。如果对博士发表论文的评估注重质量评估,而不再对数量做强行规定,这样,能静下心来潜心做学问的博士生将会越来越多。第四,积极提倡专业内部形成性评估。鼓励专业内部的核心要素——教师、学生、管理人员参与评估,将评估标准渗透到日常管理中,以促进组织变革为目标,开展持续进行的内部评估,充分利用评估反馈和发现促进专业质量的持续提升。

(3) 努力提高外部评估体系的有效性

第一,树立全面的质量观,建立与博士生教育质量密切相关的指

标体系。第二,充分发挥评估的改进功能。首先要用科学的方法和态度提出有效的反馈意见,其次是要以反馈意见为专业改革的起点,将评估结果用于专业改革的实践,提高评估的有效性。第三,坚持评估中的伦理道德,培育健康的评估文化,避免弄虚作假。

4.2.3 学术上的引导:通过理论研究与人才培养提高评估的有效性

(1) 积极研究国际经验教训

我国作为博士生教育的后发外生型国家,开展博士生教育只有30年的历史,培养模式、博士生教育质量保障体系还在建设之中。学习德国、美国等开展博士生教育较早国家的经验教训,可以使我国博士生教育质量保障体系建设少走许多弯路。为此,需要全面了解国外评估体系的事实与特征,分析评估实施的背景与效果,批判性地学习,移植与创新结合。

(2) 通过学术研究与人才培养推动评估的专业化进程

第一,使评估理论研究不断向纵深发展。重点关注评估的设计、评估中资料收集的方法、评估在教育质量提升中发挥的具体作用、评估结果的有效使用等。第二,建立评估专业,提高评估专家的职业素质。

(3) 评估组织者对评估结果与方法进行自主反思

第一,培养评估者自主反思的精神;第二,建立元评估的标准;第三,正确对待评估中存在的问题,积极改进评估方式。

总之,只有公众以宽容的态度看待评估中出现的问题、政府以积极的态度完成评估制度建设、学术界以科学的态度推进评估理论研究、高校以健康的心态对待评估,不同层面共同努力,以提高教育的有效性为评估制度建设的永恒诉求,才能建设持续发展的评估制度,有效促进联合培养博士生质量的提升。

4.3 联合培养博士生质量评估指标体系的设计

4.3.1 指标体系设计的原则与重点

高校和工程科研院所联合培养博士研究生项目,是国家高层次人才培养模式的重大创新,具有鲜明的专业特色。实施联合培养项目的初衷有两个:一是科研院所有较高水平的科研项目和科研条件,进行联合培养就是为了将博士论文的研究与现有的科研项目结合起来;二是科研院所普遍缺乏较为完善的课程体系,而高校有系统的课程设置和高水平的师资队伍,联合培养可有利于工程科研院所博士生理论知识的掌握和科研方法的训练。因此,联合培养的优势在于:将高水平的大学的学术训练与高水平的科研院所的研究条件结合起来,促进博士生的学术发展,提高其培养质量。

所以,根据联合培养项目的初衷和创新性,对高校与工程科研院所联合培养项目质量进行评估的要点在于:联合培养模式是否体现出区别于一般培养模式的创新性和优越性,是否培养出了具有明显项目特色和科研优势的学生。具体而言,评估应主要从以下几个方面展开:第一,应充分评估联合培养项目是否以合作课题或项目为基础展开,这是联合培养的根本立足点;第二,联合培养模式是否将高校和科研院所的优势结合起来,既为学生提供了扎实的学术训练和理论学习,又为学生提供了一流的科研项目和科研条件,使博士论文紧密围绕工程研究前沿课题展开,实现资源的最优化配置;第三,联合培养项目运行是否良好,管理部门沟通是否顺畅,制度环境是否有利于项目的开展;第四,联合培养项目的导师是否认真负责地对博士生进行指导;第五,联合培养模式所培养出来的学生在科研技能和工作适应能力方面是否优于一般学生,是否为国家培养出紧跟科技进步和国家发展步伐的高层次工程技术人才;第六,应对联合培养所产生的社会效应和社会影响进行评估,以明确联合培养项目对博士生培养模式、学生报考意愿、双方单位学术氛围和学术贡献等方面所带来的影响和改变。

因此,本研究的重点是:结合前期研究成果和实地调研工作,深入把握影响联合培养项目质量的关键点,构建一整套用于评估联合培养模式和联合培养博士生质量的评估指标体系;同时,厘清各指标对联合培养质量产生的影响,运用层次分析法,确定科学的权重比率,使评估体系具有现实可操作性。为下一步的研究,即评估指标题项的选取和正式的质量评估工作的顺利开展奠定坚实的基础。

4.3.2 指标体系内容的设计

对于本研究的评估指标的选取,即按什么样的原则与依据确定评估指标的内容,应严格按照《高等学校和科研机构开展联合培养博士研究生工作暂行办法》和《关于开展高等学校和工程研究院所联合培养博士研究生试点工作的通知》等有关政策文件的精神来加以选取，保证质量评估以实现联合培养政策目的为导向。根据这一原则，拟构建的指标体系如表 1 所示。

表 1　高校与工程科研院所联合培养博士生项目质量评估指标体系

一级指标(B)	二级指标(C)	三级指标(内涵)(C_{ij})
培养制度(B_1)	培养目标(C_1)	是否有明确的培养目标(C_{11})
		培养目标是否紧密围绕联合培养项目的目的加以制定(C_{12})
		培养目标是否具有项目特色(C_{13})
	培养方案(C_2)	对联合培养过程各环节的质量是否有明确的要求(C_{21})
		是否制订培养标准以规定联合培养博士生应当掌握的知识与技能(C_{22})
		是否有完善的有利于提高联合培养质量的学生评价制度(C_{23})
合作基础(B_2)	合作课题层次(C_3)	合作项目的立项来源(国家级、省部级、市级)(C_{31})
		合作项目的经费来源(纵向或横向)(C_{32})
		合作项目的经费数量(C_{33})
		合作项目/课题的级别(自科、重大攻关等)(C_{34})
	合作紧密度(C_4)	联合培养项目是否以双方单位的合作项目(课题)为基础(C_{41})
		联合培养项目是否以合作项目经费作为学生的培养经费(C_{42})
		联合培养项目中跨学科联合培养所占的比重(C_{43})
		联合培养项目取得的成果共享程度(C_{44})
培养措施(B_3)	学术课程(C_5)	课程设置是否系统完整(C_{51})
		双方单位分别开设课程的数量和占比(C_{52})
		博士生对双方单位开设的课程满意度(C_{53})
	科研实践(C_6)	博士生是否能够共享双方的实验条件和实验平台(C_{61})
		博士生参与课题的层次(C_{62})
		博士生在合作课题中的角色(C_{63})
		博士生论文选题是否来源于联合培养项目(C_{64})
	导师的指导与协调(C_7)	双方导师是否就学生的培养形成完整的培养计划(C_{71})
		双方导师对学生的培养情况进行沟通的频次(C_{72})
		双方导师共同对学生的学术科研情况进行指导的频次(C_{73})
		学生对双方导师指导情况的满意度(C_{74})

续表

一级指标(B)	二级指标(C)	三级指标(内涵)(C_{ij})
管理服务(B_4)	招生管理(C_8)	双方单位是否共同发布招生指南/简章(C_{81}) 双方单位是否共同进行招生复试(C_{82}) 双方单位是否成立了共同的招生工作组(C_{83})
	学籍管理(C_9)	是否建立了专门的联合培养博士生学籍管理规定(C_{91}) 学籍归属是否明确(C_{92})
	管理分工(C_{10})	双方单位在进行联合培养时是否有单位合作协议和联合培养计划(C_{101}) 双方单位在分工合作上是否有明确的办法和规定(C_{102}) 双方单位在实际工作中的协调程度如何,沟通是否畅通(C_{103}) 双方单位项目运行的制度环境如何,是否得到双方领导的大力支持(C_{104})
	学位授予(C_{11})	是否建立了专门的联合培养博士生学位授予规定(C_{111}) 是否由联合培养指导小组对博士生学位论文的撰写和答辩情况进行审查和评价(C_{112})
	学生待遇(C_{12})	双方单位是否有专门的联合培养经费(C_{121}) 联合培养博士生的待遇是否优于传统模式的博士生(C_{122}) 联合培养博士生对待遇的满意度如何(C_{123})
培养质量(B_5)	生源质量(C_{13})	国家重点大学毕业生所占比重(C_{131})
	学业质量(C_{14})	学生的学业成绩(C_{141}) 该学年的博士学位授予情况(C_{142}) 博士生的学术成果(C_{143}) 联合培养博士生与普通博士生在能力上存在差异的程度(C_{144}) 联合培养博士生理论与实践的双重能力提高的程度(C_{145}) 学生的自我评价(C_{146})
	就业质量(C_{15})	毕业生在联合培养单位(工程研究院所)就业的比例(C_{151}) 毕业生就业单位的层次和类型(C_{152}) 联合培养博士生就业竞争力优于普通博士生的程度(C_{153}) 联合培养博士生在工作中能更快适应工作、接手工作的程度(C_{154}) 用人单位的满意度(C_{155}) 毕业生的就业满意度(C_{156})

续表

一级指标(B)	二级指标(C)	三级指标(内涵)(C_{ij})
社会影响(B_6)	对培养单位的影响(C_{16})	联合培养项目是否有利于营造双方单位理论和实践相结合的学术氛围(C_{161})
		联合培养项目是否深化了双方单位的合作深度(C_{162})
		联合培养项目是否有利于双方单位产出更多的学术和科研成果(C_{163})
		培养单位对联合培养的持续合作意愿(C_{164})
		双方单位是否都受益于联合培养项目,受益程度分别如何(C_{165})
	社会影响力(C_{17})	对博士培养模式改革创新的影响,是否给予更多的联合培养名额(C_{171})
		是否有更多的学生报考联合培养项目(知名度和吸引力)(C_{172})
		是否为我国培养出实用性更强的工程技术人才(C_{173})
		联合培养对现有的大学博士生培养模式产生的影响(正面和负面)(C_{174})

4.3.3 各指标权重的分配

所谓指标的权重分配,就是根据各指标对联合培养博士质量产生影响的大小程度,确定其在指标体系中所占的比重。权重的分配对科学的指标体系的构建有至关重要的作用。因此,指标体系权重的分配需要运用规范的指标设计方法进行操作。

指标权重拟采用层次分析法进行计算。层次分析法是美国著名的运筹学专家匹兹堡大学教授 Saaty T. L.于 20 世纪 70 年代提出的层次排序法(AHP 法),有较严格的数学依据,广泛应用于多层次、多指标复杂系统的分析与决策。其基本思想就是将组成复杂问题的多个元素权重的整体判断转变为对这些元素进行“两两比较”,然后再转为对这些元素的整体权重进行排序判断,最后确立各元素的权重。具体程序方法如下。

(1) 建立递阶层次结构

对问题所涉及的因素进行分类,构造一个各因素之间相互联结的递阶层次结构。处于最上面的层次一般是问题的预定目标,通常只有一个元素,中间层的元素一般是准则层和子准则层,最低层一般是方案层。高校与工程研究院所联合培养博士生项目质量评估指标体系分四层:第一层为预定目标(A),即高校与工程研究院所联合培养博士生项目质量评估这一目标;第二层为一级指标,包括培养制度(B_1)、合作基础(B_2)、培养措施(B_3)、管理服务(B_4)、培养质量(B_5)和社会影响(B_6);第三层为二级指标,包括培养目标(C_1)、培养方案(C_2)、合作课题的层次(C_3)、合作紧密度(C_4)、学术课程(C_5)、科研实践(C_6)、导师的指导与协调(C_7)、招生管理(C_8)、学籍管理(C_9)、管理分工(C_{10})、学位授予(C_{11})、学生待遇(C_{12})、生源质量(C_{13})、学业质量(C_{14})、就业质量(C_{15})、对培养单位的影响(C_{16})和社会影响力(C_{17});第四层为三级指标,是二级指标下面的若干个子指标项,一共60项,分别以 C_{ij}来表示。则整个联合培养博士生项目质量评估指标体系的递阶层次结构是:联合培养博士生项目质量评估指标体系是总的预定目标,第一层的6个指标属于准则层,第二层的17个指标属于子准则层,第三层的60个指标属于方案层。

(2) 构造判断矩阵

给出递阶层次的某一层元素,则该层次的所有指标构成评估因素集 $\boldsymbol{U}=(u_1,u_2,u_3,\cdots,u_i)$。两两成对比较该层所有元素相对于上一层的重要程度的重要性,u_{ij}表示 u_i 对 u_j 的相对重要性数值,u_{ij}的取值按表2进行,用矩阵 $\boldsymbol{V}$ 表示。

表2 判断矩阵标度及其含义

标度值	含义
1	表示因素 u_i 与 u_j 比较,具有同等的重要性
3	表示因素 u_i 与 u_j 比较,u_i 比 u_j 稍微的重要
5	表示因素 u_i 与 u_j 比较,u_i 比 u_j 明显的重要
7	表示因素 u_i 与 u_j 比较,u_i 比 u_j 强烈的重要
9	表示因素 u_i 与 u_j 比较,u_i 比 u_j 极端的重要
2,4,6,8	2,4,6,8 分别表示相邻判断 1-3,3-5,5-7,7-9 的中值
倒数	表示因素 u_i 与 u_j 比较得判断 u_{ij},则 u_j 与 u_i 比较得判断 $u_{ji}=1/u_{ij}$

判断矩阵 $\boldsymbol{V}$ 中的指标数值可以根据调研数据、统计资料、政府工作报告以及专家意见综合权衡后得出。本研究聘请高校、工程科研院所等单位的有关专家组成专家组进行打分。通过发放专家意见征询

表,然后收回问卷,根据回收的打分表,综合构造判断矩阵。然后求出该矩阵的特征向量及最大特征值,这个特征向量就给出了排序的依据(即相对重要程度),而特征值是关于判断一致性的测度。

根据表得到判断矩阵 $\boldsymbol{V}$:

$$\begin{bmatrix} u_{11} & u_{12} & \cdots & u_{1m} \\ u_{21} & u_{22} & \cdots & u_{2m} \\ \vdots & \vdots & \ddots & \vdots \\ u_{m1} & u_{m2} & \cdots & u_{mm} \end{bmatrix}$$

(3) 单层次排序及一致性检验

层次单排序是根据判断矩阵计算对于上一层某因素而言,本层次与之有联系的因素的重要性次序的权值,它可以归结为计算判断矩阵的特征值和特征向量问题,即对判断矩阵 $\boldsymbol{V}$,计算满足 $\boldsymbol{VW}=\lambda_{\max}\boldsymbol{W}$ 的特征值和特征向量,并将特征向量正规化,正规化后所得到的特征向量 $\boldsymbol{W}=[W_1\ W_2\ \cdots\ W_i]^{\mathrm{T}}$ 作为本层次元素($u_1,u_2,u_3,\cdots,u_i$)对于其上一层元素的排序权值,也就是权数分配。为了检验判断矩阵是否具有满意的一致性,还需要计算它的一致性指标 CI,$\mathrm{CI}=(\lambda_{\max}-n)/(n-1)$,将 CI 与平均随机一致性指标 RI(RI 可以查表获得)进行比较,如果判断矩阵随机一致性比率 $\mathrm{CR}=\mathrm{CI}/\mathrm{RI}\leqslant 0.10$ 时,则此判断矩阵具有满意的一致性,否则就需要对判断矩阵进行调整。

根据回收的问卷,整理得到判断矩阵(略),计算结果显示各个矩阵都通过了一致性检验,具有较高的满意度。

(4) 整体排序及一致性检验

利用各单层排序权数结果就可以计算整体排序,即各单个指标在总体质量评估指标中的权重。其计算公式和过程就是 $W_{ij}=\boldsymbol{W}A-B\times\boldsymbol{W}B_i-C_j\times\boldsymbol{W}C_i-\mathrm{CI}_j$,各个指标权重计算结果详见表 3。

表 3　高校与工程科研院所联合培养博士生质量评估指标体系权重分布表

一级指标 B	二级指标 C	三级指标 C_{ij}	各指标权重/%
B_1[0.12]	C_1[0.50]	C_{11}[0.33]	1.98
		C_{12}[0.34]	2.04
		C_{13}[0.33]	1.98

续表

一级指标 B	二级指标 C	三级指标 C_{ij}	各指标权重/%
	C_2[0.50]	C_{21}[0.32]	1.92
		C_{22}[0.33]	1.98
		C_{23}[0.35]	2.10
B_2[0.18]	C_3[0.50]	C_{31}[0.21]	1.89
		C_{32}[0.24]	2.16
		C_{33}[0.26]	2.34
		C_{34}[0.29]	2.61
	C_4[0.50]	C_{41}[0.34]	3.06
		C_{42}[0.17]	1.53
		C_{43}[0.19]	1.71
		C_{44}[0.30]	2.70
B_3[0.19]	C_5[0.32]	C_{51}[0.32]	1.94
		C_{52}[0.33]	2.01
		C_{53}[0.35]	2.13
	C_6[0.33]	C_{61}[0.29]	1.82
		C_{62}[0.20]	1.25
		C_{63}[0.16]	1.00
		C_{64}[0.35]	2.19
	C_7[0.35]	C_{71}[0.25]	1.66
		C_{72}[0.25]	1.66
		C_{73}[0.25]	1.66
		C_{74}[0.25]	1.66
B_4[0.13]	C_8[0.25]	C_{81}[0.32]	1.04
		C_{82}[0.35]	1.14
		C_{83}[0.33]	1.07
	C_9[0.15]	C_{91}[0.47]	0.92
		C_{92}[0.53]	1.03
	C_{10}[0.25]	C_{101}[0.25]	0.81
		C_{102}[0.25]	0.81
		C_{103}[0.25]	0.81
		C_{104}[0.25]	0.81

续表

一级指标 B	二级指标 C	三级指标 C_{ij}	各指标权重/%
	C_{11}[0.15]	C_{111}[0.35]	0.68
		C_{112}[0.65]	1.27
	C_{12}[0.20]	C_{121}[0.28]	0.73
		C_{122}[0.27]	0.70
		C_{123}[0.45]	1.17
B_5[0.21]	C_{13}[0.15]	C_{131}[1.00]	3.15
	C_{14}[0.35]	C_{141}[0.09]	0.66
		C_{142}[0.06]	0.44
		C_{143}[0.12]	0.88
		C_{144}[0.20]	1.47
		C_{145}[0.25]	1.83
		C_{146}[0.28]	2.05
	C_{15}[0.50]	C_{151}[0.11]	1.15
		C_{152}[0.13]	1.36
		C_{153}[0.17]	1.78
		C_{154}[0.19]	1.99
		C_{155}[0.23]	2.41
		C_{156}[0.17]	1.78
B_6[0.17]	C_{16}[0.60]	C_{161}[0.05]	0.51
		C_{162}[0.07]	0.71
		C_{163}[0.24]	2.44
		C_{164}[0.30]	3.06
		C_{165}[0.34]	3.46
	C_{17}[0.40]	C_{171}[0.25]	1.70
		C_{172}[0.25]	1.70
		C_{173}[0.25]	1.70
		C_{174}[0.25]	1.70

说明:方括号中的数字表示该指标在其上一级指标中的权重,后同。

总体一致性检验,$CR = \sum_{i=1}^{n} a_i CI_i / \sum_{i-1}^{n} a_i RI_i = 0.030\ 4 \leqslant 0.10$。其中 CI_i 为单排序的一致性指标,RI_i 为单排序相对应的平均随机一致性指

标。通过检验总体的一致性比较满意。即整体权重分布较为理想。

4.3.4 完整的评估指标体系及权重

完整的高校和工程科研院所联合培养博士生项目质量评估指标体系及其权重如表4所示。

表4 高校与工程科研院所联合培养博士生质量评估指标体系及其权重(百分比)

一级指标	二级指标	三级指标
培养制度[0.12]	培养目标[0.5]	是否有明确的培养目标(1.98%)
		培养目标是否紧密围绕联合培养项目的目的加以制定(2.04%)
		培养目标是否具有项目特色(1.98%)
	培养方案[0.5]	对联合培养过程各环节的质量是否有明确的要求(1.92%)
		是否制订培养标准以规定联合培养博士生应当掌握的知识与技能(1.98%)
		是否有完善的有利于提高联合培养质量的学生评价制度(2.10%)
合作基础[0.18]	合作课题层次[0.5]	合作项目的立项来源(国家级、省部级、市级)(1.89%)
		合作项目的经费来源(纵向或横向)(2.16%)
		合作项目的经费数量(2.34%)
		合作项目/课题的级别(自科、重大攻关等)(2.61%)
	合作紧密度[0.5]	联合培养项目是否以双方单位的合作项目(课题)为基础(3.06%)
		联合培养项目是否以合作项目经费作为学生的培养经费(1.53%)
		联合培养项目中跨学科联合培养所占的比重(1.71%)
		联合培养项目取得的成果共享程度(2.70%)
培养措施[0.19]	学术课程[0.32]	课程设置是否系统完整(1.94%)
		双方单位分别开设课程的数量和占比(2.01%)
		博士生对双方单位开设的课程满意度(2.13%)
	科研实践[0.33]	博士生是否能够共享双方的实验条件和实验平台(1.82%)
		博士生参与课题的层次(1.25%)
		博士生在合作课题中的角色(1.00%)
		博士生论文选题是否来源于联合培养项目(2.19%)
	导师的指导与协调[0.35]	双方导师是否就学生的培养形成完整的培养计划(1.66%)
		双方导师对学生的培养情况进行沟通的频次(1.66%)
		双方导师共同对学生的学术科研情况进行指导的频次(1.66%)
		学生对双方导师指导情况的满意度(1.66%)

续表

一级指标	二级指标	三级指标
管理服务[0.13]	招生管理[0.25]	双方单位是否共同发布招生指南/简章(1.04%) 双方单位是否共同进行招生复试(1.14%) 双方单位是否成立了共同的招生工作组(1.07%)
	学籍管理[0.15]	是否建立了专门的联合培养博士生学籍管理规定(0.92%) 学籍归属是否明确(1.03%)
	管理分工[0.25]	双方单位在进行联合培养时是否有单位合作协议和联合培养计划(0.81%) 双方单位在分工合作上是否有明确的办法和规定(0.81%) 双方单位在实际工作中的协调程度如何,沟通是否畅通(0.81%) 双方单位项目运行的制度环境如何,是否得到双方领导的大力支持(0.81%)
	学位授予[0.15]	是否建立了专门的联合培养博士生学位授予规定(0.68%) 是否由联合培养指导小组对博士生学位论文的撰写和答辩情况进行审查和评价(1.27%)
	学生待遇[0.20]	双方单位是否有专门的联合培养经费(0.73%) 联合培养博士生的待遇是否优于传统模式的博士生(0.70%) 联合培养博士生对待遇的满意度如何(1.17%)
培养质量[0.21]	生源质量[0.15]	国家重点大学毕业生所占比重(3.15%)
	学业质量[0.35]	学生的学业成绩(0.66%) 该学年的博士学位授予情况(0.44%) 博士生的学术成果(0.88%) 联合培养博士生与普通博士生在能力上存在差异的程度(1.47%) 联合培养博士生理论与实践的双重能力提高的程度(1.83%) 学生的自我评价(2.05%)
	就业质量[0.50]	毕业生在联合培养单位(工程研究院所)就业的比例(1.15%) 毕业生就业单位的层次和类型(1.36%) 联合培养博士生就业竞争力优于普通博士生的程度(1.78%) 联合培养博士生在工作中能更快适应工作、接手工作的程度(1.99%) 用人单位的满意度(2.41%) 毕业生的就业满意度(1.78%)

续表

一级指标	二级指标	三级指标
社会影响[0.17]	对培养单位的影响[0.60]	联合培养项目是否有利于营造双方单位理论和实践相结合的学术氛围（0.51%）
		联合培养项目是否深化了双方单位的合作深度（0.71%）
		联合培养项目是否有利于双方单位产出更多的学术和科研成果（2.44%）
		培养单位对联合培养的持续合作意愿(3.06%)
		双方单位是否都受益于联合培养项目，受益程度分别如何（3.46%）
	社会影响力[0.40]	对博士培养模式改革创新的影响，是否给予更多的联合培养名额（1.70%）
		是否有更多的学生报考联合培养项目(知名度和吸引力)(1.70%)
		是否为我国培养出实用性更强的工程技术人才(1.70%)
		联合培养对现有的大学博士生培养模式产生的影响(正面和负面)（1.70%）

参考文献

[1] 沈文钦. 博士培养质量评估：概念、方法与视角[J]. 北京大学教育评论，2009(4)：48-59.

[2] 程秀秀. 我国博士生培养质量评估及提升策略研究[D]. 哈尔滨：哈尔滨工程大学，2012：12.

项目组名单

项目负责人：干　勇

项目组成员：殷瑞钰　王海舟　郑　义　王沛雨　康照均　王天明　曲绍卫　范晓婷　纪效珲　汪英晖　郭　栋　刘明利　贾爱英　陈洪捷　沈文钦　李　敏　高　耀

中国智能机器人产业人才培养战略研究[①]

"中国智能机器人产业人才培养战略研究"项目组

1 智能机器人产业综述

21 世纪以来,国内外对机器人产业的发展越来越重视,尤其是智能机器人产业,各国相继出台机器人发展报告,将机器人发展列为发展纲要。机器人技术被认为是最具前瞻性、战略性的高科技领域。智能机器人是一种由主体结构、控制器、智能系统和监测传感器组成的,能模拟人某些行为、能自行控制、能在二维空间内完成一定工作的机电一体化生产设备。

1.1 智能机器人概述

1.1.1 智能机器人定义

机器人广义上指类似人和其他高级动物器官的功能(如机器鱼、机器猫等),狭义上还有诸多分类法及不同的见解,有一些简单的电脑程序也被称为机器人(如爬虫机器人)。联合国标准化组织采纳了美国机器人协会给机器人下的定义:"一种可编程和多功能的操作机;或是为了执行各种任务而具有可用电脑改变和可编程动作的专门系统。一般由执行机构、驱动装置、检测装置、控制系统和复杂机械等组成。"

对于智能机器人在世界范围内还没有一个统一的、权威的定义。

① 原文约 4.7 万字,限于篇幅,收入本书做了适当删节。

大多数专家认为智能机器人必备以下三个要素：一是感官系统要素，用来获取环境信息；二是运动系统要素，对外界输出信息；三是思考系统要素，根据感觉要素所获取信息，思考输出什么样的动作或者信息。感觉系统要素包括视觉、听觉、触觉等非接触型传感器和能感知力、压觉、触觉等的接触型传感器，可以利用诸如照相机、摄像机、图像传感器、超声波传成器、激光器、导电橡胶、压电元件、气动元件、行程开关等机电元器件来实现。对运动要素来说，智能机器人需要有一个无轨道型的移动机构，以适应诸如平地、台阶、墙壁、楼梯、坡道等不同的外界环境，可以借助轮子、履带、支脚、吸盘、气垫等移动结构来完成。在运动过程中要对移动结构进行实时控制，这种控制不仅包括位置控制，还要有力度控制、位置与力度混合控制、伸缩率控制等。智能机器人的思考系统要素是三个要素中的关键，包括实现对人类的意识及思维过程的模拟，赋予机器人学习、推理、思考、规划等智能行为和能力，胜任一些通常需要人类智能才能完成的复杂工作。

1.1.2 智能机器人组成结构

一般来说，智能机器人包括本体结构、驱动装置、能源动力、感知等系统。机器人核心部件包括伺服电机、减速器及控制器、驱动器及传感器。

智能机器人的本体结构包括基座、腰部、臂部、腕部、手部（夹持器或末端执行器）和行走部（对于移动机器人）等。

智能机器人的驱动装置是驱使执行机构运动的装置，按照控制系统发出的指令信号，借助于动力元件使机器人进行相应的动作。驱动装置输入的是电信号，输出的是线、角位移量。机器人使用的驱动装置主要是电力驱动装置，如步进电机、伺服电机等，此外，面向某种特定场景的特定需求，也有采用液压、气动等的驱动装置。

智能机器人通过各种传感器获得外界信息，实时检测机器人的内部运动、工作情况，以及外界工作环境信息，根据需要反馈给控制系统，与设定信息进行比较后对执行机构进行调整，以保证机器人的动作符合预定要求，使机器人的动作能适应外界情况的变化，达到更高层次的自动化，甚至使机器人具有某种类人的“感觉”，向智能化发展。例如视觉、声觉等外部传感器给出工作对象、工作环境的有关信息，利用这些信息构成一个大的反馈回路，从而大大提高机器人的工作精度。

机器人核心部件中,减速器是重要方面。谐波减速器一般用于轻型机器人或机器人腕部关节,由波发生器、柔轮和钢轮组成,具有减速比大、齿隙小、精度高、零部件少、安装方便及体积小、重量轻等优点。目前,国际上谐波减速器市场几乎被日本 Harmonic 公司垄断,因此该公司具有定价权。国内谐波减速器研究起步较早,如北京谐波传动技术研究所早在 20 世纪六七十年代便开始了谐波减速器的研究。由于市场问题,该项研究进展较慢,但积累了较多的研发经验。近年来,国产谐波减速器开始迅速发展,开始在国产机器人产品上得到越来越多的应用。RV 减速器一般用于机器人的肩关节,用于传递较大的扭矩。目前,该领域的国际市场被日本的 Nabtesco 公司所垄断。国内在 RV 减速器制造的一些关键技术上还有待提高。

控制器方面,欧系机器人一般采用伦茨、博世力士乐等控制系统,其具有过载能力强、动态响应好、驱动器开放性强等优点,但价格昂贵;日系机器人一般采用安川、松下、三菱等品牌的控制系统,相对欧系控制系统来说,动态性能偏弱,但具有价格优势。近年,一些国产控制系统中也逐渐开始在工业机器人产品上得到应用。

1.1.3 智能机器人分类

对智能机器人的研究从 20 世纪 60 年代初开始,经过几十年的发展,目前,基于感觉控制的智能机器人(又称第二代机器人)已达到实际应用阶段,基于知识控制的智能机器人(又称自主机器人或下一代机器人)也取得较大进展,已研制出多种样机。我国智能机器人产业的分类主要包括工业机器人、农业机器人、医疗与康健机器人、服务机器人、太空机器人和国防机器人等。工业机器人引领制造业,在高端制造、装配、加工等行业中,机器人引领更新换代和产业转型。

智能机器人根据其智能程度的不同,可分为以下三种。

1) 传感型机器人:又称外部受控机器人,本体上没有智能单元,只有执行机构和感应机构,利用传感器(包括视觉、听觉、触觉、接近觉、力觉和红外、超声及激光等)进行传感信息处理,实现控制与操作。同时,机器人受控于外部计算机,外部计算机处理由受控机器人采集的各种信息以及机器人本身的各种姿态和轨迹等信息,然后发出控制指令指挥机器人的动作。

2）交互型机器人：机器人通过计算机系统与操作员进行人-机对话，实现操作员对机器人的控制与操作。虽然交互型机器人具有了部分处理和决策功能，能够独立地实现一些诸如轨迹规划、简单避障等的功能，但是还要受到外部的控制。

3）自主型机器人：无需人的干预，能够在各种环境下自动完成各项拟人任务。本体上具有感知、处理、决策、执行等模块，可以像一个自主的人一样独立地活动和处理问题。机器人世界杯的中型组比赛中使用的机器人就属于这一类型。全自主移动机器人的最重要特点在于它的自主性和适应性。自主性是指它可以在一定的环境中，不依赖任何外部控制，完全自主地执行一定的任务。适应性是指它可以实时识别和测量周围的物体，根据环境的变化，调节自身的参数，调整动作策略以及处理紧急情况。交互性也是自主机器人的一个重要特点，机器人可以与人、外部环境以及其他机器人之间进行信息的交流。由于全自主移动机器人涉及诸如驱动器控制、传感器数据融合、图像处理、模式识别、神经网络等许多方面的研究，所以能够综合反映一个国家在制造业和人工智能等方面的水平。因此，许多国家都非常重视全自主移动机器人的研究。

机器人现在已被广泛地用于生产和生活的许多领域，按其拥有智能的水平可以分为以下三个层次。

1）工业机器人：只能死板地按照人给它规定的程序工作，不管外界条件有何变化，自己都不能对程序也就是对所做的工作进行相应的调整。如果要改变机器人所做的工作，必须由人对程序做相应的改变，因此它是毫无智能的。

2）初级智能机器人：和工业机器人不一样，初级智能机器人具有像人那样的感受、识别、推理和判断能力。其可以根据外界条件的变化，在一定范围内自行修改程序。不过，修改程序的原则由人预先给以规定。这种初级智能机器人已拥有一定的智能，虽然还没有自动规划能力，但这种初级智能机器人也开始走向成熟，达到实用水平。

3）高级智能机器人：和初级智能机器人一样，高级智能机器人具有感觉、识别、推理和判断能力，同样可以根据外界条件的变化在一定范围内自行修改程序。不同的是，高级智能机器人修改程序的原则不是由人规定，而是机器人自己通过学习、总结经验来获得的，所以它的智能高出初级智能机器人。这种机器人已拥有一定的自动规划能力，能够自己安排自己的工作。

1.2 智能机器人产业概述

自1959年世界上第一台工业机器人问世以来,“机器人产业”已取得重大成就,并开始在制造业、服务业、医疗、国防、太空等各个领域广泛应用。2013年,麦肯锡全球研究所发布了《引领全球经济变革的颠覆性技术》报告,将先进机器人列入12项技术之中。“机器人革命”有望成为“第三次工业革命”的一个切入点和重要增长点,将影响全球制造业战略格局。

作为衡量一个国家科技创新和高端制造业水平的重要标志,机器人产业发展越来越受到世界各国的高度关注,主要经济体纷纷将发展机器人产业上升为国家战略,并以此作为保持和重获制造业竞争优势的重要手段。

2014年,习近平总书记在中国科学院第十七次院士大会、中国工程院第十二次院士大会的讲话中强调,机器人的研发、制造与应用是衡量一个国家科技创新和高端制造业水平的重要标志,不仅要提高中国机器人水平,还要尽可能多地占领市场。“机器人革命”有望成为“第三次工业革命”的一个切入点和重要增长点,将影响全球制造业格局,中国将成为全球最大的机器人市场。

第二次世界大战后,日本对机器人采取的一系列相关政策极大地推动了机器人产业的发展,目前,日本已是世界上工业机器人的第一生产大国。工业机器人作为高新技术产品,应该比照新能源中的电动汽车,出台相应的扶植政策。

中国机器人产业化正处于关键的转折点,如果政府的扶植力度再向前推进一步,中国的机器人产业将会越过目前的“临界期”,跨上一个新的台阶,进入快速发展阶段。同时,如何适应快速变化的国内外市场需求,如何以高质量、低成本和快速反应的手段在市场中生存和发展,已是我国企业不容回避的问题。这些问题为我国工业机器人提供了不同的市场需求,促进我国工业机器人的应用市场日趋成熟。

20世纪90年代末,我国建立了9个机器人产业化基地和7个科研基地。产业化基地的建设给产业化带来了希望,为发展我国机器人产业奠定了基础。目前,我国已经能够生产具有国际先进水平的平面关节型装配机器人、直角坐标机器人、弧焊机器人、点焊机器人、搬运码垛机器人等,不少品种已经实现了小批量生产。如今,已经有一批机器人企业根据市场需求,自行研制或与科研院所合作,进行机器人产业化开发。可以预见,我国的机器人产业不久后将会在国民经济中占据重要地位。

1.3 智能机器人产业特征分析

1.3.1 产业链构成分析

过去几十年全球机器人技术的研究与应用,大大推动了人类的工业化和现代化进程,并逐步形成了机器人的产业链,使机器人的应用范围日趋广泛。机器人产业链包括核心零部件生产、机器人本体制造、系统集成以及行业应用四大环节。目前我国机器人企业真正能赚钱的业务是系统集成。以减速器为代表的关键零部件量产仍需时日,国产机器人本体成本远高于国外同行,还没有真正意义上实现国产化。

国内机器人厂商大致可以分为以下四类。

第一类为核心零部件厂商:原来是生产数控系统、运动控制系统或者伺服电机等自动化零部件的厂商,依靠着对工业机器人零部件的了解及丰富的客户资源进行销售。相关上市公司包括汇川技术、新时达、华中数控以及秦川发展。

第二类为行业系统集成商:依靠高校背景或行业积累成长起来的系统集成企业,相关公司包括新松机器人、博实股份、天气股份、华恒焊接、华昌达、普洛汇森等。

第三类为完全的新进入者:拟通过与国内外机器人公司合作,依靠原有业务领域一定的项目经验推广机器人。相关上市公司如慈星股份、锐奇股份、亚威股份等.

第四类为机器人的用户:依靠对终端需求及工艺的充分了解,从原先机器人的用户转为生产机器人的厂商。相关公司如安徽埃夫特、雷柏科技。

现阶段国内机器人行业类似于美国20世纪五六十年代,机器人产业刚刚兴起,众多企业进入机器人行业。不同的是,美国当时机器人技术是世界领先的,而我国现在的机器人技术明显落后于西方已经相对成熟的技术水平。

目前,全球工业机器人本体市场以中欧美日为主。日本、美国、德国、韩国、中国五国存量占全球比例达 71.24%,销量达 69.92%。

从机器人使用密度上看,我国目前工业机器人使用密度仍远远低于全球平均水平,离日本、韩国、德国等发达国家更是有很大差距。韩国是全球工业机器人使用密度最高的国家,每一万名工人中拥有 347 台机器人;日本次之,为 339 台;德国位居第三,为 251 台;中国仅为 21 台,不及国际平均水平(55 台)的一半。目前,工业机器人的应用在我国比例为 6%,日本为 33%,美国为 16%,德国为 14%。

从生产地和消费地看,日本是唯一的机器人净出口国,拥有全球最大的机器人产能,占据全球机器人产量的 66%。机器人消费地最大的区域是除了日本以外的亚洲地区,占比约 34%,而且是以中国市场为主。

在各个地区机器人技术优势比较方面,华创证券分析师刘国清认为,日本在工业机器人、家用机器人方面优势明显,欧洲在工业机器人和医疗机器人领域居于领先地位,美国主要优势在系统集成领域、医疗机器人和国防军工机器人。

韩国非常重视服务类型(如教育、娱乐)机器人,主导这类型机器人的标准;美国主导高端机器人,如勘探、防爆灯功能机器人;日本的工业机器人非常出色,且比 ABB 价格便宜;而瑞典的 ABB 代表欧洲的技术,工艺非常精湛,拥有最完整最好的产业链。

1.3.2 产业生命周期分析

全球机器人行业发展可以被划分为技术准备期、产业孕育期、产业形成期、产业发展期和智能化时期五个阶段。目前我国机器人产业还处于产业孕育期,国外领先机器人产业处于智能化时期。

日美欧机器人产业发展已经完成了前四个阶段并形成了各自的产业模式,美国优势在系统集成,日本强调产业链分工,欧洲强调本体加集成的整体方案。我国现阶段机器人产业模式更接近美国模式,原因是机器人本体不能大规模国产化,估计未来的发展趋势是产业链分工模式,前提是真正突破机器人本体。

全球正在经历第四次工业革命,自动化、信息化是先进制造业的关键,机器人作为自动化技术的集大成者,仍然是工业 4.0 最主要的基础设施之一。

2 全球智能机器人产业发展分析

21 世纪以来,美国、欧洲、日本、韩国等发达国家长期高度重视机器人产业发展,世界其他工业强国也都将机器人列入优先发展行业,纷纷在国家战略规划层面考虑机器人的发展。中国目前正处于建设创新型国家的决定性阶段,必须更多依靠科技创新引领和支撑经济发展,依托机器人产业的发展,助力经济方式转变。

2.1 全球智能机器人产业现状

2.1.1 产业发展概述

在全球智能机器人快速发展的时代,日本和欧洲机器人产业优势明显,而中国市场潜力巨大。全球工业机器人本体市场以中欧美日为主。美日欧在机器人行业发展处于世界领先地位,但它们的优势领域各不相同。

在无人系统领域,典型代表为美国研制的 RQ-4 全球鹰无人机。作为目前最先进的无人机,其搭载有先进侦查传感系统,能够与远端基地的指挥系统进行实时数据传输。另外,包括火力侦察兵、X-47B 无人舰载机等无人飞行机器人也处于调试和部署状态,未来无人机将朝着隐蔽性、高机动、长时间续航、智能避障、多无人系统编组联合作战方向发展。此外,美国、欧洲和日本等国家正在研发的无人驾驶汽车技术也在世界范围内受到关注。

在仿人/仿生机器人领域,1999 年日本本田公司率先研究双足仿人机器人的预测运动控制,并在 2000 年发布了首款 ASIMO 机器人。通过改进和调试,该机器人的 2011 年版可以达到 9 km/h 的行走速度,还实现了单足、双足弹跳功能,并能够在凸凹不平的地面保持平衡行走。在人机交互方面,ASIMO 除了实现主动避障之外,还能够同时对话三名人类,并对不同目标进行识别和锁定。随后美国麻省理工学院、日本产业技术综合研究所、日本丰田公司、美国通用公司、美国波士顿动力公司等也开展了相关研究，研制了 HRP-4C、Toyota's Partner Robot、Robonaut-R2、Petman 等仿人机器人。未来人形机器人将在提高与各年龄阶层人类的交互并提供帮助上得到发展。

在仿动物机器人领域，美国波士顿动力公司率先突破四足机器人复杂动力学建模、控制与驱动。该公司 2005 年推出的首款 Bigdog 模拟狗型机器人能够平衡行走，2011 年推出的四足机器人 Cheetah 可以在陆地达到 29 km/h 的行走速度，成为当时最快的四足机器人。该公司研制的另一款四足负重机器人 Alphadog，目标是辅助人类在车辆难以达到的地方携带重物。另外，英国 ESSEX 大学胡豁教授所领导的机器人团队开发了世界上第一代全自动智能仿生机器鱼，并在英国伦敦水族馆进行了为期两年的表演。在仿生飞鸟研究方面，Aero Vironment 公司研制出一款翼展仅 16 cm 的飞行机器鸟 Nano Hummingbird，可以实现长时间稳定飞行，是目前最小的仿生飞行机器人。

在医疗康复机器人领域，Intuitive Surgical 公司推出的外科手术机器人——达芬奇具备了类似人类视觉的 3D 精确定位功能；此外，机器人装配的机械手臂能够以不同的方式进行运动，控制精确度要比多年训练的临床医生还要高。目前该手术机器人系统被部署在 1 450 余家科研及医院为病人实施精密手术。在智能假肢方面，Ottobock 公司自 20 世纪 60 年代率先开发出肌电假肢并确立组件式假肢国际标准。科勒美公司最新开展的一项研究为失去左手的后天残疾人士装配能够受人脑控制的机械智能仿生手臂。日本 Cyberdyne 公司研发的人体外骨骼机器系统——Robot Suit HAL 穿戴在老年人、残疾人体外，能够不间断地辅助他们行走三个多小时，并能够额外地负载重物。

在助老助残、家用服务机器人领域，能够辅助行动不便的病人、残疾人和老年人或者正常人完成简单的家务、喂食、喂药和短距离移动。目前在卫生清洗机器人领域，iRobot 公司推出的 Roomba 系列吸尘器机器人、Mint 公司的 Ming 机器人等，还有智能拖地、扫地机器人已经在市场上受到消费者的好评。在个人辅助机器人领域，主要有 Willow Garage 公司的 PR2 机器人、Future Robot 公司的 FURO 机器人等，这些机器人都能实现一定程度的人机交互功能。在辅助行走领域，Independence Technology 公司开发的 iBOT4000 能够实现跨越台阶、上下楼梯等功能，还有国内的各平衡车厂商推出的短距离续航平衡行驶机器人能够在城市中负载成人完成短距离的移动。

2.1.2 产业现状特点

智能机器人技术的发展使能对外界环境进行感知和交互的智能机器人能够取代部分简单的脑力劳动,提高生产效率和生产质量。一方面,通过机器人取代人类劳动,使人类工作者能从简单的劳动中解放出来从事更加复杂的脑力活动,推动机器人技术进一步发展;另一方面,机器人要完成更加复杂的工作,也需要人类能够开发出相关设备及配套控制程序和相关软件系统。

(1)智能化成为新一代机器人的核心特征

装配传感器和具备简单智力的智能机器人能感知周围环境,并自动识别环境发生的变化,减小了对人的依赖性。未来的无人工厂能根据订单要求,通过机器人的人工智能程序,根据设计要求、原材料、装配过程等参数,自动规划生产流程和工艺,在无人参与的情况下完成整个生产过程。

(2)高速网络和云存储使机器人成为物联网的终端和结点

高速的网络通信技术使原本各自为战的工业机器人能够进行联网控制,组成更大的群集系统,通过多台机器人之间的相互协作完成单一机器人难以完成的工作,实现 1+1>2,提高工作效率。此外,拥有不同特殊性能的机器人,通过网络和协商协议,能够以搭配的方式完成原本需要更高成本的组合机器人才能完成的任务;服务机器人和家庭机器人也能通过网络实现远程监控,使用户在通勤途中完成对机器人任务的分配和随时随地进行监视。

(3)机器人生产成本快速下降

在工业领域,机器人的技术和工艺日益成熟,性价比不断提高,机器人研发和生产初期投资相对于早年开发成本不断缩小。虽然在功率和速度上现有的机器人产品与传统装备还存在差距,但机器人在精细化、柔性化、智能化和信息化方面具有显著优势,因此在个性化程度较高、工艺和流程烦琐的产品制造中采用智能机器人设备将会产生更高的经济效益。随着技术的普及、设备成本的不断下降、设备集成化越来越高,机器人能够从实验室和高端工厂的流水线上走入寻常办公场所和普通居民家中,辅助人们完成日常工作,提升生活质量。

(4) 机器人应用领域不断扩展

机器人最初广泛应用于生产高度模块化的汽车制造业、电子产品组装等行业,随着机器人智能化越来越高,机器人的功能和感知能力越来越丰富,能够完成的复杂动作和环境感知能力使机器人在纺织、化工、食品生产加工行业大量普及。随着技术的不断成熟和劳动力成本提高,工业机器人的应用将扩展至整个工业领域,逐渐取代人力劳动。

(5) 人机关系发生深刻转变

通过利用现有计算机操作系统的工作模式,实现机器人控制的标准化和平台化,加上高速的网络环境,未来的机器人控制能够实现不同程度的远程和云服务控制。另外,人机交互领域的相关技术,使人的操作方式越来越丰富,除了传统的机器指令控制之外,我们还能够通过姿势、自然语言甚至皮电和脑电波等认知概念直接控制机器人。

2.2 全球智能机器人产业市场规模分析

2015 年,美银美林(Bank of America Merrill Lynch)发布的最新报告显示,全球机器人市场在 2014 年全年销售额高达 107 亿美元,包括机器人控制和运行的软件系统和对周边环境进行感知的传感器原件在内,整个机器人及其周边产品和零部件市场的总价值超过 320 亿美元。同时,他们还预计到 2020 年,机器人及相关产品的市场规模将达到 830 亿美元。机器人市场的发展,得益于数据分析、微芯片和传感器、人工智能、模式识别、计算机操作系统、网络、图像处理等相关技术的发展和进步。

按照国际机器人联盟(International Federation of Robotics,IFR)的分类,一般将机器人分为工业机器人和服务机器人。目前的统计数据表明,全球范围内的机器人主要市场份额 80%以上为工业机器人。但就市场需求和未来发展趋势而言,服务机器人及其他新兴机器人将成为未来市场热门。

2.2.1 工业机器人市场规模

根据 2014 年国际机器人联合协会的统计数据,工业机器人的全球总销量超过25万台,较往年同比增长27%,其中汽车、电子、金属等应用领域的生产加工流水线仍是最大的应用领域。工业机器人的技术改进和成本下降,促进了一般行业中的中小型企业对机器人使用的普及。工业机器人的优点见表1。

表1 工业机器人优点

优点	内容
提高劳动生产率	机器人能高强度地、持久地在各种环境中从事重复的劳动,改善劳动条件,减少人工用量,提高设备的利用率
提高产品稳定性	机器人动作准确性、一致性高,可以降低制造中的废品率,降低工人误操作带来的残次零件风险
实现柔性制造	机器人具有高度的柔性,可实现多品种、小批量的生产
较强的通用性	机器人具有广泛的通用性,比一般自动化设备有更广的使用范围
加快产品更新周期	机器人具有更强与可控的生产能力,加快产品更新换代,提高企业竞争力

从世界范围看,目前大部分工业机器人应用主要集中在单一、特定的专用领域或行业,如汽车组装和电子组装等行业。2014年,汽车公司购买的工业机器人占工业机器人总销量的一半以上。主要原因在于,汽车和卡车等制造业需要巨大的工作量,从总体上看,机器人无须休息、力量大、装配精度高、无须培训即可满足此类重复性劳动,同时成本的下降使总体上机器人成本低于工人工资。由于汽车工业的巨大产值,目前看来汽车行业将继续成为新技术的创新者。

自1959年第一台工业机器人在美国诞生,工业机器人经历了可编程示教再现型机器人、知觉判断机器人、智能机器人三个发展阶段,应用领域也逐渐从工业生产、军事领域向民用领域不断扩展。美国、日本、德国等在掌握机器人领域核心技术的同时致力于机器人技术领域的全球专利布局,以此巩固了在全球市场范围内的国际核心竞争力,构建技术联盟和行业门槛,以此来阻止新兴公司的入门。全球工业机器人主要国家技术分布见表2。

表 2 全球工业机器人主要国家和地区的技术分布

	日本	韩国	欧洲	美国
机器人本体	极为突出	一般	很突出	一般
系统集成	极为突出	突出	一般	很突出
个人/家用机器人	极为突出	很突出	一般	一般
服务机器人	突出	很突出	突出	突出
医疗机器人	一般	一般	很突出	很突出
国防机器人	一般	不突出	突出	极为突出

2.2.2 服务机器人市场规模

2015 年被称为“服务机器人的元年”，服务机器人是机器人家族中的后起之秀，与工业机器人形成互补，其应用领域十分广泛。根据 IFR 按照应用领域划分的分类，服务机器人分为个人/家用机器人(personal/domestic robots)和专业服务机器人(professional service robots)两大类。服务机器人的应用范围很广，主要从事维护保养、清洗、修理、运输、保安、救援、监护等工作。其中，个人/家用机器人主要包括娱乐休闲机器人、残障辅助机器人、家庭作业机器人、住宅安全和监视机器人等；专业服务机器人主要包括建筑机器人、场地机器人(fieldrobotics)、专业清洁机器人、医用机器人、物流用途机器人、检查和维护保养机器人、水下机器人，以及国防、营救和安全应用机器人等。

随着服务机器人的相关开发和制造技术的日趋成熟，生产成本逐年下降，大量新兴企业开始从事机器人相关的服务和研发生产工作。2012 年全球服务机器人市场规模为 207.3 亿美元，预计 2015—2020 年的复合增长率将达到 17.4%，到 2020 年整个服务机器人市场总产值将达到 740 亿美元。对于专业服务机器，2013—2016 年大约有 94 800 台得到安装使用，销售额达 171 亿美元。其中，军用机器人销量约达 28 000 台，场地机器人中的挤奶机器人销量大约为 24 500 台，两者占专业服务机器人总销量的 55%。2016 年医疗机器人全球市场规模的估计值是 800 亿元。小型家庭用辅助机器人的生产成本大幅降低，将在 2020 年之前形成至少累计 416 亿美元的新兴市场。虽然残障辅助机器人起步还很慢，但可预测其在未来 20 年会有高速增长。

目前,全球发展机器人的国家超过48个。在日本、北美和欧洲迄今已有7种类型计40余款服务型机器人进入相关的实验和半商业化应领域。以美国、德国和法国为代表的西方国家,以日本和韩国为代表的亚洲国家标志了机器人研发生产领域的核心竞争力。

与国外相比,我国服务机器人虽然普及率低、起步晚,但研究发展速度快。特别是2016年,掀起了家庭机器人的普及革命,而这场革命的核心是"高智能"和"低价格"。高成长型人工智能不断的融入和持续的产业化成本降低使服务机器人迅速打开家庭市场,成为一个不可小觑的市场爆点。在服务机器人领域,我国与国外的差距没有工业机器人领域的差距那么大,国外的工业机器人技术已经很成熟,而在服务机器人领域,国内、国外都在起步阶段,因此我国在这个领域有更多的机遇。

2015年6月,孙正义联手马云、郭台铭对外发布了商用机器人pepper,三个影响力人物在一起做机器人;国内海尔、康力优蓝、新松、拓野机器人、中科世界机器人、小鱼在家也都纷纷推出自己的优秀服务机器人产品。其中,以康力优蓝新一代爱乐优服务机器人U03S为代表的低成本家用智能服务机器人的推出,标志着家用PR(personal robot)革命时代已经来临。

2.3 美国智能机器人产业发展

作为机器人产业发源地的美国,其机器人技术在国际上一直处于领先地位,在军用、医疗、家用服务机器人产业都占有绝对优势,占世界服务机器人市场约60%的份额。美国早在1962年就研制出世界上第一台工业机器人,比起号称"机器人王国"的日本起步至少要早五六年。世界技术评估中心的数据显示,目前美国在工业机器人体系结构方面处于全球领先地位;其技术的全面性、精确性、适应性均超过他国,机器人语言研究水平更高居世界之首。

2011年,为了通过发展工业机器人重振美国制造业,美国开始推行"先进制造业伙伴计划",并投资28亿美元开发基于移动互联技术的新一代智能机器人;2012年,美国国家科学基金会提出"国家机器人技术计划",旨在配合"制造业回归"和"再工业化国家战略",发展能与人类合作的新一代机器人。2013年,美国发表了《从互联网到机器人——美国机器人发展路线图》,预测机器人有望像计算机设备一样在未来几十年内遍布世界各个角落,成为人类的重要帮手。2015年,美国总统奥巴马对制造业寄予厚望,提出了“再工业化”政策,鼓励美国企业回国建厂。

围绕着机器人智能化的大方向,美国企业一方面加大对新材料的研发力度,力争大幅降低机器人自重与负载比,一方面加快发展视觉、触觉等人工智能技术,如视觉装配的控制和导航。值得注意的是,以谷歌为代表的美国互联网公司也开始进军机器人领域,试图融合虚拟网络能力和现实运动能力,推动机器人的智能化。谷歌在2013年强势收购多家科技公司,已初步实现在视觉系统、强度与结构、关节与手臂、人机交互、滚轮与移动装置等多个智能机器人关键领域的业务部署。若其机器人部门能按照“组织全球信息”的目标持续成长,未来谷歌既可以进入迅速成长的智能工业机器人市场,又能从机器人应用中获取巨量信息来反哺其数据业务。

美国的机器人技术全面、先进,适应性很强。具体表现在:

1）性能可靠,功能全面,精确度高;

2）机器人语言研究发展较快,语言类型多、应用广,水平居世界之首;

3）智能技术发展快,其视觉、触觉等人工智能技术已在航天、汽车工业中广泛应用;

4）高智能、高难度的军用机器人、太空机器人等发展迅速,主要用于扫雷、布雷、侦察、站岗及太空探测方面。

2.4 欧洲智能机器人产业发展

欧洲的机器人工业通常是由机器人供应商为客户设计完整的机器人系统并生产所有的机器人部件。调查表明,2013年包括德国的杜尔集团和意大利的柯玛集团在系统集成业务方面的收入已达到折合人民币100亿元。根据2013年的统计结果,整个欧洲的机器人接近4万台,其中绝大多数机器人为搬运和焊接机器人,主要用于汽车和金属行业。在2014年欧盟提出超过6年的“火花”计划,该计划拟投入28亿用于研发民用机器人,以促进欧洲工业再上台阶。

2.4.1 德国智能机器人发展概述

德国机器人起步于20世纪70年代，由于战争导致劳动力短缺，随着工业技术水平的提高，使得机器人产业需求量巨大，机器人工业也飞速发展。因此，尽管德国在机器人产业方面晚于英国和瑞典，但是在21世纪德国已经后来居上，以机器人持有量而言仅次于日本和美国，位列世界第三。

20世纪70年代中后期，德国政府规定在有毒、有害等危害工人身体健康的工作环境中，相关企业必须采用机器人进行作业以减低危害。这些措施极大地拓展了机器人应用市场，促进了机器人工业的快速发展。值得一提的是，德国不仅将机器人广泛应用于汽车工业，在纺织工业中同样开展了大规模的技术改造，以电子计算机、机器人以及其他自动化设备代替了原有设备，促使纺织工业质量和效率同时大幅度提高，到1984年，纺织工业完成了巨大的产业复兴。

经过一系列努力，德国在1985年在智能机器人的设计、制造等领域已经处于世界领先水平。2013年，随着“工业4.0”计划的开展，德国提出了以机器人技术为基础的“虚实合一”制造体系，这将进一步促进其机器人工业的发展。

2.4.2 法国智能机器人发展概述

法国同样是欧洲机器人研制及使用最为成熟的国家之一。依靠政府的大力支持，法国机器人工业的发展比较顺利。通过官方组织开展了一系列机器人技术方面的研究，再通过工业界完成技术应用和生产制造方面的工作，使机器人能够在法国得以快速发展并广泛应用。

在民用机器人方面，法国不仅有着大量的机器人装备，在应用水平和应用领域上同样是世界领先。在政府的重视下，法国已经建立起完整的机器人研制和生产的科学技术体系和工业体系，特别是在机器人应用方面有着非常深入的研究。

在军事装备方面，法国拥有数量庞大的地面无人作战平台，该作战平台在应用水平和应用范围上都处于世界前列。另外，法国还开展了大量的警戒机器人和空军基地低空防御机器人的研究工作，其中包括自主式快速运动侦察演示车（DARDS）和目标压制的无人目标捕获系统（SYRANO）。

法国机器人的发展比较顺利,主要原因是通过政府大力支持的研究计划,建立起一个完整的科学技术体系,即由政府组织一些机器人基础技术方面的研究项目,而由工业界支持开展应用和开发方面的工作,两者相辅相成,使机器人在法国企业界很快发展和普及。

2.4.3 其他欧洲国家智能机器人发展概述

英国的机器人产业起步于 1966 年,首先由美国 Unimation 公司和 AMF 公司生产的机器人产品打入英国市场。1967 年之后英国的 Hall Automation 公司成功研制了 RAMP 机器人。在 20 世纪 70 年代初期,英国政府颁布了 Lighthall 报告,该报告否定了人工智能和机器人,限制机器人工业的发展,因此英国的机器人产业发展较为缓慢。直到 20 世纪 70 年代末,英国政府才发现机器人的重要性,对机器人的研发、生产及使用单位进行财政补贴,并推行了大量有利于机器人产业发展的政策和措施。这一时期,英国也进入了机器人产业大发展的鼎盛时期。

在这之后,意大利也开始研发军用机器人,和法国、西班牙一起开展了移动式机器人 AMR 项目,研发野外快速巡逻机器人,该机器人能够运送机器和开展监测工作并且能够在复杂环境中爬行,其控制系统可采用遥控或自主控制。

以色列在军用机器人领域起步比较早。研制了包括自主导航机器人车辆和服务于步兵城市作战的便携式机器人等。其中,以色列"守护者"(Guardium)军民两用全自动安全系统,可以完成对重要设施和重要管线进行不间断地安全监控和巡逻任务。

2.5 亚洲智能机器人产业发展

2.5.1 日本智能机器人发展概述

素有"机器人王国"之称的日本,在机器人技术发展中具有举足轻重的地位。日本虽然不是机器人技术的发源地,却是机器人得到极大的产业化的国家。自 20 世纪 80 年代以来,日本在机器人的生产、出口以及使用等各个领域都居世界之首。此外,日本也是全球最大的机器人消费市场,据统计,日本投入使用的机器人占了世界总投入量的38%,位居世界各国之首。

一直以来,日本将机器人作为一个战略产业,在发展技术和资金方面一直给予大力支持。在20世纪60年代末,日本正处于经济高度发展时期,其年经济增长率达11%。经过第二次世界大战,战败的日本面临着劳动力不足的问题,随着日本经济的不断发展,劳动力不足的问题日益突出。为了应对这一问题,1967年,川崎重工业公司从美国 Unimation 公司引进机器人及其技术,并于次年试制出"尤尼曼特"机器人。

在川崎重工业公司将工业机器人技术引进到日本之后,机器人技术得到了快速发展。20世纪70—90年代,在劳动力短缺、产业升级、政策支持等形势下,日本机器人产业出现了爆发式增长,造就了日本工业机器人产业发展的黄金20年。经过这20年的快速发展,日本得以反超美国成为世界第一机器人强国。

早在1990年6月,日本通产省就提出了智能制造研究的十年计划,并联合欧洲共同体委员会、美国商务部协商共同成立IMS(智能制造系统)国际委员会。在随后的10年,日本共投资1 500亿日元进行智能制造系统的研究和实验。1992年,日本、美国、欧洲三方共同提出研发能使人和智能设备不受生产操作和国界限制的合作系统,并于1994年启动了先进制造国际合作研究项目,其中包括全球制造、制造知识体系、分布智能系统控制等。

工业机器人是日本主产的机器人,其应用领域主要集中在汽车和电子机械行业,约占日本所有机器人的70%。除了工业机器人,日本在服务型机器人开发领域也引领着世界潮流。在2006—2010的5年间,为了攻克关键的服务机器人技术,每年投入1 000万美元用于研发服务机器人。虽然服务型机器人还没有实现量产,但是索尼、日立等30多家企业和早稻田大学、九州大学等十多所大学在服务型机器人开发方面取得了重要进展。同时,医疗、福祉机器人以及灾害救援等领域的机器人研究也有了重大突破,但推广普及还需要更多的技术与制度支持。

2.5.2 韩国智能机器人发展概述

韩国设计和制造机器人已有35年的历史。早在2003年,作为国家的"新的增长引擎"的机器人产业就得到了政府的大力支持。如今，韩国具有世界第一的机器人的使用密度，而且韩国政府出台了多项政策以支持第三代智能机器人的研发。

20 世纪 90 年代初，韩国出现汽车、电子产业对工业机器人的爆发性需求，为了应对这一状况，韩国政府采取以“市场换技术”的方案，通过其现代集团引进日本发那科的机器人技术。韩国工业机器人产业体系经过大约 10 年的发展，在 21 世纪初基本形成。进入 21 世纪后，韩国的工业机器人产业迎来了第二轮高速增长。2003 年，韩国产业资源部公布了包括智能工业机器人在内的“十大未来成长动力产业”；2008 年 9 月，韩国颁布并实施了《智能机器人开发与普及促进法》；2009 年 4 月，韩国政府发布《第一次智能机器人基本计划》，计划在 2013 年前，向包括工业机器人在内的五个机器人研究方向投入 1 万亿韩元（约合 61.16 亿元人民币），到 2018 年，力争使韩国成为全球机器人主导国家；为抢占智能机器人产业化的先机、支持扩大韩国机器人产业并推动机器人企业进军海外市场，2012 年 10 月，韩国发布《机器人未来战略展望 2022》。21 世纪的第一个十年，韩国机器人装机总量年均增速高达 11.7%。

国际机器人联合会的数据显示，2012 年，全球每万名工人拥有的机器人为 58 台，而在韩国这一数字为 347，远高于全球平均水平，韩国拥有世界第一的工业机器人使用密度。韩国的工业机器人已占全球 5%左右的市场份额。但整体而言，韩国技术与日本、欧洲等仍存在较大差距。

3 中国智能机器人产业发展分析

2014 年 6 月，习近平总书记在中国科学院第十七次院士大会、中国工程院第十二次院士大会上重点指出，机器人是“制造业皇冠顶端的明珠”，是衡量一个国家科技创新和高端制造业水平的重要标志。机器人产业已被推向国家级战略层面，“机器人革命”对全球制造业格局正在产生重要影响。2015 年，我国提出了“中国制造 2025”战略，再次强调了智能制造的重要性。发展智能制造既是中国产业转型升级的爆发点，又是重新塑造制造业竞争力的新计划，更是制造业的未来方向。

在“机器换人”的大浪潮推动下，我国的机器人市场在过去若干年中取得了长足的进步和迅猛的发展，并且在过去两年连续蝉联全球最大工业机器人市场。前瞻产业研究院在2015年12月底发布的统计报告《中国互联网+工业机器人行业商业模式创新与投资机会深度研究报告》显示，据调查发稿前为止，我国从事机器人相关的生产、研发和销售企业总数量达到了1 026家。其中，广东省以285家注册的相关机器人产业企业领头数量最多的省份，紧随其后的是拥有156家机器人企业的浙江省。通过调查分析，该报告还预测我国的机器人销量在2018年可达15万台以上，并在同年超过日本的机器人保有量，成为世界第一。

3.1 中国智能机器人产业发展概况

中国机器人产业发展较晚，产生于20世纪70年代初期，大体分为四个发展阶段。第一个阶段为最初发展的萌芽期，由于劳动资源丰富，大量企业选择技术门槛低的零部件加工业，鲜有企业从事自主研发相关方面的工作。20世纪80年代处于相关产业的发展期，随着改革开放的逐步深化，不少企业开始从事机器人原件和系统的初始加工和研发工作。此外，国家也推出相关的政策支持，机器人在“七五”计划中作为国家重点科研规划，在“863”计划启动中设立“智能机器人主题”。之后的20世纪90年代可被称为适用化期，依靠密集劳动力走向世界的“中国制造”机器人开始在世界范围内崭露头角。第四阶段为21世纪初至今的十多年时间，依托国内的高校、科研院和企业研究院的自主研发和技术突破，我国的机器人行业开始逐渐摆脱“中国制造”的名声，依靠自主的研究成果、专利和相关技术，有劳动密集型的“小、散、弱”的机器人公司逐渐转变技术密集型和资本密集型的信息“智造性”产业，不少企业的相关技术不仅打破原有的技术壁垒，在国际上也取得了领先地位。

虽然，到目前为止，我国的工业机器人制造技术已经相对比较成熟，但与整个庞大的机器人市场的巨大需求相比，相关的机器人技术发展仍处于相对落后的阶段，而大部分的机器人公司的主要核心技术仍然掌控在少数外国科技公司手中。由于这些核心技术的缺失，大部分企业不得不将公司的收入用于购买相关的专利使用权、核心控制部件、驱动控制程序等,使得相对利润中的绝大比例最终流向这些公司。其中德国库卡、日本发那科、安川电机以及瑞士 ABB 这四家公司已经占领我国较大的市场份额。因此,机器人的自主设计和技术创新仍然是目前制约我国机器人产业发展的瓶颈。

3.1.1 市场分析

中国机器人产业联盟 2016 年发布的统计数据显示,2015 年国产工业机器人全年累计销售 22 257 台,按可比口径计算,较上年增长 7.8%,考虑到前期研发企业实现投产、新企业进入等因素,实际销量比上年增长 31.3%。虽然两项增速均较前两年明显回落,但在宏观经济增长总体趋缓的背景下,国产工业机器人的发展仍不失为制造业转型升级的一大亮点。

然而,我国目前的国产机器人企业的相关产品远远无法满足目前的市场需求。据中国机器人产业联盟数据统计中心的主任李晓佳介绍,就 2013 年一年国内所购买和组装的工业机器人就多达 3.6 万台,但其中绝大部分的中高端机器人主要采购自外资相关企业,这些企业几乎垄断了企业制造、焊接等高端机器人领域,比例高达 96%。而国内的机器人产品主要是以处于行业和技术相对低端的搬运和上下料机器人为主,不仅技术含量低,相对利润也十分低,在整个机器人市场的竞争力十分弱小。

目前,我国机器人密度明显低于德国、日本等发达国家,但是我国的机器人市场需求和厂家供应能力之间的巨大鸿沟也为我国机器人的发展提供了强劲推动力。《机器人产业“十三五”发展规划》指出未来五年我国机器人产业发展的重要趋势,工业和信息化部预计加大国防军工领域工业机器人在原材料(如陶瓷、轮胎等行业)和锻造、铸造等金属工业行业的应用推广力度;另外针对服务机器人行业发展进行了规划,补充了家庭辅助类机器人的相关研发规划。

(1) 机器人创新企业不断涌现

近些年,我国先后涌现出一批批机器人创新企业和公司,如新松机器人、沃迪、青岛软控、博实自动化、广州数控埃夫特(奇瑞装备)、巨一焊接等,从事工业机器人生产的企业数量可达 60 家,但是其核心产品产业化应用程度不高,核心技术相对落后,工业产能低下,多数厂家的生产效率处于几十台的生产规模,难以满足大批量订单和快速生产的需求。就市场的应用情况估算,未来三年左右的机器人市场需求还呈上升状态,并且机器人应用方向的需求将由汽车产业向电力、电子、自动化数控机床、化学化工也等更广泛的领域不断扩展。

(2) 国外品牌占据大部分市场

国外品牌 ABB、发那科、安川电机和库卡四大巨头占据中国市场80%的份额。当前,随着机器人应用的不断普及,单一机器人工作单元模式已经逐步升级成多个机器人的工作群组,乃至可以完成整套制造流程的生产线。并且,高端的制造流水生产线通过方案配置能够在单一流水线上完成不同类型、不同组装工艺的产品生产,大大提高了生产效率,降低了生产设备的成本。

(3) 市场应用拓展

2015 年,我国机器人行业的市场应用空间仍然在不断拓展,无论是传统的汽车行业,还是其他细分领域,乃至新兴的 3C 电子领域,机器人的渗透率都在增加,加上不少消费级智能机器人,如无人机、智能车载驾驶系统、自动智能的家用清洁卫生机器人、智能交通工具等民用级消费产品的推出,拉近了人们生活和机器人之间的距离。新战略机器人全媒体发现,2015 年度,技术的进步继续推动机器人产品的推陈出新,适用于特殊应用需求的技术开发、技术支持和技术保证能力得到增强,重点技术和主流产品发展比较迅速,引领和带动了新兴市场、细分市场的不断发展。

3.1.2 技术特色分析

中国目前正处于建设创新型国家的决定性阶段,必须更多地依靠科技创新引领和支撑经济发展。

(1) 核心技术进步

随着我国机器人产业的不断发展,核心零部件的技术取得了一定的发展。减速器、伺服系统和控制器这三大核心零部件虽然仍然被国外企业占据主动权,但国内各大主流机器人厂商也在积极试用国产核心零部件。就本体而言,国产机器人生产研发的综合技术也有了较大进步,无论是精度、速度和稳定度,还是系统的操控性,都有了长足的提升。

(2) 营销模式创新

为适应市场需求及日益激烈的市场竞争,机器人企业在营销渠道和营销模式上做了一定的探索和尝试。另外,针对民用机器人市场的出现,部分企业开始研发和生产低成本的民用级、消费类机器人产品。例如埃斯顿不仅积极推广免费试用产品的方式,而且创新在全国开设4S店,增加应用商的体验机会,拉近与消费者的距离。还有不少企业联合终端客户,采取产品应用换入股的方式,为产品拓展打通出口。2015年,我国机器人产业的营销模式仍处于摸索阶段,除传统渠道外,部分厂商通过网络营销、电子商务平台、网上众筹、饥饿营销等方式进行产品宣传和销售的尝试。

(3) 科研机构不断创立

目前,我国服务型机器人行业领先科研机构有北京航空航天大学机器人研究所、上海交通大学机器人研究所、哈尔滨工业大学机器人技术与系统国家重点实验室、南开大学机器人与信息自动化研究所、湖北省智能机器人重点实验室等;相关服务机器人行业领先企业有沈阳新松机器人自动化股份有限公司、沈阳尤尼克斯机器人有限公司、上海未来伙伴机器人有限公司、广州中鸣数码科技有限公司以及盟立自动化科技(上海)有限公司等。

3.2 中国智能机器人产业发展环境

3.2.1 政治法律环境分析

2006年,国务院发布《国家中长期科学和技术发展规划纲要(2006—2020年)》,纲要中将服务机器人列为优先发展方向,提出“研究设计方法、制造工艺、智能控制和应用技术集成等共性基础技术”。同年,国务院发布《先进制造技术“十一五”规划》,提出重点研究极端制造技术、智能机器人技术等。

2012年,国务院发布《“十二五”国家战略性新兴产业发展规划》,突破新型传感器与智能仪器仪表、自动控制系统、工业机器人等感知、控制装置及其伺服、执行、传动零部件等核心关键技术,提高成套系统集成能力。同年,工业和信息化部发布《高端装备制造业“十二五”发展规划》,智能制造装备中提出重点开发智能控制系统、伺服控制机构、工业机器人、专业机器人等八大类典型的智能测控装置和部件并实现产业化。科技部发布《智能制造科技发展“十二五”专项规划》,

突出了机器人发展中的重要研究点:攻克工业机器人本体、精密减速器、伺服驱动器和电机、控制器等核心部件的共性技术问题,进一步扩大自主研发工业机器人工程化产品,努力实现工业机器人及其核心部件的技术突破和产业化。

2012 年财政部下发财政补贴,财政部公示 2012 年智能制造装备项目拟支持名单,用以支持软控股份和赛轮股份的轮胎行业工业机器人产业化、海大集团的面向包装物流领域搬运机器人等工业机器人项目和智能制造系统集成应用。

2013 年中国机器人产业联盟成立,意于加速中国机器人的产、学、研、用,扩大机器人技术和产品在各行业里的运用。同年,工业和信息化部发布《关于推进工业机器人产业发展的指导意见》,指出工业机器人标志着智能装备发展趋势,2020 年将逐步构建较完善的工业机器人产业体系,培养具有全球竞争力的龙头企业 3~5 家和配套产业集群 8~10 个;工业机器人领域技术的创新力以及国际竞争力不断提升,高端产品市场占有率提高到 45%以上,机器人密度(每 1 万名员工控制机器人数量)达到 100 以上,逐步适应国防建设、国民经济以及社会发展需要。

2015 年,工业和信息化部印发《原材料工业两化深度融合推进计划(2015—2018 年)》,提出在机器人产业方面应当扩大关键岗位机器人应用范围,特别存在健康隐患、高危作业环境以及涉及大量重复性劳动等岗位提倡运用专业机器人,预计 2018 年关键岗位将新增机器人 5000 台。同年,国务院发布《中国制造 2025》,重点发展若干领域的工业机器人、服务机器人与特种机器人,促进机器人标准化、模块化发展,扩大市场应用;突破机器人本体、减速器、伺服电机、控制器、传感器与驱动器等关键零部件及系统集成设计制造等技术瓶颈。

以上政策,对促进我国机器人技术创新与产业发展将起到较好的推动作用。

3.2.2 经济环境分析

我国使用工业机器人最多的行业是汽车制造、金属制品、电子产品、橡胶塑料、食品加工等。超过 60%的工业机器人主要集中于汽车制造领域,包括激光加工、研磨抛光、检测、喷漆、装配、搬运、码垛、弧焊和点焊等复杂作业;8%的工业机器人应用于金属制品行业,主要在高污染、高温或条件恶劣的环境中从事铸造、注塑、磨削、钻孔等极重载荷或精加工作业;7%的工业机器人应用于电子产品制造行业,主要从事芯片、贴片元器件或电子产品的激光塑料焊接、分炼、撕膜、抛光、码垛等精细作业。

由于我国处于改革开放深化的转折阶段,国内的产业模式由劳动密集型向产能密集型、技术密集型转变,人工劳动成本不断提升,使大量企业选择利用高精密自动化机器人取代工人。另外,随着我国人口的生活水平提高,家用服务型机器人、消费类机器人等的市场不断扩展。我国的机器人市场规模空前巨大,是全球机器人厂商的必争市场之一。许多机器人制造企业率先在我国境内成立分公司进行生产、销售等活动,以争夺中国市场,如川崎重工、Yamaha、发那科、Adept、三菱、ABB、Epson、Toshiba、库卡、Denso、安川、Staubli 等机器人制造企业。此外,国外具备核心技术和竞争力的零部件生产商与设计公司也在抓紧打入中国市场,如 2016 年在我国投资 50 亿日元开设企业的纳博特斯克,其主要生产工业机器人用核心零部件精密减速机,一期产能 10 万台。

目前,国内已涌现出南京埃斯顿、汇川技术、广州数控、深圳固高、南通镇康、苏州绿的等核心零部件企业,沈阳新松、广州数控、博实自动化、天津纳恩博、北京利尔普电器等服务机器人企业,深圳大疆科技、北京博创兴盛、北京天智航等特种机器人企业,机器人产业链条已初步形成,但各环节碎片化发展态势严重,尚未形成协同发展格局。

2014 年以来,国内 A 股上市公司并购或投资机器人、智能自动化项目的数量超过 54 家,但其中八成以上公司属于首次涉足机器人业务,缺乏相关研发和管理的经验。有两大因素推动此轮机器人并购浪潮:一是人工成本的快速上升;二是制造业的加快升级,尤其是采用机器人或自动化生产已成为提高产品质量的重要保障。长期来看,各路资本的涌入、并购整合的加快,对完善我国机器人产业链、提升市场竞争力将起到极大推动作用。

3.2.3 社会环境分析

现在国内已经基本形成机器人产业链条,产生了一批优秀企业,在中低端产品市场中占有一席之地,并不断冲击高端市场。深圳固高、深圳汇川、苏州绿的、南通振康、秦川机床等企业在工业机器人领域已经具备核心零部件初步研发和生产制造条件;上海沃迪、南京埃斯顿、安徽埃夫特、沈阳新松、广州数控、博实自动化等企业已经具备多个系列的整机研发和产业化基础能力;天奇股份、亚威股份、慈星股份、昆山华恒、苏州巨一等企业已经具备一定系统集成能力。

国内还产生了一批具有国际竞争力的龙头企业。例如机床工业领域,沈阳机床、大连机床的年销售收入均超过百亿元,进入世界机床产业前几名;在智能控制系统领域,涌现出上海新华控制、浙大中控、北京和利时等为代表的具有自主知识产权的 DCS 生产厂商;在仪器仪表领域,有重庆川仪、京仪集团等一批具有国际竞争力的龙头企业;在工业机器人领域,有新松机器人、广州数控等企业;在服务机器人领域,深圳繁兴、重庆金山、苏州科沃斯、北京天智航、深圳大疆、天津纳恩博、深圳银星等企业具备自主研发和产品市场化能力,并开始在国际市场占有一席之地;在特种机器人领域,我国在水下机器人、空间机器人、无人机等领域已攻克相关核心技术,但绝大多数技术研发及产品研制工作是由科研院所承担的,规模化量产企业不多。

总体上看,我国工业机器人产业处于形成和快速发展期,服务机器人、特种机器人的相关技术发展显著,也开始形成一定的竞争力。

根据 HIS 数据显示,德国库卡、日本安川、瑞士 ABB 和日本发那科四大企业的产品销量占我国工业机器人市场约 65%的份额。虽然国内的沈阳新松、安徽埃夫特、广州数控等企业销量也在不停增长,但在销售量、产品功能覆盖面、产品质量、售后服务、新技术研发等方面都与国际领先企业存在较大差距,跨国企业在高端领域占据绝对优势。

3.2.4 人才资源分析

至 2014 年 5 月,我国机器人企业可达 400 余家,其中工业机器人企业 352 家,上市企业 35 家;从事机器人研究的科研院所达 300 余家。但迄今为止,国内高校还没有开设独立的机器人学专业,相关的企业和研究所缺乏能够从事机器人技术和产业发展所需要的专业交叉、复合型、工程化专门人才和科研人员。相对庞大的市场需求,虽然国内相关专业(如电子信息工程、计算机软件、自动化控制、材料、力学等专业）毕业生队伍虽然庞大，但复合型、全面掌握机器人相关技术开发和研究、推动成果转化和应用的专业研发人才、设计人才、应用人才尤其是领军创业的复合型人才奇缺。现在我国拥有机器人研发人员约 15 000 人、业内工程师约 20 000 人，但我国机器人专家的国际影响力不大，缺乏相关研究领域的学科带头人、有国际影响力的学者、能够在相关国际组织任职的世界级科学家，人才资源结构性短缺问题突出。

国家已经把机器人调整为战略新兴产业，中央及地方纷纷出台有关的扶植政策，为建立机器人产业基地、资助科研项目创造良好政策环境。至 2014 年 6 月，我国已建及拟建的机器人相关产业园（基地）已超过 30 个，规划总面积超过 2.8 万亩（1 亩 ≈ 666.67 m^2），到 2020 年的规划投资额将超过 5 000 亿元。在这些产业园区中，上海凭借其独特的地理优势、国际化信息交互优势和政策开放性优势等在机器人产业发展取得了较快的发展；安徽芜湖的机器人产业园，入驻企业关联度较高，从整机企业到零部件企业一应俱全，已经初步形成了产业集聚的发展态势。但总体说来，国内园区同质化竞争态势较为明显，缺乏具有领先技术的龙头企业和创新能力强、有影响力的技术研发团队。

3.3 中国智能机器人产业市场供求分析

3.3.1 供求分析

国内外的工业机器人在我国机器人市场展开的良性竞争，能够在一定程度上提升各公司的研发能力和产品性能。在最近一段时期，工业机器人产业将出现一个较快的增长期，来填补市场的需求。预计 2015—2020 年 5 年内，我国工业机器人市场规模维持在 30%的增长速度，到 2020 年我国工业机器人销量将达到约 23.31 万台，中国工业机器人行业将步入发展的快车道。

重工业行业仍然被认为是机器人需求领域的首要应用市场。尽管 2013 年北美汽车行业对机器人的市场需求力度有所减弱，但非汽车行业对机器人的需求量却上升了 22 个百分点，这表示机器人技术开始在其他行业崭露头角。未来，在“中国制造 2025”的直接驱动下，以智能工厂、智能生产、智能物流为主旋律的“工业 4.0”理念将逐步深入国内的大中小企业，届时新兴的集约型现代工厂、现代制造、现代物流将对机器人产品形成巨大的需求市场。同时，随着现代医疗、健康、娱乐等服务业的发展和国防、民生的刚性需求，人们新兴的生活方式将延伸出无数的服务机性器人需求市场。届时，机器人工业的市场产值将逐年上升，对机器人相关开发、设计、生产等相关公司提出了巨大的需求挑战。

3.3.2 区域市场分析

唐山：唐山高新区焊接机器人的国内市场占有率超过 30%，目前产业规模已达 20 亿元，主要技术指标均处于国内领先水平。

青岛：在先进装备制造区内，规划了 1 000 亩的机器人产业园。2015 年，成立了机器人产业技术创新联盟。

徐州：徐州经济技术开发区机器人产业园已初步形成焊接机器人、包装机器人、高空作业机器人等多个系列，目前已入驻的机器人产业企业达 20 多家，年销售收入超 10 亿元。

上海：2012 年的机器人产业规模达 60 亿～70 亿元，是国内最大的机器人产业集聚区，ABB、发那科、库卡、安川等机器人巨头均已在上海设有总部或基地，国内机器人领军企业——沈阳新松在上海设有子公司，本地企业上海沃迪自动化装备公司在搬运码垛机器人领域国内领先。

昆山：截至 2012 年，机器人产业基地已吸引华恒、吉阳、柯昆、徕斯、澳昆、高晟等国内外机器人领域的高端企业 25 家，吸引投资总额超 15 亿元，2011 年实现销售 35 亿元，2012 年实现 41 亿元。

黑龙江：以哈尔滨工业大学等高校和科研院所为依托，大力促进机器人领域科技成果转化和产业化，正在筹备东北地区的机器人产业园。

沈抚新城：已在其产业区规划 5 km^2 作为沈抚新城机器人产业基地建设用地，产业定位是重点发展机器人及智能装备产业。

重庆：2013 年 4 月，重庆市机器人与智能装备产业发展联盟在璧山正式宣告成立。该联盟将成为重庆市主推产业链形成和政企沟通的重要平台，将机器人产业作为重大战略产业加以推进，奋斗目标是成为国内重要的机器人生产基地。

常州:位于武进高新区的机器人及智能装备产业园核心区规划5 003亩,重点发展工业机器人、数控机床、智能纺机等,聚集了铭赛、远量、汉迪、新瑞机械等43家企业。2012年,产业园营业收入突破255亿元,年复合增长率超过40%。

4 中国智能机器人产业人才培养

智能机器人产业和智能机器人技术形成的催化剂与原动力是社会需求,而智能机器人产业教育是智能机器人产业和智能机器人技术赖以发展的强化剂和推动力。智能机器人产业教育主要包括智能机器人产业学科的专业与课程教育,以及智能机器人产业知识的普及教育。目前国内外智能机器人产业已形成比较完整的学科教育与课程教学体系,不过,如何使这些课程的教学与研究开发、生产实际更加紧密结合,更好地发挥"强化剂"的推动作用,一直是智能机器人产业课程教学改革的一个关键问题。

4.1 人才培养战略

国内外相关的研发经验都表明机器人技术研究难度高、风险大,仅靠企业自身无法实现机器人技术跨越和产业发展,需要通过产学研结合,按产业链要求实现创新价值链的有效整合,依托高校和科研院所的创新能力与人才输出能力,是实现技术突破和产业发展的根本途径。

为促进"制造业回归",2012年美国开始实施"制造业创新网络"计划,创立了新的科研机构,通过组织多个相关专业的顶尖专家,打造了多个从不同方向进行相关研究的高素质创新型科研团队,专门从事以成果转化为目的的共性基础技术研发,旨在加强研究机构与制造企业之间合作;德国同样重视产研结合,库卡机器人公司与德国宇航局合作开发了下一代工业机器人,取得了新一轮竞争的优势。

中国智能机器人产业人才培养将紧跟世界机器人技术发展的步伐,实现校企共同探索,秉持融合创新的理念,加强多学科、多领域交流,在融合碰撞中激发创新火花,在合力攻关中实现技术突破,争取在国内乃至国际上形成科研成果转化优势,推动高校成为高精尖产业发展重点建设单位,打造国内首批机器人产业应用型人才培养基地。

4.2 典型案例

为响应国家战略发展要求、适应北京地区高精尖产业发展要求,北京联合大学与哈工大机器人集团等国内著名机器人研发企业合作办学,在 2015 年“德毅”机器人校级实验班的基础上组建机器人学院,致力于培养面向先进机器人、智能汽车及无人系统领域的高素质应用型专门人才。机器人学院采取科学任务带动创新人才培养模式,全新的知识学习、能力导向、科研训练、应用创新的递进式教学过程,多学科专业交叉融合、产学研深度结合、全程项目驱动的教学模式,以及国际视野下的创新创业产业人才培养手段等。

4.2.1 人才培养体系

指导思想:北京联合大学机器人学院为了深入推进“学术立校、人才强校、开放兴校”战略,按照建设高水平、有特色、首都人民满意的应用型大学的目标要求,以人才队伍、人才培养、科学研究等特殊政策为保障,加强应用型专业建设,提升应用型人才培养质量,大力加强高层次人才队伍和创新团队建设,全面提升学院的核心竞争力和创新能力。

学院定位:加快建设国内智能机器人教育体系,适应北京地区高精尖产业发展要求,加强政产学研合作,与国内著名机器人研发企业合作,研究智能机器人产业人才的培养体系、学科设置、试验平台、成果转化的策略和方法,致力于培养面向先进机器人、智能汽车及无人系统等领域的高素质、应用型专门人才,将人才队伍、人才培养、科学研究、成果转化与企业合作融为一体,走出机器人学院创新发展的新路径。

发展目标:以重点服务京津冀地区行业为宗旨,积极开展校企、校政、校校合作,开展应用型人才培养模式与教学改革,建设教学和科研融合中心、学生创新实践中心、产业应用人才培养基地,提升人才培养质量,积极与企业联合,申请各级各类横、纵向课题,加强科研成果转化，产生重大经济效益或社会影响。通过创新驱动，真抓实干，力争在“十三五”时期末，使学校在应用型学术水平、科研能力和科研成果等主要指标方面处于国内应用型高校的先进行列。

量化指标：① 应用型人才培养模式与教学改革：形成机器人学院独有的应用特色；建成至少 1~2 门慕课并上线；获批至少 2 门市级及以上精品教材或规划教材；出版至少 5 本左右产学合作系列特色教材；新建 1 个校级或市级的学生创新实践中心；创建 1 项北京市或全国有影响力的机器人大赛；获得至少 1 项校级以上教育教学成果奖；② 人才队伍改革与建设：引进 1~2 名长江学者或杰青；聘用 10 名左右全国范围和本学科领域内有一定知名度的学者作为特聘教授；聘请 5 名国际知名的外籍教授；培养 10 名教师成为学院的骨干教师、学科和专业负责人后备人选；③ 学科与科研平台建设、科学研究与成果转化：搭建科研平台，获批高精尖中心或高精尖项目 1 个；申报获批国家纵向项目超过 5 项；与企业共同申报纵向项目累计不少于 5 项，经费超过 1 500 万元；横向科研项目占科研总项目的 60%以上；申请职务发明专利 30 项，授权专利 20 项；科研成果转化的经济效益不低于2 000 万元；④ 政产学研合作：广泛的开展政产学研合作，签署战略合作协议不少于 10 个；每年获得的企业投入的合作办学经费不少于 400 万元；建设不少于 3 个产业应用型人才培养基地。

4.2.2 人才培养方案

机器人技术具有多学科交叉和融合等特点，涉及领域众多，朝着具有感知、认知和自主行动能力的智能化装备方向发展。在机器人产业人才培养方面，北京联合大学机器人学院着重培养以下几个方面的能力。

1）加强工业机器人整机设计理论与方法研究，寻求新思维，突破驱动、传动、感知与控制等核心基础部件的技术瓶颈，提升机器人操作的灵活性、在线感知能力；

2）加强服务机器人的研究，提升机器人理解人的行为和抽象指令、人机沟通与协调合作能力，建立健全机器人安全机制；

3）开展特种机器人的研究，以针对核辐射、军事战场、自然和人为灾害等危险甚至不可达区域的任务。解决在线实时人机交互、动态未知环境中自主作业等问题，实现机器人与人在同一环境空间的作业互助。

北京联合大学在国内率先创办的机器人学院，以普通本科教育为主，开设机器人科学与技术专业，建立三个科研和人才培养创新平台：轮式机器人系、特种机器人系和无人机系。采用“产学研用”的新模式，秉承“学以致用”的原则，以科研任务带动科学研究和人才培养，汇聚优质科研师资团队，从而培养有志于将来从事机器人产业的高素质、应用型人才。具体情况如下：

1）学科门类：工学。

2）专业名称：机器人科学与技术（大类）。

3）标准学制（修业年限）：4 年；弹性学制：3~6 年。

4）毕业学分：150 学分。

5）授予学位：工学学士。

6）培养目标：本专业培养德、智、体、美全面发展，掌握自然科学和人文社会基础知识，掌握智能控制、软件工程和电子信息工程基础理论、专业知识及先进的开发技术，具有较强的软硬件开发和工程实践能力、沟通与组织协调能力，具有团队精神和竞争意识，具有优良的外语运用能力，符合机器人产业发展需求的系统分析、设计、集成、开发和应用型专门人才。

7）毕业生基本要求：本专业毕业生能够在机器人产业从事软硬件设计与开发、集成与应用、分析与处理、运行与维护、管理及商务等工作，毕业生应达到以下知识与能力要求：

■ 具有较好的人文社会科学素养、较强的社会责任感和良好的职业道德；

■ 具有运用从事机器人领域所需的数学等自然科学知识、经济管理知识的能力；

■ 具有较强的英语语言沟通与交流技能；

■ 掌握智能控制、软件工程、电子信息工程的基本理论、专业知识及先进的开发技术，了解本专业前沿发展现状和趋势；

■ 具有智能控制、软件工程、电子信息工程专业的基本技能和专业核心应用能力，掌握机器人的基本理论、知识和先进的开发技术，了解国内外的标准与规范，能够进行机器人的软硬件设计、开发、测试、运营与维护工作；

■ 具有综合运用所学理论和技术手段分析并解决本专业相关问题的基本能力,具有一定的创新意识和创业思维;

■ 了解与机器人相关的职业和行业的方针、政策和法律、法规;

■ 掌握文献检索、资料查询及运用现代信息技术获取相关信息的基本方法;

■ 具有一定的组织管理能力、较强的表达能力和人际交往能力以及在团队中发挥作用的能力;

■ 身心健康,具有适应机器人产业快速发展的身体和心理素质,具有高度的工作责任心和竞争精神,具有适应发展的能力以及终身学习能力;

■ 具有较强的国际视野和跨文化交流及合作能力。

8)主干学科:电子信息工程(智能硬件)、自动化(智能控制)、软件工程(智能软件)

9)核心课程:

■ 学科大类核心课程:人工智能概论、电路原理、模拟电子技术、数字电子技术、信号与系统、程序设计基础、离散数学、数据结构、软件工程概论、计算机网络;

■ 专业核心课程:数字信号处理、通信原理、自动控制原理、检测技术与仪表、微机原理及接口技术、EDA 技术与应用、计算机网络与通信、面向对象程序设计、数据库系统、操作系统、软件系统分析设计与 UML 技术。

机器人科学与技术专业课程体系及学分、学时分配见表 3。

4.3 人才培养建议

无论是总结中国智能机器人产业发展存在的问题,还是探讨智能机器人产业的基础建设问题,都与智能机器人产业人才培养密不可分。在培养智能机器人产业人才方面有如下建议。

(1) 建立智能机器人产业人才培养制度和路线图

2015 年全国“两会”上,百度在线网络技术(北京)有限公司总裁李彦宏建议设立“中国大脑”计划;科大讯飞股份有限公司董事长刘庆峰建议加快人工智能布局,实施“教育超脑”。这些事件表明,一个以人工智能技术推进中国经济社会智能化的浪潮已经兴起,而智能机

表 3 机器人科学与技术专业课程体系及学分、学时分配一览表

课程类别		理论教学环节								独立设置实践教学环节					
		理论课		含实践教学的理论课			小计			分散实践教学环节		集中实践教学环节		小计	
		学分	学时	学分	理论学时	实践学时	学分	学时	学分比例	学分	学时	学分	周	学分	学分比例
通识教育平台	必修课	37	720	17	192	80	54	992	48.6%	2	32	0	4	2	5.1%
	选修课	8	128	—	—	—	8	128	7.2%	—	—	—	—	—	—
	小计	45	848	17	192	80	62	1 120	55.9%	2	32	0	4	2	5.1%
学科大类教育平台	必修课	0	0	15	160	80	15	224	13.5%	0	0	7	7	7	17.9%
	小计	0	0	15	160	80	15	224	13.5%	0	0	7	7	7	17.9%
专业教育平台	必修课	0	0	14	144	80	14	224	12.6%	1	16	26	37	27	69.2%
	限选(方向)课程	0	0	13	120	88	13	208	11.7%	/	/	1	1	1	2.6%
	任选课程	7	112	—	—	—	7	112	6.3%	/	/	/	/	/	0.0%
	小计	7	112	27	264	168	34	544	30.6%	1	16	27	38	28	71.8%

续表

课程类别		理论教学环节								独立设置实践教学环节					
		理论课		含实践教学的理论课			小计			分散实践教学环节		集中实践教学环节		小计	
		学分	学时	学分	理论学时	实践学时	学分	学时	学分比例	学分	学时	学分	周	学分	学分比例
素质拓展平台	创新创业教育选修课程	/	/	/	/	/	/	/	/	/	/	/	/	/	/
	创新创业实践活动	/	/	/	/	/	/	/	/	2	0	/	/	2	5.1%
	社会实践	/	/	/	/	/	/	/	/	/	/	0	5	0	/
	小计	/	/	/	/	/	/	/	/	2	0	0	5	2	5.1%
合计		52	960	59	616	328	111	1 904	100.0%	5	48	34	54	39	100%
毕业总学分		150													
实践教学环节总学分		59.5													
实践教学环节学分比例		39.7%													
课内教学活动总学时		1 952													

器人便是其中的典型代表。智能机器人产业人才是机器人学基础建设的重中之重。做好发展规划、掌握关键技术、进行推广应用都需要高素质的人才去实现。为了适应这一社会需求，全面规划高素质智能机器人产业人才培养，为中国智能机器人产业进入新的发展机遇和可持续发展提供人才保障，需要进一步提高对智能机器人产业人才培养的认识，建立智能机器人产业人才培养制度，全面规划智能机器人产业人才培养，把智能机器人产业人才培养上升为国家战略，构建中国智能机器人产业人才培养路线图。

（2）全面规范各级智能机器人教育

根据市场需求，全面规范各级智能机器人产业教育，开办一定规模与比例的各类学校；建议国家教育部全面扩大“智能科学与技术”专业设置，支持办好“智能科学与技术”和“机械电子工程”等本科专业，加强本科机器人教学；在部分相关专业设立智能机器人产业研究生培养方向，加强智能机器人产业方向的研究生教育力度；在中小学开设智能机器人产业科技或科普课程，开展形式多样的智能机器人产业课外活动；搞好智能机器人产业师资培训，提高智能机器人产业教师水平，规范与组织编写各类智能机器人产业教材，为智能机器人产业培养提供重要保障。

（3）产学研结合培养高素质智能机器人产业人才

努力探索通过“产学研”结合、“科教产”联合、“官产学”合作，分工协作，培养各类高素质智能机器人产业人才，进行机器人品牌产品开发和市场化营销，总结经验，加以推广。政府主管部门应当提供相关教育和其他政策支持，为人才培养保驾护航；研究所主要进行机器人产品开发与创新，让研究机器人的科技人员发挥才智；学校除参与机器人产品研发外，首要任务是提供知识资源、培养各层次的高素质智能机器人产业人才；而企业要精益求精地进行机器人产品生产，让智能机器人产业科技人才和技术工人充分发挥作用。

（4）充分利用互联网技术优势培养智能机器人产业人才

充分利用互联网技术，为智能系统的“网络化+机器人化+智能化”提供得力的技术保障，为智能机器人产业人才培养提供有效手段。

建立与国际接轨的高水平智能机器人网络平台，创建与发展智能机器人主流媒体；开发与完善国内智能机器人产业网络教学平台，为各层次智能机器人产业教学提供网络教育服务，为其他课程提供辅助教学工具;面向全国大学生和中小学生,举办机器人学网络竞赛,营造良好的智能机器人产业生态文化;建立智能机器人产业网络博物馆和智能机器人产业网络图书馆,广泛收集国内外智能机器人产品照片、产业科技图书、论文资料及产业文学作品等,并向读者开放。

(5) 大力开展智能机器人产业科普活动

争取国家或企业支持,建立智能机器人产业科普基地,为普及智能机器人产业知识发挥示范作用;鼓励科技人员和各级教师进行智能机器人科普创作,支持出版智能机器人产业科普作品;举行全国智能机器人产业科普作品竞赛,分组评选优秀作品,给予奖励;出版智能机器人产业的发展动态、应用示例、科普知识、趣闻轶事;规范与举办各类智能机器人产业科技竞赛和夏令营、冬令营活动,培养广大群众特别是青少年对智能机器人产业的兴趣。目前,中国已开展了许多有意义的工作,如举办全国或行业的机器人比赛、智能机器人产业科普讲座及机器人影视与图片展览等,不仅普及了智能机器人产业知识,而且培养了广大青少年对科学技术的兴趣。

(6) 建立智能机器人产业人才激励机制

把智能机器人产业列入国家科技、教育和综合奖励领域,鼓励从事智能机器人产业的本科生、研究生和科技工作者进行机器人科技创业,对他们的创新思想和原型成果给予创业基金支持,鼓励各类能工巧匠和大师级精英脱颖而出。

5 智能机器人产业发展前景及趋势

早期的工业机器人已经发展为多种类的现代工业机器人、特种机器人和服务机器人。虽然工业机器人已广泛应用于各大类工业领域中,但主要模式为结构化环境中执行各类确定性任务,这类任务存在一些问题,如操作灵活性不足、在线感知实时作业弱等;服务机器人是应对全球人口老龄化趋势的核心手段,但该类机器人也存在诸多问题,如无法接受抽象指令、难与人进行有效沟通、人机协调能力不足、安全机制欠缺等。机器人在智能和自主方面与人存在巨大差距,机器人作业能力的提升、人机交互能力的改善、安全性能的提高是机器人进一步发展的必然方向。从目前趋势来看,机器人正从“传统机器人”走向“现代机器人”,具有明显的“人-机”交互、“人-机”合作、“人-机”融合等技术特征。现代机器人需要在三维环境中感知、规划和导航,类人的灵巧操作、直观的人机交互、行为安全等理论与技术方面突破与发展。

5.1 全球智能机器人产业发展前景及趋势

自动化和智能化是人类社会的最终发展方向,机器人研发、制造和应用将成为衡量国家科技创新和高端制造业水平的重要标志,更是国家科技发展的战略需求。对作业能力、人机交互、安全性等诸多方面的提升和改进是智能机器人的下一步发展方向。目前,工业机器人已经实现产业化,服务机器人尚处于产业化前期,主要包括公共服务机器人和家庭服务机器人。预计公共服务机器人会率先产业化,尤其是在医疗、军事、物流领域。而功能简单的家庭服务机器人也会逐步产业化。

面对新形势,工业化发达的国家和地区纷纷做出战略部署,意在抢占机器人产业发展的制高点。根据美国实施的“再工业化”战略,美国在 2011 年开始推行的“先进制造伙伴计划”(AMP)中明确要通过发展工业机器人来重振美国制造业;欧盟的“第七框架计划”投入 6 亿美元用于机器人的研发,并拟在“2020 地平线”项目中投入 9 亿美元用于机器人制造;日本制定了长期发展机器人技术的战略,将机器人产业作为“新产业发展战略”中七大重点扶持产业之一;韩国制定了《智能机器人基本计划》,并在 2012 年 10 月发布了“机器人未来战略展望 2022”,将政策焦点放在了扩大韩国机器人产业,并支持国内机器人企业进军海外市场。

全球智能机器人产业发展趋势主要有如下几个方面。

(1) 大国政策主导,促使工业与服务机器人市场增长

很多工业大国都提出了机器人产业政策。例如德国“工业 4.0”、日本机器人新战略、美国“先进制造伙伴计划”、中国“十三五”规划与“中国制造 2025”等国家级政策,这些政策都将机器人产业发展纳入其中,这不仅能够促进工业机器人市场持续增长,也能够带动专业型与个人/家庭型服务机器人市场的快速增长。

(2) 汽车工业仍为工业机器人的主要用户

目前,汽车工业制造厂商仍然是工业机器人的最大用户,以 2014 年汽车工业使用机器人的密度来看,日本、德国、美国、韩国每万名人员中皆使用超过 1 000 台以上的工业机器人,而我国仅为 305 台。日本、德国、美国与韩国均是汽车工业大国,可以判断汽车工业仍然是未来工业机器人的主要应用领域。

(3) 双臂协力型机器人成为工业机器人市场新亮点

组装代工大厂与中小企业等的人力成本负担相对沉重,加上人口老龄化严重,导致国家劳动力短缺,这使得双臂协力型机器人成为企业降低人事成本、提高生产效率与补足劳力缺口的解决方案。全球机器人大厂在 2015 年东京国际机器人展中,大力推广其协力型机器人产品。

5.2 中国智能机器人产业发展前景及趋势

在世界范围内,机器人产业发达的国家和企业正在加紧进行战略布局,目的在于抢占机器人技术及产业发展制高点,这使我国与外国在机器人发展方面的差距存在被进一步拉大的风险。

2015 年 5 月,我国公布了"中国制造 2025"计划,这是中国版的"工业 4.0"战略,这一战略拉开了我国新工业革命的序幕,"中国制造 2025"成了 2015 年中国制造业的代名词。智能制造是"中国制造 2025"的主攻方向,这是重塑我国制造竞争优势的重要工具和手段。在我国,智能制造基于新一代信息技术,贯穿设计、生产、管理、服务等制造活动各个环节,是具有信息深度自感知、智慧优化自决策、精准控制自执行等功能的先进制造过程、系统与模式的总称。智能制造在国际上尚无公认的定义,一般认为,智能制造包括但不限于制造业的数字化、网络化、智能化。

我国在发展智能制造产业上存在短板,这个短板就是缺乏自主工艺数据库和专家系统。因此,必须重视基础软件系统和标准的制定工作,形成自主的智能制造产业制高点,避免在硬件制造中再次受制于国外操作系统。

1) 加强关键核心技术攻关,打造国产机器人自主品牌。我国的机器人产业起步较晚,机器人产业很难也不能再走传统"市场换技术”的老路。将来应大力推动核心关键技术的攻关项目,加强对技术研发成果的知识产权保护工作。同时,培育具有国际影响力的机器人骨干企业,发展一批创新力强的中小型企业,提升国产自主品牌的国际竞争力。

2）大力培养技能工人,注重利用全球人才资源。为适应先进技术发展的需要,需要对工人进行培训提高其劳动技能。中国要大力发展满足智能制造要求的职业技能教育和培训,以不断适应制造业变革所需要的技能要求,同时还要吸引全球制造业人才,尤其是高层次人才,利用全球人才资源发展中国智能制造。

3）完善落实相关配套政策,大力鼓励技术创新。为扶持智能制造产业的发展,我国应从多个方面完善落实相关配套政策,如加大财政和税收方面的扶持力度,建立智能机器人研发风险准备金,激发制造业企业创新活力;加大对国产智能制造装备的政府采购,给予这个幼稚产业一定的保护期;在部分地区、行业开展智能制造试点示范,探索新模式、新方法,并逐步推广普及。

与此同时,考虑到我国目前一些过剩产业或即将淘汰的产业,重点围绕我国未来的需求提出以下四个方面的应用热点。

1）3C装配制造、物流仓储搬运、食品加工等机器人。工业机器人是产业先驱,随着基础工业、制造工艺的进步,以及与传感技术、智能技术、虚拟现实技术、网络技术等的深度融合,工业机器人将朝着精度、速度、效率更高,智能、灵巧作业、人际交互能力更强,以及更加标准化、模块化、系统化、开放化等方向发展。为此,必须更加重视相关新材料、增量加工方法、智能化示教、应用设计、成套应用工艺等关键技术,不断提高操作性和可维护性。该类机器人的应用领域也将从汽车工业向电子装配制造、物流搬运与仓储、食品加工、机械加工、化工建材等渗透推广,有望成为中国工业机器人应用的主力军。

2）家庭服务机器人有望走入千家万户。由于生活节奏的加快和劳动力的减少,小孩看护、老人陪护及家庭清洁逐渐成为困扰年轻人的诸多问题,因此大力发展护理及清洁机器人是未来机器人发展方向之一。目前大家最关心的是挖掘家庭服务刚性需求或痛点需求,其次是关心是否存在相对集中的通用软件平台、硬件平台、标准化体系结构、相对专业化应用的模块化组件集成,还有一个重要问题就是提供具体服务内容。具体地说,就是如何充分利用互联网、大数据及人工智能等技术，使家用服务机器人可以方便地服务于家庭。

3）医疗机器人服务于民生科技与健康。据 WinterGreen Research 预测，未来康复机器人和手术机器人行业规模将分别由 2014 年的 2.2 亿美元、32 亿美元增长到 2021 年的 32 亿美元、200 亿美元，年均复合增速将分别达到 46.6%、29.9%。随着远程医疗、微创外科及 3D 打印技术在医学领域的应用，手术机器人的需求会越来越多。但由于国外企业占有份额太高及其本身的技术壁垒，国产化此类机器人的道路还很漫长。由于中国残障人数众多，而专业的康复医院、康复科室、康复设备很少，未来中国康复机器人潜在市场上百亿元。但由于中国特殊的群体收入特征和不完善的支付体系，消费者还无法承担很多国外昂贵的康复机器人，这就意味着未来国产康复机器人产业大有作为。

4）智能机器人技术嵌入智能交通，引领未来产业发展。据《21 世纪经济报道》：2015 年 6 月 27 日，美国谷歌公司宣布，他们的无人驾驶汽车已经行驶在加利福尼亚州芒廷维尤的街头。智能交通、无人驾驶已成为未来汽车发展的主流。由于其大大提高了交通系统的效率和安全性，其将是未来汽车巨头们争夺的主要市场。2015 年 6 月，在中国云计算大会上，百度宣布将在下半年推出无人驾驶汽车。同年 4 月，上海汽车集团股份有限公司也推出了 iGS 智能汽车。在不久的将来，智能交通与无人驾驶必将走进人们的生活，为人们的出行提供便利。

参考文献

[1] GREG H. Robots could cost Australian economy 5 million jobs, experts warn, as companies look to cut costs[EB/OL]. [2015-10-15]. http://www.abc.net.au/news/2014-05-28/robots-could-cost-australian-economy-5-million-jobs -expert-says/5484740.

[2] 谭民，王硕. 机器人技术研究进展[J]. 自动化学报，2013(7)：963-972.

[3] 白云飞. 机器人发展关键问题研究[J]. 机械工程与自动化，2011(5)：155-156.

[4] 孟庆春，齐勇，张淑军，等. 智能机器人及其发展[J]. 中国海洋大学学报，2004，34(5)：831-838.

[5] 机器人网. IFR 最新报告：2017 中国工业机器人销量将超十万[EB/OL]. [2014-10-08]. http://archive.roboticschina.com/www.robotics china.com/ART_8800694438_500001_NT_9b9b5815.HTM.

[6] YUN J H J, Won D K, Jeong E S, et al. The relationship between technology, business model, and market in autonomous car and intelligent robot industries[J]. Technological

Forecasting & Social Change,2016,103:142-155.

[7] CRYSTAL A. 5 jobs being replaced by robots[EB/OL]. [2015-10-15]. http://excelle.monster.com/benefits/articles/4983-5-jobs-being-replaced-by-robots.html.

[8] SOHN S Y. Strategies for revitalization for intelligent robot industry in Korea based on structural equation model[J]. Industrial Robot,2010,37(1):97-105.

[9] 中国工程院院士李德毅:机器人时代已经来临[EB/OL]. [2015-04-09]. http://tech.ifeng.com/a/20150409/41046017_0.shtml.

[10] 任福继,孙晓. 智能机器人的现状及发展[J]. 科技导报,2015,33(21):32-38.

[11] 曲道奎. 中国机器人产业发展现状与展望[J]. 战略与决策研究,2015,30(3):342-346.

[12] 桂仲成,吴建东. 全球机器人产业现状趋势研究及中国机器人产业发展预测[J]. 东方电气评论,2014,28(112):4-10.

[13] 王田苗,陶永,陈阳. 服务机器人技术研究现状与发展趋势[J]. 中国科学:信息科学,2012,42(9):1049-1066.

[14] 梅巧萍. 高新技术产业集群发展模式选择分析——基于福建省的典型研究[J]. 长沙理工大学学报(社会科学版),2016(2):146-153.

[15] 康俊. "互联网+"背景下商业模式创新与产业融合的互动机制分析[J]. 信阳师范学院学报(哲学社会科学版),2016(3):65-68.

[16] 李飞,陈劲. 突破带动型高新技术产业的发展模式研究[J]. 西安电子科技大学学报(社会科学版),2013(3):58-65.

[17] 刘林. 高新技术产业可持续发展模式研究[D]. 沈阳:哈尔滨理工大学,2009.

[18] 逄淑伟. 沈阳机器人产业发展模式研究[D]. 沈阳:沈阳大学,2014.

[19] 温茜茜. 中国产业发展模式研究[D]. 武汉:武汉理工大学,2013.

[20] 毛大庆. 资本寒冬是孕育"独角兽"企业的最佳土壤[J]. 中国商人,2016(1):18-20.

[21] 杨倩. 独角兽泡沫破裂[J]. 中国企业家,2016(5):20-21.

[22] 李子晨. 互联网时代下的独角兽大风沙过后的思考[N]. 国际商报,2015-10-30(A08).

[23] 王德禄. 创业者的新理想:独角兽 [J]. 中关村,2015(11):70-71.

[24] 陈敏. 中国商用车产业发展模式[D]. 上海:复旦大学,2009.

[25] LAN D C. The application of intelligent industrial robotic control system based on PLC in mechanical automation [J]. Advanced Materials Research,2013,738:272-275.

[26] WANG T. Intelligent systems for industrial robotics: application in logistic field [J]. Industrial Robot,2012,39(3):251-259.

[27] XIE W. Research on classification of intelligent robotic architecture [J]. Journal of Computers,2012,7(2):450-457.

[28] STIPANCIC T, JERBIC B, CURKOVIC P. A context-aware approach in realization of socially intelligent industrial robots [J]. Robotics and Computer-Integrated Manufacturing,2016,37:79-89.

[29] DEMAITRE E. 从 RoboBusiness 2015 看欧洲的机器人产业发展[EB/OL]. [2015-04-

30]. http://www.roboticschina.com/ART_8800696260_500001_NT_41e2e93c.HTM.
[30] 政府工作报告(全文)[EB/OL]. [2015-03-16]. http://www.gov.cn/guowuyuan/2015-03/16/content_2835101.htm.
[31] 齐芳. 中国研发总投入世界第二　科技部长仍说不达标[EB/OL]. [2016-01-12]. http://www.sohu.com/a/53967755.115479.
[32] 北京生产力促进中心. 智能机器人产业发展报告[M]. 北京:科学出版社,2014.
[33] 约翰·马尔科夫. 与机器人共舞 [M]. 郭雪,译. 杭州:浙江人民出版社,2015.

项目组名单

项目负责人:李德毅

项目组成员:张新钰　刘玉超　郑思仪　卢一倩　赵建辉　韩　威
高洪波　殷嘉伦　安利峰　郭　沐　张天雷　李国朋
海　丹　薛　崇　吴振宇　韩言妮　张　猛

从数字看我国工程教育新进展

中国工程教育发展报告项目组

2016年是“十三五”的开局之年,总结和梳理过去五年我国工程教育的进展,有助于认清工程教育的整体状况、取得的成就和存在的问题,为谋划工程教育未来发展提供支撑。

1 工程教育和工程科技人才队伍的规模

1.1 工程教育的规模

1.1.1 在校生规模

2015年,全国工程教育普通本科在校生总规模为525万人①,普通专科在校生总规模是479万人,研究生在校生总规模达到69万多人[1]。图1、图2和图3分别显示2006—2015年工程教育普通本科、普通专科生和研究生在校生规模及占相应层次在校生总规模的比例。

从2010年到2015年,工程教育普通本科、普通专科和研究生在校生规模年均增长率分别为5.60%、3.48%和7.06%。与上一个五年相比,工程教育普通本科在校生规模的年均增长率降低了2.56个百分点,普通专科在校生规模的年均增长率降低了4.28个百分点,而研究生在校生规模的年均增长率则提高了1.25个百分点。我国工程教育目前正处于相对平稳发展的时期,在校生规模的增长率总体上逐年

① 本报告中所有数据均不包括台湾、香港特别行政区、澳门特别行政区。

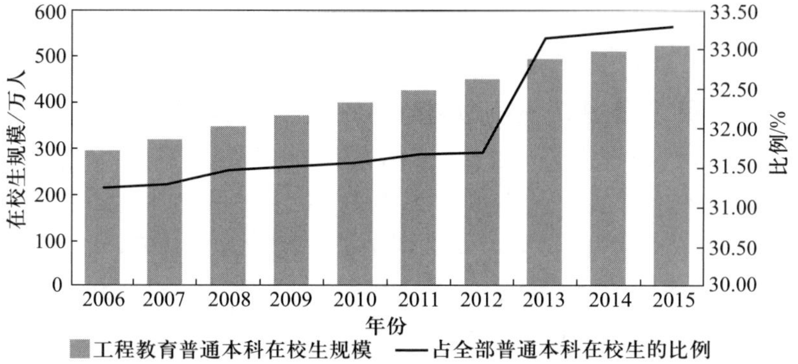

图 1　2006—2015 年工程教育普通本科在校生规模和比重

资料来源:历年《中国教育统计年鉴》

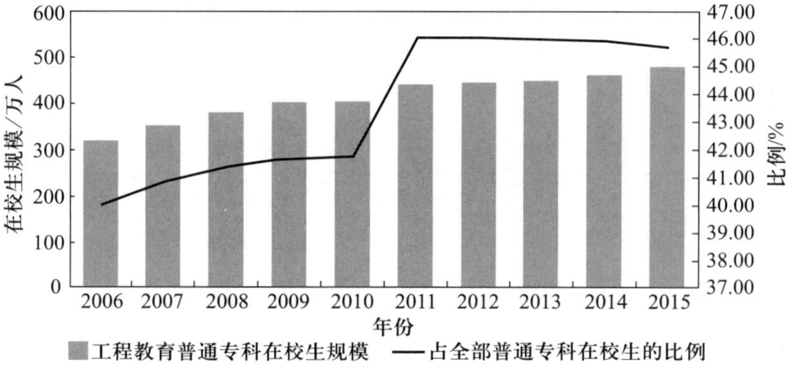

图 2　2006—2015 年工程教育普通专科在校生规模和比重

资料来源:历年《中国教育统计年鉴》

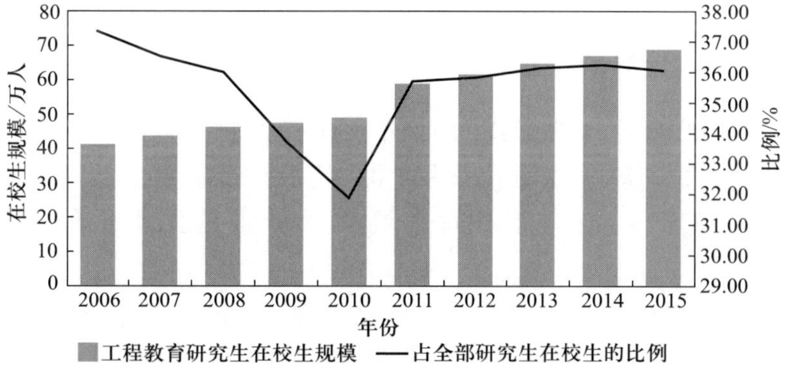

图 3　2006—2015 年工程教育研究生在校生规模和比重

资料来源:历年《中国教育统计年鉴》

降低,高职、高专的发展速度明显放缓,研究生发展略有提速。这与我国高等教育着重提高人才培养质量、突出内涵发展的总趋势相一致,同时也符合国家实施创新驱动发展战略对高端人才的需求。同时,生源减少也是其中的原因之一。

从图1、图2和图3还可以看出,我国工程教育在整个高等教育中的比重始终在1/3左右。因此,工程教育是我国高等教育的主要组成部分,工程教育的改革发展会对整个高等教育起到引领作用,工程科技人才培养的质量和水平也会对整个高等教育产生重要影响。

2015年,我国共有普通高等学校和成人高等学校2 852所,其中开设工科专业的高校2 368所,占83%①。表1显示了2015年普通高等学校设置工学门类博士点、硕士点、本科专业和工科类专科专业的种数和点数。从中可以看到,工程教育的学科专业数量大致上也是占高等教育学科专业总量的1/3,其中工科类的专科专业数量占比更大。这表明了工程教育在高等教育中的主要地位。

表1 2015年普通高等学校设置学科专业情况

项目	博士	硕士	普通本科	成人本科	普通专科	成人专科
种数	464	472	583	363	1 115	707
其中:工学门类或工科类	149	150	197	124	627	391
点数	9 487	28 668	48 730	13 430	47 951	23 606
其中:工学门类或工科类	3 193	8 748	15 718	3 673	24 107	9 826

资料来源:《中国教育统计年鉴2015》。

1.1.2 与世界的比较

图4呈现的是我国和部分国家工程教育总规模及其在高等教育中的比重。图中各国的对比表明,我国工程教育的总规模远远超过世界各国,稳居首位;工程教育在高等教育中的比例也处于世界第一位。

根据UNESCO统计研究所的数据[2]估算,这一数字为3 300多万人。2015年,我国各级各类工程教育总规模是1 408.92万人[3]。因此,我国工程教育的规模也超过全世界工程教育总规模的1/3(图5)。

① 数据引自教育部高等教育司理工教育处吴爱华处长在一次会议上的报告。

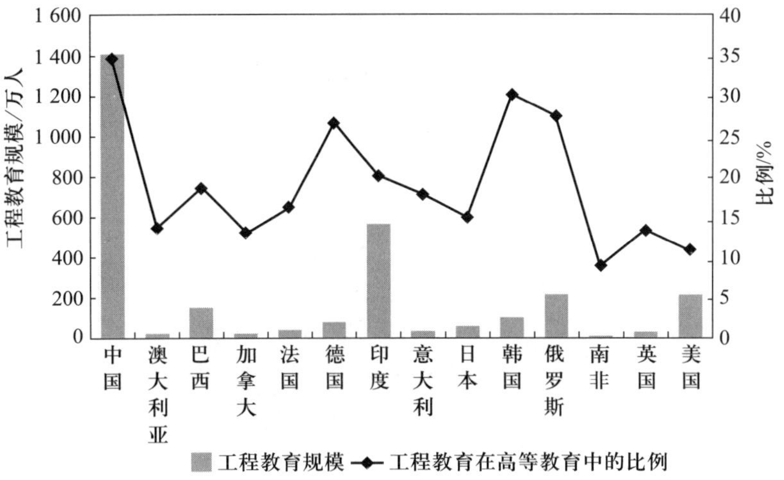

图 4 部分国家工程教育总规模及其在高等教育中的比重

资料来源:《中国教育统计年鉴 2015》,OECD 统计网站 http://stats.oecd.org/

说明:1. 在相关统计数据的基础上计算得出各国的数据。中国的数据包括工学门类的研究生、普通本专科、成人本专科和网络本专科;其他国家的数据包括第三级教育的计算机、工程、制造、建筑等领域。2. 加拿大、印度、南非为 2013 年的数据;中国为 2015 年的数据;其他国家为 2014 年的数据

上述两个“1/3”充分说明,我国工程教育在国内高等教育领域和世界工程教育领域都具有举足轻重的地位,我国是名副其实的工程教育大国。

1.2 工程科技人才队伍的规模

随着工程教育发展,我国工程科技人才队伍也不断壮大。从图 6 来看,研究与试验发展(R&D)的人员投入逐年增长。从 2010 年到 2015 年,R&D 人员全时当量的总量年平均增长率为 8.04%,相比上一个五年,降低了 5.31 个百分点。图 6 还显示,每万人中 R&D 人员投入也在逐年增长,但增速低于总量。2010 年至 2015 年,每万人中 R&D 人员全时当量年平均增长率为 7.66%,比上一个五年降低了 5.26 个百分点。R&D 人员增速减缓是值得关注的问题,这固然有一些客观原因,如 R&D 人员基数已经很大,但高端人才的不足也会对创新驱动发展产生不利影响。

与世界上主要发达国家相比,我国科技人力资源的绝对数量虽然十分庞大,但我国是人口大国,就业人口也十分庞大,使得 R&D 人员

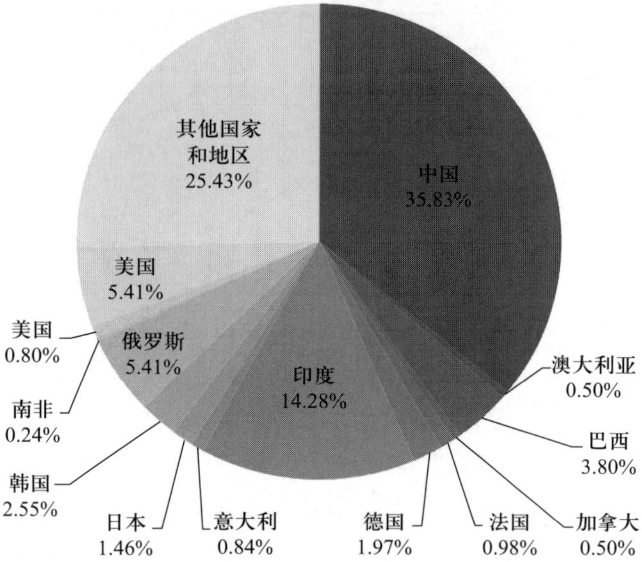

图 5 部分国家工程教育规模占全球工程教育总规模的比例

资料来源:在相关统计数据的基础上计算得出各国家的数据。其中,中国的数据来自《中国教育统计年鉴 2015》;其他国家的数据来自 OECD 统计网站 http://stats.oecd.org/;全球工程教育总规模来自 UNESCO 统计研究所网站 http://data.uis.unesco.org/

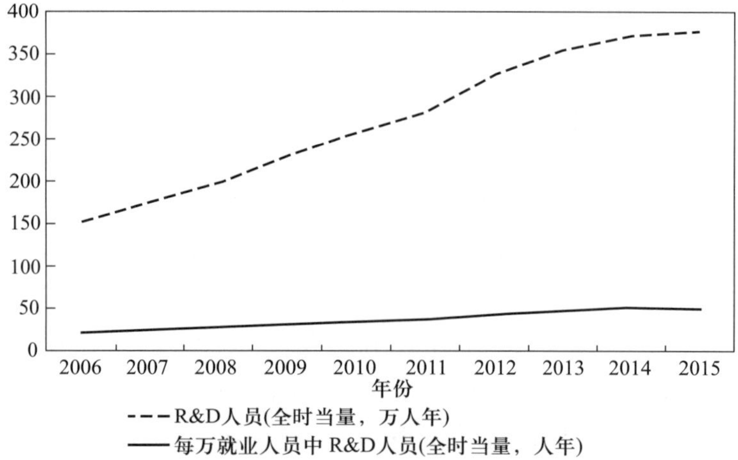

图 6 2006—2015 年研究与试验发展(R&D)人员投入情况

资料来源:中国科技统计网 http://www.sts.org.cn/

在就业人员中的比重远低于许多发达国家(图 7)。

以上分析表明,我国高端工程科技人才仍然比较缺乏,劳动力人

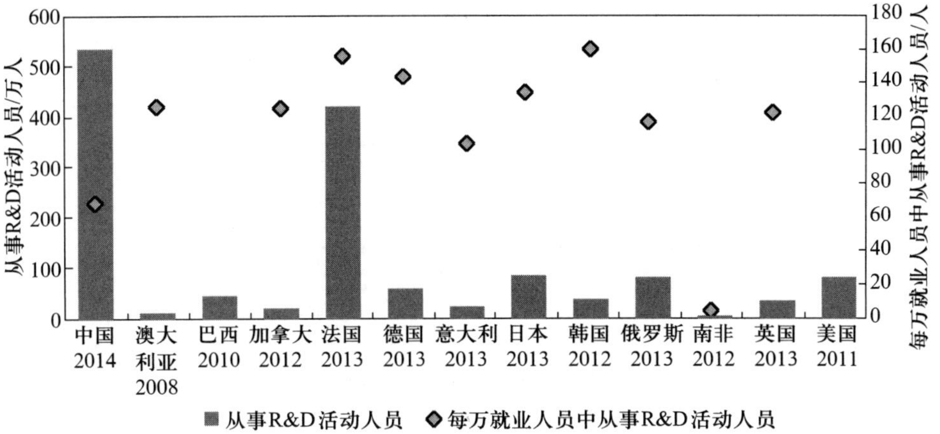

图 7　我国与部分国家科技人力资源比较

资料来源:《中国科技统计年鉴 2015》,UNESCO 统计研究所网站 http://data.uis.unesco.org/

说明:国家名称下面的年份表示该国家数据来源的年度,有个别数据缺失

口的受教育年限和学历水平还须进一步提高。培养大批高水平的工程科技人才,是实施“创新驱动发展”战略的关键因素,这对我国工程教育提出了更大的挑战。

2　工程教育的结构

2.1　层次结构

我国的高等教育分为专科(含高等职业教育)、本科、硕士和博士 4 个层次,分别对应于国际教育分类标准的 5 级至 8 级。图 8 表明,20 世纪末期,我国工程教育专科层次所占比重较小。随着高等教育招生规模大幅度增加,同时也为了满足社会对应用型人才的大量需求,1996 年到 2006 年期间,工程教育专科层次的比重持续增加,本科层次的比重相应减少,研究生的绝对数量虽有较大幅度增加,但所占比例基本稳定。2006 年以后,各层次的比例关系相对稳定。近五年来,专科层次的比重略有减少,本科层次的比重有所增加。这与工程教育在校生规模增长率降低的趋势,以及社会对高端人才的需求是一致的。

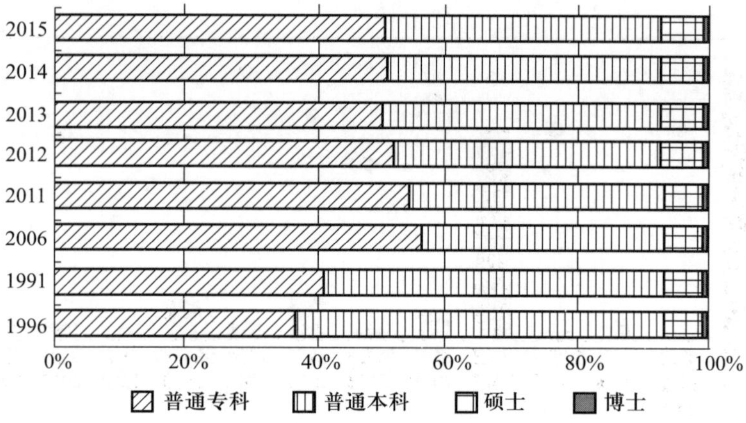

图 8　工程教育各层次招生人数比例

资料来源:历年《中国教育统计年鉴》

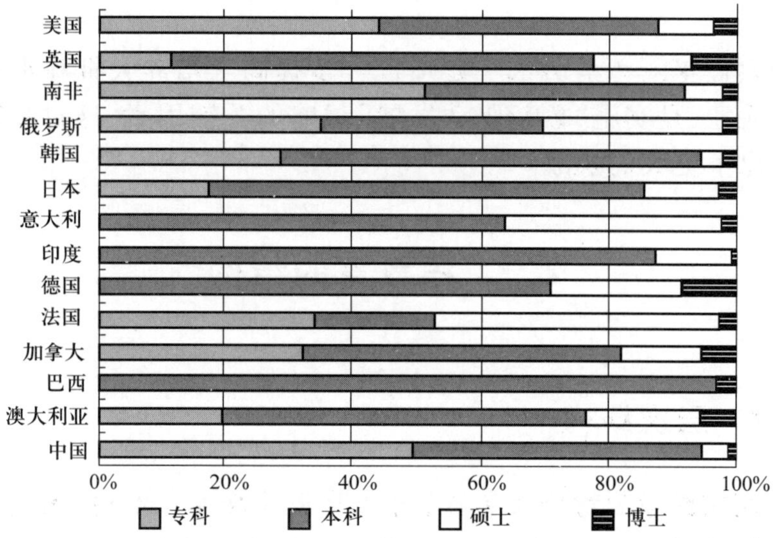

图 9　部分国家工程教育各层次在校生的比例

资料来源:《中国教育统计年鉴 2015》,OECD 统计网站 http://stats.oecd.org/

说明:1. 在相关统计数据的基础上计算得出各国的数据。中国的数据包括工学门类的研究生、普通本专科、成人本专科和网络本专科;其他国家的数据包括第三级教育的计算机、工程、制造、建筑等领域。2. 加拿大、印度、南非为 2013 年的数据;中国为 2015 年的数据;其他国家为 2014 年的数据

但是,与部分国家相比,我国工程教育的重心较低,即专科层次比重较大,研究生层次比重很小。从图 9 可见,美国、英国、法国、德国等

发达国家的工程教育中，研究生的比重通常比较高，本科、专科的比重相对较低；而巴西、印度、南非等发展中国家与我国一样，工程教育研究生的比例都比较小。工程教育的层次结构应当与产业结构相适应，但也要着眼于未来发展的需要。因此，随着我国实施创新驱动发展战略，产业不断转型升级，对高层次人才将会有更多需求，工程教育培养研究生的比例也应适当提高。

2.2 专业结构

2012 年 9 月，教育部发布了《普通高等学校本科专业目录（2012 年）》，这是新中国成立以来本科专业第六次调整。在此之前，工学门类下设 22 个专业类，经过对部分专业类拆分和重新整合，调整为 31 个专业类。适当缩小部分专业类的覆盖面，增加专业类的数量，目的是推动学校按专业类招生，实际上是比过去按专业招生有更大的覆盖面。

由于调整前后的专业类所涵盖的专业不同，这里只选择与调整前专业类有直接对应关系的部分新的专业类，比较它们的招生规模。图 10 表明，从 2011 年到 2015 年，多数专业招生人数的变化率都在 20% 以内，只有公安技术类招生人数有大幅度增加，航空航天类招生人数也有较大幅度增加。这是因为以往公安技术类招生规模很小，而新时期急需通过科技手段提升公安部门维护社会稳定、打击犯罪的能力。同时，近年来我国航空航天领域取得的一系列重大成就也带来了航空航天热。

在这同一时期，美国工程教育各专业授予的本科学位数量普遍增加，特别是与计算机相关的专业增幅明显，如计算机科学（工程领域）、计算机工程、电子/计算机工程、计算机科学（非工程领域）等（图 11）。由于我国本科专业目录调整，而调整前后计算机类专业对应关系复杂，从现有数据无法统计计算机类专业招生规模的变化率，因而也无法与美国做对比。

为使中美两国的专业口径相对统一，便于比较，把内涵相近的专业毕业生（授予学位）人数合并计算。例如，把中国工学门类本科专业中的电子信息类、电气类、自动化类合并，命名为“电气、电子相关”专业；把美国工程本科专业中的计算机科学（工程领域）、计算机工

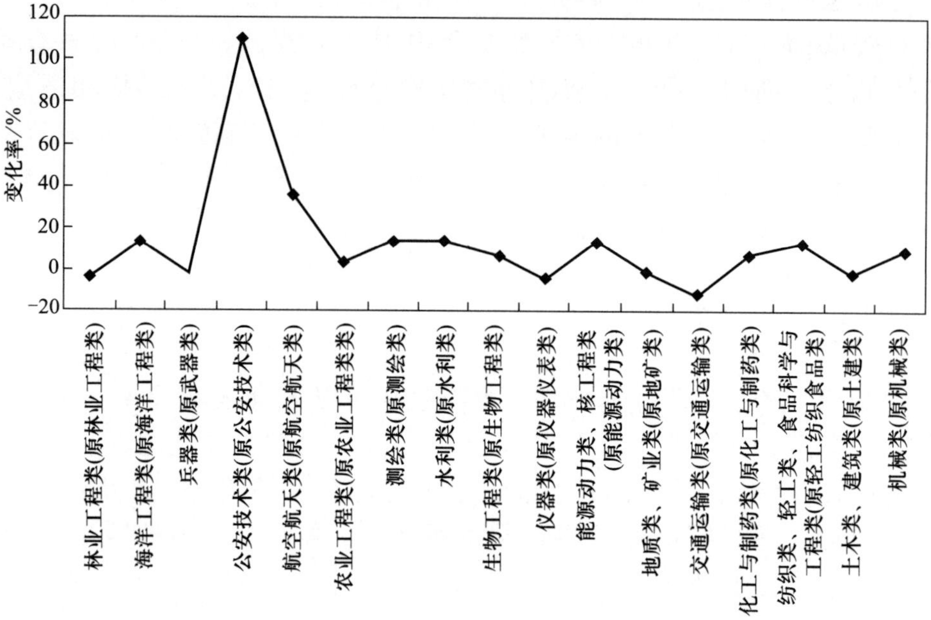

图 10　部分普通本科专业 2011—2015 年招生人数变化率

资料来源:《中国教育统计年鉴 2011》《中国教育统计年鉴 2015》

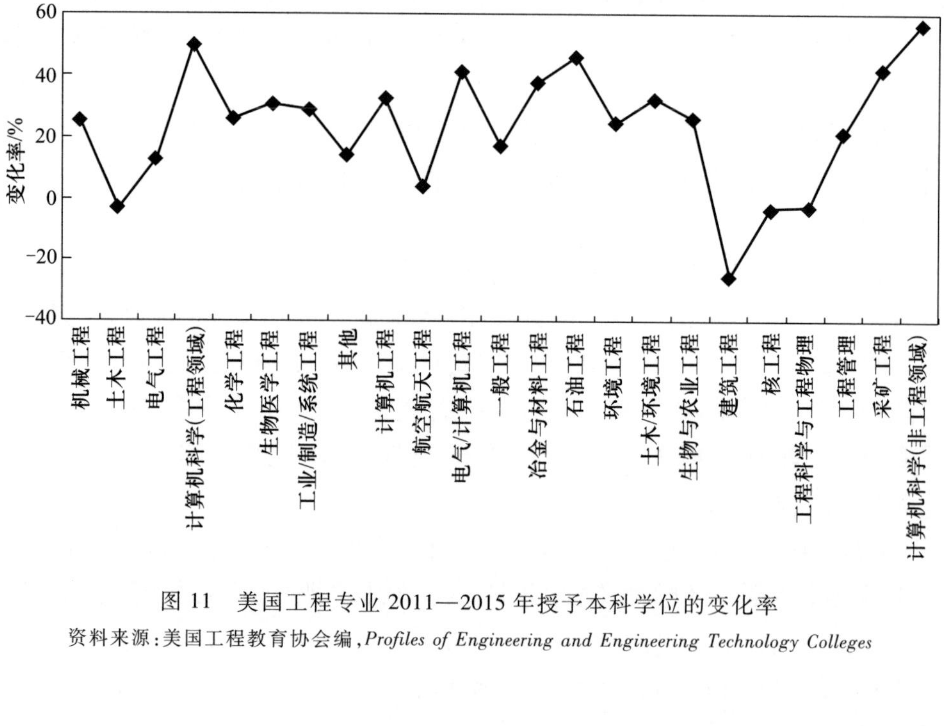

图 11　美国工程专业 2011—2015 年授予本科学位的变化率

资料来源:美国工程教育协会编,*Profiles of Engineering and Engineering Technology Colleges*

程、电气/计算机工程、计算机科学(非工程领域)合并,命名为"计算机相关"专业;把土木工程、土木/环境工程合并,命名为"土木工程相关"专业。

通过比较中美两国工科专业2015年毕业生人数,发现两个国家毕业生人数排名前四位的专业完全一致,包括电气、机械、计算机、土木,但它们顺序有所不同。在两国毕业生人数排名前十位的专业中,有6个专业是相同的,除上述4个专业外,还有材料、化工(图12、图13)。这些相似之处反映出工程教育发展的规律。一方面,机械、土木等是最古老的工程专业,历史悠久,基础雄厚,并且人才适应面宽、需求量大。另一方面,计算机、电气是现代工程中应用最为广泛的领域,材料、化工则是重要的新兴产业,这些专业培养人才较多,与社会需求相吻合。

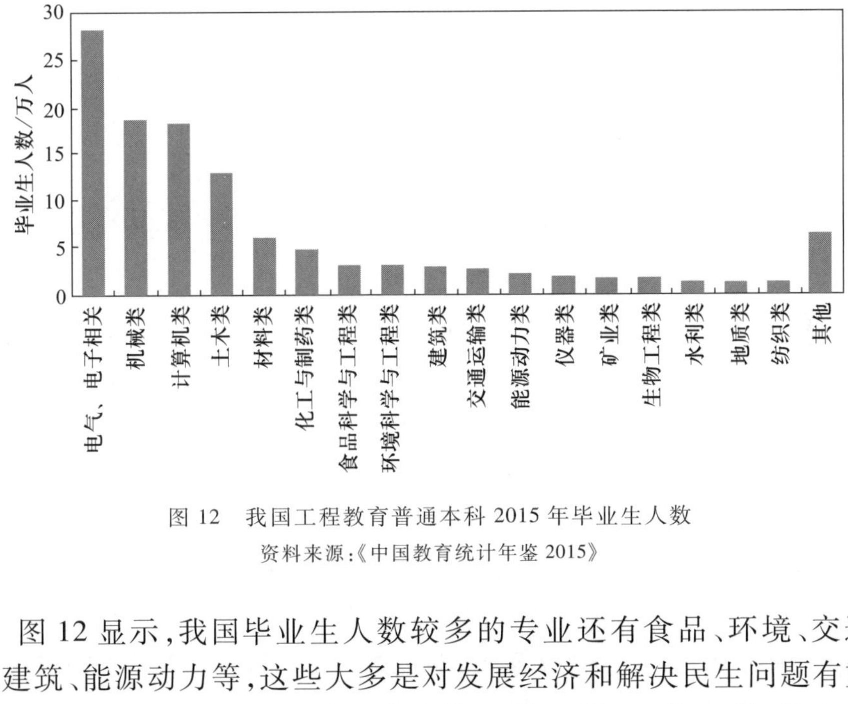

图12 我国工程教育普通本科2015年毕业生人数

资料来源:《中国教育统计年鉴2015》

图12显示,我国毕业生人数较多的专业还有食品、环境、交通运输、建筑、能源动力等,这些大多是对发展经济和解决民生问题有重要影响的领域。图13显示,美国在生物医学工程、工业工程、航空航天工程、石油工程等领域培养了较多的人才,这些专业也都体现出美国工程教育的优势。今后,我国工程教育应当兼顾国计民生和高新技术发展,形成自己的优势和特色。

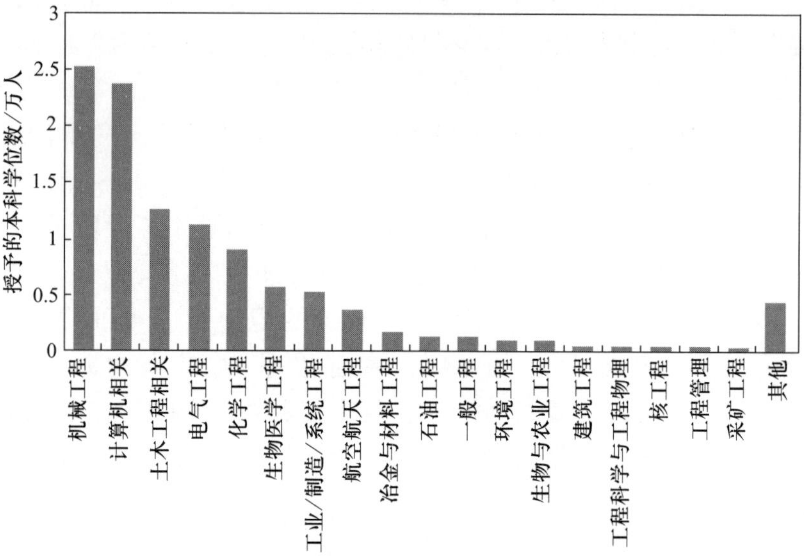

图 13 美国工程专业 2015 年授予的本科学位数

资料来源:美国工程教育协会编,*Profiles of Engineering and Engineering Technology Colleges*

2.3 国际学生的比例

伴随着经济全球“一体化”的趋势,包括工程教育在内的高等教育国际交流更加频繁,学生的国际流动不断增加。从图 14 可以看到,发达国家的工程教育中,国际学生或外国学生的比例通常达到 5%以上,澳大利亚甚至接近 30%。相比之下,虽然我国作为世界上主要的留学目的国之一,来华学习的国际学生和其中学习工科的学生比例逐年增加(图 15),在华外国留学生人数已处于世界各国前列,但我国工程教育中的国际学生比例却非常低,2012 年时仅有 0.24%。当然,这与我国的工程教育规模十分庞大直接相关,但如此低的国际学生比例,与我国作为一个工程教育大国的地位,以及工程教育作为我国高等教育的主要组成部分,都是不相称的。

我国作为世界上最大的发展中国家,与其他许多发展国家有着相似的背景。因此,我国工程教育在吸引发展中国家留学生方面有独特优势,而且“一带一路”战略的提出和推进,也拓展了我国工程教育在国际上的空间。有关资料显示,2015 年,我国国际留学生的增长主要

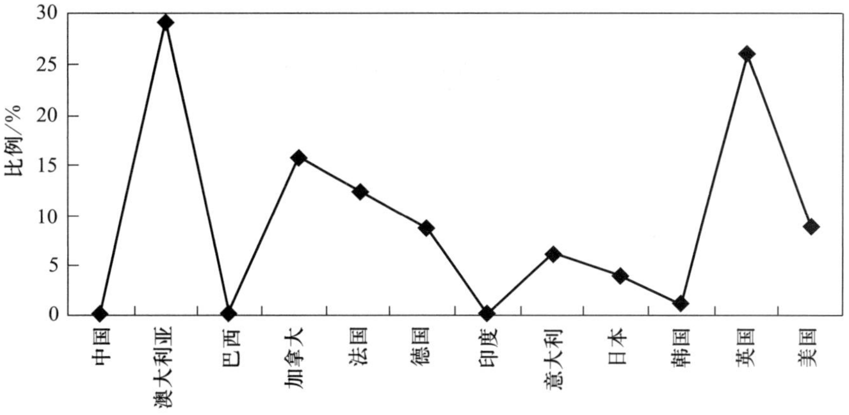

图 14　部分国家工程教育中国际学生或外国学生的比例

资料来源：根据《中国教育年鉴 2013》、OECD 统计网站 http://stats.oecd.org/数据计算得出

说明：中国为 2012 年的数据，加拿大、印度为 2013 年的数据，其他国家为 2014 年的数据

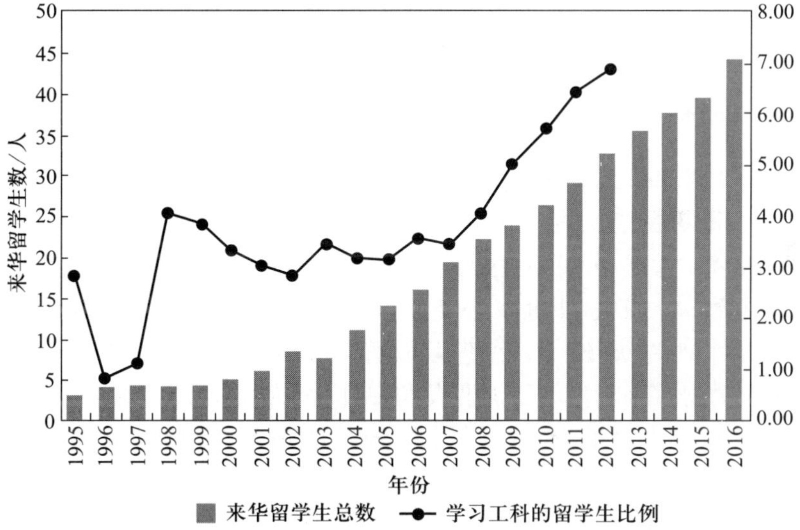

图 15　来华留学生总数和学习工科的留学生比例

资料来源：历年《中国教育年鉴》，教育部网站 http://www.moe.edu.cn/

说明：2013 年以后，教育部未公布分科类的来华留学生人数

来源于亚洲和非洲国家；排名前 15 位的来源国中，有 10 个是“一带一路”沿线国家[4]。我国工程教育应当抓住这一机遇，不断加强对发展中国家，特别是“一带一路”沿线国家青年学生的吸引力，逐步扩大在

国际工程教育领域的影响。

3 工程教育改革

实施"卓越工程师培养教育计划",开展工程教育专业认证,推广CDIO人才培养模式等,是教育部近年来在工程教育领域着力推进的重点工作。数据表明,这些工作取得了成效,对于改革工程教育人才培养模式,促进校企合作培养人才,提升人才培养质量和我国工程教育在国际上的影响等,都起到了积极的作用。

3.1 实施"卓越工程师培养教育计划"

2010年6月23日,教育部在我国近代高等工程教育发源地天津大学召开"卓越工程师教育培养计划"启动会,宣布"卓越计划"正式启动。2011年1月,教育部印发《教育部关于实施卓越工程师教育培养计划的若干意见》,对实施"卓越计划"做出全面部署。

3.1.1 目标和任务

"卓越计划"的主要目标是,面向工业界、面向世界、面向未来,培养造就一大批创新能力强、适应经济社会发展需要的高质量的各类型工程技术人才,为建设创新型国家、实现工业化和现代化奠定坚实的人力资源优势,增强我国的核心竞争力和综合国力。以实施卓越工程师教育培养计划为突破口,促进工程教育改革和创新,全面提高我国工程教育人才培养质量,努力建设具有世界先进水平、中国特色社会主义现代高等工程教育体系,促进我国从工程教育大国走向工程教育强国。

"卓越计划"的主要任务包括五个方面。一是创立高校与行业企业联合培养人才的新机制;二是以强化工程能力与创新能力为重点改革人才培养模式;三是建设高水平的专、兼职相结合的工程教师队伍;四是扩大工程教育的对外开放;五是制定"卓越计划"人才培养标准[5]。

3.1.2 覆盖的专业和学生

2010—2011年、2012年、2013年,教育部分三批批准211所高校的 1 771 个学科专业点进入“卓越计划”(表 2)。

表 2 进入“卓越计划”的学科专业点数

批次(批准年份)	本科专业点(试点班)数	硕士学科专业点数	博士学科专业点数	合计
第一批(2010—2011 年)	462	213	80	755
第二批(2012 年)	362	88	7	457
第三批(2013 年)	433	124	2	559
总计	1 257	425	89	1 771

资料来源:教育部网站 http://www.moe.edu.cn/publicfiles/business/htmlfiles/moe/s5632/list.html。

据 2012 年统计,选拔进入“卓越计划”培养的本科生、硕士生和博士生分别为 112 640 人、16 485 人和 1 116 人,分别占当年工科本科、硕士和博士在校生人数的 2.5%、3.3% 和 1%。总计 13 万人[6]。到 2014 年年底,参与“卓越计划”学生累计近 25 万人[7]。

3.1.3 部门和地方积极参与

“卓越计划”得到多个中央部门和行业协会、多个省级政府积极响应,各部门、各地方共同参与实施“卓越计划”。

2012 年 6 月,教育部联合工业和信息化部等 9 个国务院组成部门、国有资产监督管理委员会等 8 个国务院直属机构、中国机械工业联合会等 5 个行业协会,共同批准中国建筑工程总公司等 626 家企事业单位为首批国家级工程实践教育中心建设单位。多达 23 个部门共同推动一个人才培养项目,这在高等教育的历史上是不多见的,由此可以看出各个部门对培养卓越工程科技人才的高度重视。

“卓越计划”启动伊始,教育部就与中国工程院联合成立了“卓越工程师教育培养计划”专家委员会。2013 年,两部门又共同组织制定了《卓越工程师教育培养计划通用标准》。此外,教育部先后与交通运输部、住房和城乡建设部、国家测绘局、国家安全生产监督管理总局、国土资源部、中国气象局等部门,联合组建工作组、专家组,出台实施“卓越计划”的意见,或建立人才培养联盟,统筹相关专业领域的高校、企业,共同实施“卓越计划”。国土资源部、中国地震局还将“卓越计划”纳入行业人才发展规划。

各省级政府也高度重视“卓越计划”,将其作为为本地区培养优秀工程科技人才,推动本地区经济发展的重要举措。通过查询互联网上的公开信息,至少有13个省、直辖市政府教育行政部门发布了本地区实施“卓越计划”的意见。

3.1.4 校企密切合作

从“卓越计划”启动到2012年,6 155家企业与高校签订合作实施“卓越计划”的协议;到2014年年底,签订协议的企业超过1万家。其中626家企业经教育部等23个部门联合批准,成为首批国家工程实践教育中心建设单位;参与共建的高校有158所,占进入“卓越计划”的高校的76%。高校和企业互派教师或工程技术、管理人员,到对方承担教学任务或挂职学习,并形成一定规模(表3)。

表3 “卓越计划”高校教师和合作企业工程技术、管理人员相互兼职的情况

	承担教学任务的企业人员数	企业人员参与开设的课程门数	企业人员承担的课程总学时数	企业人员指导毕业设计和实习周数	到企业挂职学习的高校教师人数
2010—2013年	11 487	4 440	16 1125	28 126	4 972
2013—2014年	17 920	6 404	26 5974	47 372	7 044

资料来源:1. 本书编写组.卓越工程师教育培养计划工作进展报告(2010-2012年)[M].北京:高等教育出版社,2013;2. 中国工程院教育委员会.中国工程教育发展报告2015[M].北京:高等教育出版社,2016。

3.1.5 加大经费投入

实施“卓越计划”的经费包括国家和省级政府的投入,高校自筹经费,以及合作企业的资助。其中,高校自筹经费成为“卓越计划”经费的主要来源。这说明,相比以往的高等教育改革项目,高校对“卓越计划”表现出更大的积极性。2010—2012年,高校投入“卓越计划”的专项经费超过22亿元;2013—2014年,高校的投入接近30亿元。企业资助的经费主要用于工程实践教育中心建设,2010—2012年达到4.2亿元,2013—2014年为2.9亿元。国家和省级政府投入的经费也主要用于工程实践教育中心建设,总计4.1亿元。从2010年到2014年,直接用于“卓越计划”的总经费超过60亿元[6-7]。

3.2 开展工程教育专业认证

3.2.1 专业认证(评估)制度的建立

我国的工程教育专业认证制度始于建筑学专业评估。1988 年,建设部成立全国高等学校建筑学专业教育评估委员会。1992 年,该委员会对清华大学等 4 所高校的建筑学专业开展试评估。1995 年 4 月,建设部发布 35 号令,公布《高等学校建筑类专业教育评估暂行规定》,标志着建筑类专业教育评估制度正式建立[8]。

2004,中国工程院向国务院提交《关于大力推进我国注册工程师制度与国际接轨的报告》,建议加快推进我国的注册工程师制度建设并与国际接轨。2005 年 5 月,经国务院领导批准,成立全国工程师制度改革协调小组。2006 年 2 月,协调小组召开会议确定,设立工程教育工作组,负责建立我国的工程教育专业认证体系,指导开展认证工作,为申请加入《华盛顿协议》做准备。2006 年 6 月,工程教育工作组正式成立,随后组建了全国工程教育专业认证专家委员会,颁布了一整套工程教育专业认证文件,并于当年开始开展工程教育专业认证试点[9]。与此同时,建筑学专业教育评估也扩展到建筑学、城乡规划、土木工程、建筑环境与能源应用工程、给排水科学与工程、工程管理 6 个专业。

2008 年 4 月,全国高等学校建筑学专业教育评估委员会与英联邦建筑师协会、英国皇家建筑师学会、美国建筑学教育评估委员会、加拿大建筑学教育认证委员会、韩国建筑学教育评估委员会、澳大利亚皇家建筑师学会、墨西哥建筑学教育评估委员会,共同签署《建筑学专业教育评估认证实质性对等协议》[10]。这是我国参加的第一个国际工程教育互认协议。2013 年 6 月 19 日,在韩国首尔召开的《华盛顿协议》签约成员全体会议上,一致通过接纳我国为该协议预备成员。2016 年 6 月 2 日,在马来西亚吉隆坡举行的国际工程联盟大会上,《华盛顿协议》成员全票通过我国成为正式成员。至此,我国的工程教育认证制度实现了与《华盛顿协议》其他成员实质等效,并相互认可。

2015 年 10 月,中国工程教育专业认证协会成立。协会是按照

《华盛顿协议》要求设立的非官方、非营利性机构,由政府授权,负责组织开展建筑和土木类以外的专业认证。住房和城乡建设部分别设立建筑学等6个专业教育评估委员会,继续在原有框架下开展专业评估

3.2.2 通过认证(评估)的专业点数量

除建筑和土木类专业外,全面开展工程教育专业认证以来,共有159所高校的573个专业点通过认证,涉及46种专业,覆盖20个专业大类。其中,部分专业点认证有效期满后再次申请认证并获通过,实际通过认证的专业点总次数为781。表4所示为通过认证的专业点数量最多的10种专业。在通过认证的专业点次中,有效期为3年的共有647个点次,占82.84%;有效期为6年的共有134个点次,占17.16%。

表4 通过认证的专业点数量最多的10种专业

序号	专业名称	通过认证的专业点数量
1	化学工程与工艺	68
2	计算机科学与技术	60
3	环境工程	55
4	机械设计制造及其自动化	51
5	安全工程	40
6	电气工程及其自动化	38
7	采矿工程	38
8	机械工程	34
9	交通运输	34
10	自动化	32

资料来源:中国工程教育专业认证协会网站 http://www.ceeaa.org.cn/。

表5呈现了2011—2015年处于认证有效期的专业点数及其占工程教育本科专业点总数的比例。

表 5　2011—2015 年处于认证（评估）有效期的专业点数及比例

年度	工程教育本科专业点总数	处于认证（评估）有效期的专业点数	处于认证（评估）有效期的专业所占比例
2011	12 306	290	2.36%
2012	13 046	333	2.55%
2013	15 024	382	2.54%
2014	15 718	455	2.89%
2015	16 416	554	3.37%

资料来源：中国工程教育专业认证协会网站 http://www.ceeaa.org.cn/，住房和城乡建设部网站 http://www.mohurd.gov.cn/。

说明：处于认证（评估）有效期的专业点数包括建筑学、城乡规划、土木工程、建筑环境与能源应用工程、给排水科学与工程等建筑和土木类专业。由于工程管理专业属于管理学门类，未包含在内。

以上数据表明，我国工程教育专业认证在起步阶段坚持高标准，严要求，避免盲目追求通过认证的专业数量。这种谨慎的态度使专业认证有一个很好的开端，保证专业认证可持续发展，能够有效促进工程教育质量提升。

3.3　推广 CDIO 人才培养模式

CDIO 由 conceive（构思）、design（设计）、implement（实现）和 operate（运作）4 个英文单词的第一个字母组合而成，它表示产品从研发、制造到运行乃至回收的整个寿命周期。以 CDIO 命名的工程教育模式，一方面要求工科学生毕业时应具备解决工程寿命周期全过程问题的知识和能力，另一方面强调遵循工程寿命周期的思路设计和实施工程人才培养方案。

2000 年到 2004 年间，MIT 与瑞典查尔莫斯理工大学（Chalmers University of Technology）、林雪平大学（Linköping University）、皇家理工学院（Royal Institute of Technology）共同探索研究，创立了 CDIO 工程教育模式，并成立了 CDIO 国际合作组织（CDIO Initiative）。由于 CDIO 顺应了工程教育改革的大趋势，在世界上产生了很大的影响，并迅速推广，现有 120 多所大学参加该组织。

2005 年，汕头大学将 CDIO 工程教育模式引入我国。在教育部的支持下，2008 年，第一批 18 所高校开始开展 CDIO 模式试点；2010 年，第二批 21 所高校进入试点。试点学校中,既有“211”工程大学,也有地方院校;既有公立高校,也有独立学院。2016 年,CDIO 工程教育联盟在汕头成立,104 所高校成为首批成员,CDIO 模式在更大范围内推广[11]。

经过 10 年的试点和推广,CDIO 工程教育模式在我国取得了较为明显的成效。通过查询教育部和省级政府教育行政部门网站公示的教育学成果奖获奖信息,发现以 CDIO 模式为主题的教学成果有 2 项获得 2014 年国家级教学成果奖二等奖,23 项获得 2012 年、2013 年省级教学成果奖一、二、三等奖。

与以往相比,过去五年,我国工程教育改革开始深入人才培养模式的层面。人才培养模式改革直接关系到人才培养质量,是改革的核心。同时,人才培养模式改革又是十分复杂的系统,必将面临许多预想不到的困难。从外部环境来看,国家进一步推进创新驱动发展战略,加快产业结构转型升级,需要更多高素质的工程科技人才。同时,国际的经济、科技竞争,最终要体现在工程科技人才队伍上。因此,未来一个时期,我国工程教育改革的任务将更加艰巨,我们也期待着工程教育改革取得更大的成就。

参考文献

[1] 中华人民共和国教育部发展规划司. 中国教育统计年鉴 2015 [M]. 北京:人民教育出版社,2016.

[2] UIS. Stat [EB/OL]. [2017-04-25]. http://data.uis.unesco.org/.

[3] OECD. Stat [EB/OL]. [2017-04-25]. http://stats.oecd.org/.

[4] 王辉耀,苗绿. 中国留学发展报告[M]. 北京:社会科学文献出版社,2016.

[5] 卓越工程师教育培养计划 [EB/OL]. [2017-04-25]. http://www.moe.edu.cn/s78/A08/gjs_left/moe_742/s5632/s3860/201109/t20110920_124884.html.

[6] 本书编写组. 卓越工程师教育培养计划工作进展报告(2010—2012 年)[M]. 北京:高等教育出版社,2013.

[7] 中国工程院教育委员会. 中国工程教育发展报告 2015[M]. 北京:高等教育出版社,2016.

[8] 何任飞. 中国建设执业注册制度改革与其专业教育评估进程-土建类专业教育评估回顾[J]. 高等建筑教育,2007,16(2):10-16.

[9] 中国工程院教育委员会. 中国工程教育发展报告 2013[M]. 北京:高等教育出版社,2015.

[10] 关于全国高等学校建筑学专业教育评估委员会与相关国际组织签署《建筑学专业教

育评估认证实质性对等协议》的公告［EB/OL］.［2017-04-25］. http://www.mohurd.gov.cn/wjfb/200806/t20080612_171659.html.

［11］ CDIO 在中国［EB/OL］.［2017-04-25］. http://www.chinacdio.com/Detail.aspx? id=36&type=channel.

项目组名单

项目负责人:雷　庆

项目组成员:赵婷婷　任秀华　王文娟　付娇娇　甘宜涛　杨小丽

第二部分

数据资料

普通高等学校设置研究生、本科专业数

	博士		硕士		普通本科		成人本科	
	种数	点数	种数	点数	种数	点数	种数	点数
2014 年总计	464	9 487	472	28 668	583	48 730	363	13 430
其中:工学	149	3 193	150	8 748	197	15 718	124	3 673
农学	35	549	35	1 055	35	1 059	20	351
医学	64	—	64	3 191	55	1 885	33	905
2015 年总计	464	9 572	472	27 818	584	50 519	372	13 599
其中:工学	149	3 153	150	8 255	199	16 416	127	3 742
农学	35	556	35	1 068	35	1 072	22	361
医学	64	—	64	3 207	54	1 975	33	946

资料来源:历年《中国教育统计年鉴》。

普通高等学校设置高职（专科）专业数

	2014年				2015年			
	普通专科		成人专科		普通专科		成人专科	
	种数	点数	种数	点数	种数	点数	种数	点数
总计	1 115	47 951	707	23 606	1 102	48 556	697	23 414
其中:农林牧渔大类	87	1 265	49	620	80	1 270	47	603
交通运输大类	101	2 026	57	663	101	2 336	57	679
生化与药品大类	38	1 443	30	521	39	1 413	30	518
资源开发与测绘大类	62	877	54	557	60	919	54	552
材料与能源大类	62	856	32	391	59	870	30	372
土建大类	55	4 446	35	1 761	57	4 648	34	1 828
水利大类	26	192	16	133	25	202	15	126
制造大类	96	6 217	54	2 828	96	6 342	52	2 863
电子信息大类	92	6 453	56	2 490	90	6 347	57	2 429
环保、气象与安全大类	25	367	12	138	25	366	12	136
轻纺食品大类	70	1 230	45	344	69	1 243	43	342
医药卫生大类	45	2 055	33	1 314	44	2 145	33	1 335

资料来源:历年《中国教育统计年鉴》。

博士研究生人数

单位：人

年度	在校生				招生				毕业生			
	总人数	其中：工学	农学	医学	总人数	其中：工学	农学	医学	总人数	其中：工学	农学	医学
2006	208 038	86 833	7 981	21 548	55 955	21 532	2 289	6 775	36 247	12 130	1 544	5 481
2007	222 508	92 751	8 493	22 952	58 022	21 647	2 395	7 125	41 464	14 479	1 903	5 907
2008	236 617	98 370	9 021	24 929	59 764	22 262	2 591	7 329	43 759	15 276	1 936	5 782
2009	246 319	101 820	9 673	22 646	61 911	23 259	2 733	6 832	48 658	17 386	2 006	5 586
2010	258 950	106 458	10 739	23 262	63 762	23 977	2 831	6 524	48 987	17 428	1 973	5 762
2011	271 261	111 267	11 723	28 632	65 559	24 604	2 979	8 110	50 289	17 703	2 241	6 991
2012	283 810	116 219	12 005	30 601	68 370	25 651	3 105	8 798	51 713	17 890	2 365	7 813
2013	298 283	122 475	12 570	32 422	70 462	26 588	3 092	9 090	53 139	18 331	2 435	8 228
2014	312 676	129 161	13 013	33 474	72 634	27 605	3 181	9 575	53 653	18 537	2 382	8 457
2015	326 687	134 930	13 536	34 715	74 416	28 462	3 172	9 751	53 778	18 729	2 549	8 707

资料来源：历年《中国教育统计年鉴》。

硕士研究生人数

单位:人

年度	在校生				招生				毕业生			
	总人数	其中:工学	农学	医学	总人数	其中:工学	农学	医学	总人数	其中:工学	农学	医学
2006	896 615	325 440	33 461	94 353	341 970	123 309	12 552	35 425	219 655	82 386	7 309	209 34
2007	972 539	343 601	36 792	105 519	360 590	124 671	13 338	37 036	270 375	100 142	9 394	26 546
2008	1 046 429	363 581	35 893	115 101	386 658	133 222	10 668	40 083	301 066	107 950	10 943	31 620
2009	1 033 470	372 350	35 652	105 559	377 654	135 444	12 067	37 881	299 314	113 128	11 419	29 043
2010	1 062 020	383 916	34 534	105 654	356 622	129 727	12 043	33 543	308 986	111 250	12 106	29 820
2011	1 374 584	476 320	44 396	152 497	494 609	170 478	17 084	52 721	379 705	127 600	10 604	42 048
2012	1 436 008	499 954	46 888	158 065	521 303	183 593	17 975	56 070	434 742	150 544	13 948	48 188
2013	1 495 670	525 743	51 208	164 199	540 919	190 750	20 296	57 435	460 487	158 105	15 029	50 322
2014	1 535 013	540 542	53 055	170 674	548 689	189 895	20 202	60 891	482 210	166 110	17 601	70 466
2015	1 584 719	554 667	54 676	180 517	570 639	198 705	20 975	65 574	497 744	176 130	17 739	53 895

资料来源:历年《中国教育统计年鉴》。

说明:2010 年以前的数字不含专业学位硕士研究生,2011 年、2012 年的数字包含专业学位硕士研究生。

在职人员攻读硕士学位人数

单位:人

年度	授予学位数				招生数				在校生数			
	总人数	其中:工学	农学	医学	总人数	其中:工学	农学	医学	总人数	其中:工学	农学	医学
2006	55 022	20 717	2 401	2 960	106 877	42 419	5 125	4 930	291 051	125 355	13 662	14 316
2007	71 841	29 210	3 135	3 412	124 767	54 621	5 932	5 247	338 711	157 758	16 917	15 003
2008	85 196	34 372	3 144	3 929	131 446	57 144	6 218	5 619	383 875	175 949	19 723	17 016
2009	100 893	3 506*	83*	3 096*	115 244	1 350*	69*	1 449*	391 256	8 716*	312*	7 164*
2010	101 623	2 894*	81*	3 350*	123 891	1 256*	61*	1 080*	417 168	7 145*	259*	5 386*
2011	107 304	48 067	6 069	4 324	134 061	80 361	12 459	3 471	461 693	253 701	36 663	13 773
2012	104 781	50 535	6 631	3 785	140 629	84 688	11 405	4 125	489 857	288 038	41 492	16 138
2013	103 468	51 636	7 907	3 092	167 576	98 496	12 830	5 245	558 730	337 701	46 367	18 796
2014	108 176	60 789	8 899	3 474	162 374	97 437	12 775	3 487	596 086	362 202	44 565	17 996
2015	109 202	61 769	8 123	3 120	127 858	63 479	10 681	2 833	587 508	344 597	45 936	16 668

资料来源:历年《中国教育统计年鉴》。

* 2009 年、2010 年的工学、农学、医学门类的授予学位数、招生数和在读学生数均不含专业学位硕士研究生。

普通高等教育本科学生人数

单位:人

年度	在校生				招生				毕业生			
	总人数	其中:工学	农学	医学	总人数	其中:工学	农学	医学	总人数	其中:工学	农学	医学
2006	9 466 695	2 958 802	188 067	688 777	2 530 854	798 106	47 312	155 242	1 726 674	575 634	36 740	107 210
2007	10 243 030	3 205 516	197 269	736 800	2 820 971	890 510	53 755	173 795	1 992 944	633 744	43 270	122 815
2008	11 042 207	3 475 740	204 809	778 706	2 970 601	943 738	53 332	17 5221	2 256 783	704 604	45 649	139 105
2009	11 798 511	3 718 959	213 986	830 050	3 261 081	1 023 678	58 940	20 2892	2 455 359	763 635	46 847	152 392
2010	12 656 132	3 995 779	226 030	883 847	3 512 563	1 108 832	62 322	219 549	2 590 535	813 218	48 442	162 401
2011	13 496 577	4 275 808	235 342	942 912	3 566 411	1 134 270	60 835	217 290	2 796 229	884 542	51 148	168 582
2012	14 270 888	4 522 917	244 261	1 006 410	3 740 574	1 195 234	63 974	228 294	3 038 473	964 583	53 789	178 085
2013	14 944 353	4 953 334	259 837	1 064 363	3 814 331	1 274 915	68 658	238 919	3 199 716	1 058 768	58 752	192 344
2014	15 410 653	5 119 977	269 252	1 111 699	3 834 152	1 299 865	70 675	240 758	3 413 787	1 132 226	59 796	209 748
2015	15 766 848	5 247 875	275 293	1 152 058	3 894 184	1 324 652	70 091	247 158	3 585 940	1 180 508	60 908	223 917

资料来源:历年《中国教育统计年鉴》。

普通高等教育工学门类分大类本科学生人数

单位：人

	2014年			2015年		
	在校生数	招生数	毕业生数	在校生数	招生数	毕业生数
力学类	20 610	5 686	4 401	19 376	4 826	4 479
机械类	788 931	196 330	176 533	799 849	200 446	186 123
仪器类	78 797	19 255	18 950	77 028	18 125	18 491
材料类	262 154	68 114	58 416	268 966	70 308	59 808
能源动力类	94 983	24 761	20 277	98 752	25 443	21 130
电气类	331 428	80 993	74 212	341 389	84 806	76 764
电子信息类	681 154	173 082	156 527	682 234	173 199	160 809
自动化类	1891 17	47 557	44 971	194 973	48 681	45 279
计算机类	828965	224561	174401	894 314	243 777	181 436
土木类	530 804	125 645	118 056	526 407	118 052	128 717
水利类	54 314	13 500	11 528	56 439	14 021	13 324
测绘类	42 374	11 715	9 071	45 245	12 010	9 693
化工与制药类	205 719	53 183	46 300	207 894	52 237	47 972
地质类	53 470	13 200	12 602	52 249	12 591	13 018
矿业类	67 212	14 731	16 931	62 414	13 208	17 277
纺织类	47 428	10 204	11 025	45 074	9 659	12 466
轻工类	35 667	9 111	8 662	34 780	8 897	8 531
交通运输类	124 405	32 616	25 762	128 475	31 205	26 861
海洋工程类	12 743	3 118	3 052	12 740	3 509	3 068
航空航天类	25 860	6 529	5 131	28 648	7 592	5 331
兵器类	13 412	3 233	3 047	13 428	3 212	3 240

续表

	2014年			2015年		
	在校生数	招生数	毕业生数	在校生数	招生数	毕业生数
核工程类	10 322	2 538	2 720	10 101	2 502	2 517
农业工程类	27 668	6 973	6 105	28 251	7 029	6 564
林业工程类	11 161	2 914	2 763	10 997	2 729	2 574
环境科学与工程类	133 136	35 911	30 200	138 546	37 703	30 222
生物医学工程类	21 347	5 542	4 532	23 445	6 424	4 831
食品科学与工程类	137 982	37 886	28 903	148 081	40 074	30 545
建筑类	153 956	33 650	27 037	158 500	34 265	28 755
安全科学与工程类	39 143	10 480	8 928	39 946	10 456	9 065
生物工程类	73 176	19 637	17 117	73 155	19 605	16 956
公安技术类	22 539	7 210	4 066	26 179	8 061	4 662
总计	5 119 977	1 299 865	1 132 226	5 247 875	1 324 652	1 180 508

资料来源:历年《中国教育统计年鉴》。

普通高等教育专科学生人数

单位:人

年度	在校生				招生				毕业生			
	总人数	其中:工科	农科	医科	总人数	其中:工科	农科	医科	总人数	其中:工科	农科	医科
2006	7 955 046	3 185 116	143 539	579 810	2 929 676	1 194 320	52 708	224 841	2 048 034	766 090	40 437	146 042
2007	8 605 924	3 515 022	153 701	649 489	2 838 223	1 194 782	49 802	192 273	2 481 963	960 386	45 060	177 574
2008	9 168 042	3 796 269	162 018	736 339	3 106 011	1 314 507	57 545	220 800	2 862 715	1 137 342	52 091	228 386
2009	9 648 059	4 022 593	171 409	822 463	3 133 851	1 316 209	59 971	250 420	2 855 664	1 154 793	50 545	238 143
2010	9 661 797	4 035 418	173 604	846 349	3 104 988	1 303 640	56 129	27 2845	3 163 710	1 307 143	54 035	28 2185
2011	9 588 501	4 412 918	172 439	863 942	3 248 598	1 500 342	57 103	311 438	3 285 336	1 485 262	59 580	276 239
2012	9 642 267	4 440 037	169 578	925 804	3 147 762	1 463 737	56 236	298 521	3 208 865	1 457 516	58 308	279 290
2013	9 736 373	4 474 952	169 938	995 420	3 183 999	1 485 832	55 578	324 759	3 187 494	1 455 331	56 295	308 106
2014	10 066 346	4 621 018	170 247	1 085 522	3 379 835	1 578 346	55 299	365 417	3 179 884	1 455 648	55 541	317 784
2015	10 486 120	4 788 063	174 872	1 178 214	3 484 311	1 591 940	59 024	386 246	3 222 926	1 460 354	56 327	342 616

资料来源:历年《中国教育统计年鉴》。

说明:教育部从 2011 年起改变对专科生的统计口径,不再按学科门类,而是按专业大类统计。因此, 2011 年以后工科包括交通运输,生化与药品,资源开发与测绘,材料与能源,土建,水利,制造,电子信息,环保、气象与安全,轻纺食品 10 个专业大类;农科指农林牧渔大类;医科指医药卫生大类。

成人本科学生人数

单位:人

年度	在校生				招生				毕业生			
	总人数	其中:工学	农学	医学	总人数	其中:工学	农学	医学	总人数	其中:工学	农学	医学
2006	2 120 297	379 057	31 113	216 685	777 677	142 203	11 838	91 507	218 303	44 605	1 105	34 200
2007	2 227 218	431 509	35 711	254 082	820 858	161 850	13 573	110 240	674 890	105 901	8 358	67 408
2008	2 352 832	483 837	39 857	293 622	831 362	171 175	13 928	115 605	684 506	116 898	9 100	74 094
2009	2 256 662	483 487	34 516	325 329	815 795	174 286	10 419	136 419	865 421	164 450	14 506	100 863
2010	2 250 457	505 743	32 436	366 251	853 319	192 284	12 915	151 604	803 915	158 428	14 495	108 970
2011	2 336 132	541 158	34 674	427 219	897 241	215 308	14 300	168 942	755 402	162 010	10 885	103 188
2012	2 475 495	606 031	37 093	465 769	984 817	244 996	14 163	190 372	801 015	166 500	11 164	146 057
2013	2 654 596	659 393	40 527	544 416	1 038 158	253 886	16 774	225 261	811 159	186 133	13 162	153 016
2014	2 797 917	695 893	44 553	628 798	1 102 409	265 285	19 177	264 594	899 050	216 776	13 729	172 323
2015	2 793 354	676 609	45 261	716 544	1 014 675	242 285	16 957	282529	962 495	239 971	15 306	193 799

资料来源:历年《中国教育统计年鉴》。

成人专科学生人数

单位：人

年度	在校生				招生				毕业生			
	总人数	其中：工科	农科	医科	总人数	其中：工科	农科	医科	总人数	其中：工科	农科	医科
2006	3 128 468	723 938	50 800	437 429	1 066 754	243 264	14 745	137 358	596 860	121 778	5 986	97 965
2007	3 014 332	767 058	41 959	455 826	1 090 274	291 701	14 760	128 296	1 089 510	218 936	22 401	93 395
2008	3 130 117	910 316	42 766	440 856	1 194 190	377 534	16 580	137 885	1 006 438	221 343	15 318	143 312
2009	3 156 851	1 033 124	38 416	420 095	1 198 981	387 657	15 156	125 629	1 078 472	242 255	15 650	138 595
2010	3 109 931	1 027 797	39 224	428 986	1 230 940	385 351	17 605	173 443	1 168 958	363 341	15 188	156 657
2011	3 138 830	1 189 395	60 931	470 064	1 287 900	474 268	26 044	189 710	1 151 238	432 796	17 907	137 999
2012	3 355 628	1 217 629	61 338	530 055	1 454 734	510 854	24 594	209 370	1 153 342	447 780	22 228	140 056
2013	3 609 549	1 262 358	60 889	594 172	1 526 776	521 528	26 878	233 817	1 186 570	440 833	24 920	166 766
2014	3 733 295	1 272 030	66 113	643 238	1 553 631	520 084	30 026	240 639	1 313 279	468 941	23 175	182 846
2015	3 565 998	1 195 720	62 128	623 588	1 352 780	451 234	23 001	198 915	1 400 098	482 541	23 103	212 084

资料来源：历年《中国教育统计年鉴》。

说明：教育部从 2011 年起改变对专科生的统计口径，不再按学科门类，而是按专业大类统计。因此，2011 年以后工科包括交通运输，生化与药品，资源开发与测绘，材料与能源，土建，水利，制造，电子信息，环保、气象与安全，轻纺食品 10 个专业大类；农科指农林牧渔大类；医科指医药卫生大类。

网络本科学生人数

单位:人

年度	在校生				招生				毕业生			
	总人数	其中:工学	农学	医学	总人数	其中:工学	农学	医学	总人数	其中:工学	农学	医学
2006	1 296 893	143 156	2 834	35 169	509 530	54 414	1 514	16 613	436 707	49 902	1 103	4 266
2007	1 368 082	157 247	4 290	48 781	497 605	60 646	2 262	24 086	376 962	38 046	707	7 512
2008	1 446 709	182 542	5 652	66 429	535 914	73 594	2 977	29 706	403 824	44 119	1 228	13 675
2009	1 572 642	217 228	7 472	82 084	551 287	86 677	3 371	36 054	405 549	49 465	1 542	17 794
2010	1 640 403	243 318	8 511	99 264	555 789	95 745	3 541	41 869	422 543	57 540	1 974	20 049
2011	1 754 760	286 590	10 618	119 525	643 993	120 311	4 267	52 344	460 149	68 600	2 335	26 997
2012	2 002 698	354 584	11 958	140 322	696 698	144 903	5 186	56 247	477 949	78 147	2 638	36 025
2013	2 175 100	418 498	13 698	160 369	804 378	180 650	6 936	67 680	536 702	92 626	3 493	44 579
2014	2 287 010	479 028	16 153	184 861	781 445	194 852	7 300	74 184	586 272	117 665	4 537	47 070
2015	2 294 807	504 677	17 626	198 642	748 660	188 824	7 680	75 561	649 086	141 045	5 441	55 401

资料来源:历年《中国教育统计年鉴》。

网络专科学生人数

单位:人

年度	在校生				招生				毕业生			
	总人数	其中:工科	农科	医科	总人数	其中:工科	农科	医科	总人数	其中:工科	农科	医科
2006	1 496 052	145 882	24 821	62 866	622 986	60 973	11 777	23 880	448 410	38 794	11 069	16 216
2007	1 734 171	188 262	28 187	74 418	735 750	86 528	10 950	29 863	450 913	40 598	6 362	16 474
2008	2 112 241	310 424	34 336	84 383	936 280	153 413	14 509	31 429	497 698	63 572	9 104	18 593
2009	2 600 079	430 510	48 695	105 304	1 074 400	196 896	22 923	43 732	577 972	90 392	8 224	24 633
2010	2 891 040	446 392	49 987	132 174	1 107 866	186 143	16 993	56 749	682 986	94 628	12 745	23 783
2011	3 170 073	640 564	189 416	149 372	1 227 526	267 789	62 403	51 826	839 104	159 154	59 936	28 370
2012	3 355 628	1 217 629	215 762	153 389	1 454 734	510 854	66 809	51 305	1 153 342	447 780	58 618	44 939
2013	3 97 1306	897 017	213 440	163 984	1 396 351	359 611	61 434	62 550	1 024 060	221 577	57 671	49 849
2014	4 027 462	966 939	198 903	177 215	1 280 407	355 205	47 563	60 411	1 075 034	248 862	57 479	43 871
2015	3 989 864	986 707	193 591	183 248	1 285 372	349 367	56 013	62 032	1 150 671	285 977	54 708	50 079

资料来源:历年《中国教育统计年鉴》。

说明:教育部从2011年起改变对专科生的统计口径,不再按学科门类,而是按专业大类统计。因此,2011年以后工科包括交通运输,生化与药品,资源开发与测绘,材料与能源,土建,水利,制造,电子信息,环保、气象与安全,轻纺食品10个专业大类;农科指农林牧渔大类;医科指医药卫生大类。

普通高等学校专任教师数

单位：人

	正高级	副高级	中级	初级	无职称	总计
2006 年教师总数	108 856	304 830	352 210	239 482	70 611	1 075 989
其中：工学	32 454	85 081	95 596	61 787	17 135	292 053
农学	4 176	9 267	9 271	4 798	1 682	29 194
医学	12 115	23 432	22 416	13 812	3 685	75 460
2007 年教师总数	119 651	326 300	394 449	256 962	70 938	1 168 300
其中：工学	35 370	91 624	107 495	65 736	17 789	318 014
农学	4 535	9 776	9 917	5 039	1 699	30 966
医学	13 119	24 080	24 660	15 158	3 904	80 921
2008 年教师总数	128 966	342 699	435 640	258 320	71 826	1 237 451
其中：工学	37 995	96 345	120 735	65 301	17 727	338 103
农学	4 774	10 055	10 686	4 940	1 492	31 947
医学	13 896	24 901	26 552	15 162	4 284	84 795
2009 年教师总数	138 161	360 675	477 541	247 962	70 909	1 295 248
其中：工学	40 431	101 643	131 043	61 415	17 631	352 163
农学	5 200	10 546	11 509	4 878	1 557	33 690
医学	15 035	26 641	28 211	15 197	3 887	88 971
2010 年教师总数	148 552	377 225	516 938	231 099	69 313	1 343 127
其中：工学	43 630	106 788	140 761	56 536	16 931	364 646
农学	5 612	10 847	12 011	4 224	1 484	34 178
医学	16 081	27 825	31 023	15 534	3 958	94 421
2011 年教师总数	159 691	394 689	549 921	218 431	69 944	1 392 676
其中：工学	46 262	111 594	149 639	52 594	16 955	377 044
农学	5 960	10 994	12 573	4 043	1 608	35 178
医学	17 654	30 819	33 527	15 295	4 139	101 434

续表

	正高级	副高级	中级	初级	无职称	总计
2012 年教师总数	169 423	412 692	576 013	209 811	72 353	1 440 292
其中:工学	49 025	116 738	154 878	49 559	17 210	387 410
农学	6 321	11 552	13 087	3 759	1 582	36 301
医学	18 659	32 839	35 392	14 889	4 358	106 137
2013 年教师总数	181 501	432 356	596 954	203 713	82 341	1 496 865
其中:工学	52 749	123 281	159 724	47 120	20 072	402 946
农学	6 635	11 980	1 2810	3 714	1 860	36 999
医学	19 830	34 212	36 820	14 845	5 472	111 179
2014 年教师总数	189 136	448 625	613 729	195 763	87 257	1 534 510
其中:工学	55 702	129 051	164 776	45 964	21 718	417 211
农学	7 088	12 480	13 563	3 483	1 890	38 504
医学	20 486	35 236	37 703	13 820	5 572	112 817
2015 年教师总数	197 511	471 955	640 551	197 387	95 407	1 602 811
其中:工学	58 444	136 574	171 248	46 798	23 534	436 598
农学	7 469	13 099	13 759	3 441	2 174	39 942
医学	22 180	37 489	40 387	14 064	6 295	120 415

资料来源:历年《中国教育统计年鉴》。

科技人力资源

年度	科技人力资源总量/万人	科技领域专业技术人员/万人	R&D 人员总量/万人	R&D 人员全时当量/(万人·年)	每万就业人员中 R&D 人员全时当量/(人·年)
2006	3 800	2 230	—	150.3	20.0
2007	4 240	2 255	—	173.6	23.1
2008	4 600	2 310	—	196.5	26.0
2009	5 100	2 321	318.4	229.1	30.2
2010	5 700	2 270	354.2	255.4	33.6
2011	6 300	2 357	401.8	288.3	37.7
2012	6 743	2 387	461.7	324.7	42.3
2013	7 105	2 439	501.8	353.3	45.9
2014	7 512	2 484	535.1	371.1	48.0
2015	7 915	—	548.3	375.9	48.5

资料来源:中国科技统计网(http://www.sts.org.cn)、历年《中国科技统计年鉴》、《中国科学技术指标2014》。

说明:1)根据 OECD《科技人力资源手册》,科技人力资源是指,完成与科技领域相关的第三等级教育的人;或虽然不具备上述正式资格,但是从事要求从业人员拥有相当于第三等级教育水平的科技职业的人。我国在统计中,通常把理、工、农、医领域的全部和其他学科领域中部分具有大专及以上学历人员或具有专业技术职称人员,以及技师和高级技师人员计入科技人力资源。

2)科技领域专业技术人员包括工程技术人员、农业技术人员、科学研究人员、卫生技术人员和教学人员五类。

3)R&D 人员指参加 R&D 项目研究、管理和辅助工作的人员。R&D 人员按人数和全时当量两种方法进行统计。

第三部分

工程教育大事记

2016年工程教育大事记

中国工程院-北京航空航天大学高等工程教育研究中心

1月

8—9日,“CDIO工程教育联盟成立会议暨未来工程教育发展研讨会”在广东省汕头经济特区举行。会议由汕头大学主办,130多所高校的500余名专家学者和教师代表参加会议。会议宣布,在“教育部CDIO工程教育改革试点工作组”的基础上成立“全国CDIO工程教育联盟”。会上,教育部高教司理工处和汕头大学、浙江大学、华中科技大学、重庆大学的相关领导和专家作了专题报告。

30日,树森·兰娟院士人才基金主办的第二届树兰医学奖颁奖大会在北京国际会议中心隆重举行。全国人大常委会副委员长、农工党中央主席陈竺院士和第十一届全国人大常委会副委员长、中国药学会理事长桑国卫院士亲临颁奖。饶子和院士和王红阳院士两位医学科学家荣获树兰医学奖,分享百万元奖金。10位青年才俊荣获树兰医学青年奖。树兰基金是由中国工程院院士郑树森、李兰娟两位院士发起设立的高规格基金,每年评选树兰医学奖,旨在奖掖群贤、扶植新秀。

2月

1日,“全国工程硕士专业学位研究生在线课程公共平台”(http://www.xuetangx.com/degreecourse/engineermaster)正式发布。该

平台采取公开发布、免费学习、有偿资质认证和学分认证的方式，面向全国工程硕士专业学位研究生乃至全球的学习者。先期上线的32门课程涉及工程硕士40个工程领域中的14个领域。清华大学、中国科技大学、国防科技大学等12所高校率先成为该平台的合作伙伴。

4月

1日，教育部办公厅、国家卫生计生委办公厅、国家中医药管理局办公室发布《关于加强医教协同做好临床医学硕士专业学位研究生培养与住院医师规范化培训衔接工作的通知》。

11—12日，“工程教育认证国际研讨会”在中国科技会堂召开。会议由中国科协国际联络部和中国工程教育专业认证协会联合主办。研讨会是在《华盛顿协议》全会即将对我国转正申请进行表决的大背景下召开的，旨在与《华盛顿协议》各成员增进了解和互信。《华盛顿协议》13个正式成员的工程教育专业认证组织负责人、《华盛顿协议》组织副主席、世界工程组织联合会（WFEO）主席应邀参加会议。教育部副部长刘利民，中国科协副主席张勤，中国工程教育专业认证协会理事长吴启迪，教育部高等教育教学评估中心主任、中国工程教育专业认证协会副理事长兼秘书长吴岩等领导出席会议。国内有关高校和行业企业的领导、专家共60余人参加会议。

21日，教育部、国家发展和改革委员会、科学技术部、工业和信息化部、财政部、人力资源社会保障部、国家外国专家局等七部门联合发布《关于加强集成电路人才培养的意见》。

22—23日，“中国高等教育学会工程教育专业委员会第五届理事会暨工程科技人才培养研讨会”在浙江大学举行。会议听取了工程教育专业委员会第四届理事会工作报告，选举产生了新一届理事长、副理事长、秘书长和常务理事。在随后由中国高等教育学会和中国工程院教育委员会联合主办的“工程科技人才培养研讨会”上，与会专家围绕工程教育的热点问题展开深入交流。150余所高校的行政管理人员、专业教师、工程教育研究者及研究生约300人参加了会议。

5 月

5—7 日，第十届全国工程专业学位研究生教育工作研讨会在西安召开。会议主题为“深化工程专业学位研究生教育综合改革”，由全国工程专业学位研究教育指导委员会主办，并得到中国工程院教育委员会的大力支持。会议期间，全国工程专业学位教育指导委员会还召开了工程领域工程专业学位研究生教育协作组组长第七次会议、教育认证工作经验交流会、“专业学位类别设置与管理办法”课题研讨会。

9 日，教育部办公厅发出《关于做好 2016 年中央财政支持中西部农村订单定向免费本科医学生招生培养工作的通知》。

6 月

2 日，我国成为《华盛顿协议》正式成员。在马来西亚吉隆坡举行的国际工程联盟大会上，《华盛顿协议》全体成员表决通过了我国的转正申请，接纳我国为《华盛顿协议》第 18 个正式成员。这标志着我国的工程教育认证制度实现了与《华盛顿协议》其他成员实质等效，工程教育认证的结果和通过认证专业的毕业生学位可以在国际相互承认。

2 日，中国工程院第五届教育委员会第四次全体会议在北京召开。教育委员会主任周济主持会议，教育委员会副主任赵宪庚、樊代明、潘云鹤，工程院副院长徐德龙、教育部副部长林蕙青、教育部原副部长吴启迪等教育委员会委员，教育部和工程院教育办公室有关同志，教育委员会秘书处成员，咨询研究项目组代表等共 60 余人出席了会议。会议审议了 2013—2014 年 3 个院士咨询项目的研究成果，同意这些项目结题；评审了教育部 2016 年度人文社科专项（工程科技人才培养研究）的 4 个委托项目，同意这些项目立项；听取 UNESCO 国际工程教育中心的工作情况；研究了 2017 年中国工程院院士咨询研究项目指南中的工程教育项目。会议对我国成为《华盛顿协议》的正式成员表示祝贺，认为这不仅为我国工科毕业生走向世界打下基础，更意味着中国工程教育真正走向世界。

6 日，联合国教科文组织（UNESCO）国际工程教育中心签约暨揭牌仪式在北京举行。UNESCO 总干事博科娃女士（Irina Bokova）、中国工程院院长周济、清华大学校长邱勇、教育部原副部长吴启迪，UNESCO 教育助理总干事唐虔、中国工程院党组成员赵宪庚、中国工程院原常务副院长朱高峰，以及来自 UNESCO、中国工程院、教育部、清华大学、北京航空航天大学、浙江大学、钢铁研究总院等部门和单位的 90 余名代表出席仪式。博科娃总干事、周济院长、邱勇校长分别致辞。周济院长和博科娃总干事分别代表中国政府和联合国教科文组织签署协议。周济、博科娃、邱勇、吴启迪共同为 UNESCO 国际工程教育中心揭牌。签约和揭牌仪式由中国工程院党组成员赵宪庚主持。

6 日，中央网络安全和信息化领导小组办公室、国家发展和改革委员会、教育部、科学技术部、工业和信息化部、人力资源和社会保障部联合发布《关于加强网络安全学科建设和人才培养的意见》。

30 日，中法高等教育论坛“大学与工程教育”在巴黎笛卡尔大学举行。刘延东副总理出席，并发表题为《深化高等教育合作共筑中法美好未来》的演讲。刘延东指出，工程教育是中法教育合作中最活跃、最富成效的领域之一。她提出四点期望，一是加大合作办学力度，深化卓越工程师和技术技能人才培养的合作；二是引领两国创新潮流，加强两国高校在能源资源、航空航天、信息通讯、节能环保、基因工程及农业等的合作，推动产学研深度融合；三是拓展国际合作渠道，深化在国际工程教育认证体系中的交流合作，建设适应科技发展新趋势、推动人类社会可持续发展的新工程教育体系；四是助力青年成长发展，培养青年学生的国际视野、合作意识和包容精神。刘延东还宣布，今后 5 年，中国每年将提供不少于 500 个奖学金名额，资助中国工程人才赴法留学。

7 月

4—5 日，由中国工程院、英国皇家工程院在北京共同主办“中英校企协同创新研讨会”。中国工程院周济院长、英国驻华使馆代办

Martyn Roper先生在开幕式上致辞。英国皇家工程院院长Ann Dowling女士作了题为“在产业界与学术界之间建立更好的研究关系”的主旨报告。教育部副部长杜玉波、科技部副部长李萌、工业和信息化部副部长怀进鹏,以及来自中英两国政府、高校和企业的10位官员、院士和专家分别作了报告。中英两国政府部门、高校、研究院所及企业的300余位代表参加会议。

12—13日,第六届国际工程教育学术工作坊举行。这次活动由国际工程教育发展研究院与清华大学工程教育中心共同组织,主题为“教师发展与学生全球胜任力培养”、“工程伦理教育”。35所高校的主管校领导、教务处处长、教师发展中心负责人、工科院系主任、一线教师和研究人员等参加了研讨。通过主题报告、头脑风暴、专家问答等环节,就教师能力发展、学生素质培养和工程伦理教育等内容进行了充分的交流和探讨。

8月

25日,工程伦理教育论坛暨新闻发布会在清华大学举办。全国工程专业学位研究生教育指导委员会发布《关于加强<工程伦理>课程建设,推动<工程伦理>教学工作,培养德才兼备工程专业学位研究生的倡议书》;向全体培养单位赠送《工程伦理》教材及案例库;发布《工程伦理》课程教学大纲;组织召开系列师资培训会和教学研讨会;宣布“工程伦理”课程将于9月在“学堂在线”上线。

26日,中国机械行业卓越工程师教育联盟成立大会暨中国机械类工程教育专业认证十周年专题研讨会在北京工业大学举行。中国工程院院长、中国机械工程学会理事长周济,教育部副部长林蕙青,教育部原副部长、中国工程教育专业认证协会理事长吴启迪出席大会,并为联盟揭牌。中国机械行业卓越工程师教育联盟是在教育部指导下,由中国机械工程学会联合华中科技大学等百余所高校,以及70余家机械行业知名企事业单位和行业学会共同成立的。联盟将致力于推进基于企业-课堂融合的培养模式,搭建校企、校际交流平台,共享人才和知识资源。

10 月

13—15 日，第二届中国“互联网+”大学生创新创业大赛全国总决赛在华中科技大学举办。“互联网+”大学生创新创业大赛由教育部、中央网络安全和信息化领导小组办公室、国家发展和改革委员会、工业和信息化部、人力资源和社会保障部、国家知识产权局、中国科学院、中国工程院、共青团中央、湖北省人民政府共同举办，3 月至 9 月举行校级初赛和省级复赛。经过大赛专家委员会评审、组织委员会审定，最终评出大赛冠亚季军 4 名、金奖项目 32 个、银奖项目 115 个、铜奖项目 448 个、单项奖项目 4 个、参赛鼓励奖项目 24 个、优秀组织奖 10 个、先进集体奖 22 个。全国总决赛期间，教育部还召开了深化高校创新创业教育改革经验交流会。

14 日，交通运输部、教育部发布《关于加快发展现代交通运输职业教育的若干意见》。

19 日，中国高等工程教育峰会在成都国际会展中心隆重举行。论坛主题为“中国制造 2025 与中国高等工程教育的发展与变革”，由教育部高等教育司和中国工程院教育委员会指导，中国高等教育学会主办，中国高等教育学会工程教育专业委员会和西南交通大学承办。论坛旨在深入推进工程教育改革，交流中国高等工程教育现状和未来发展与变革之路，探索完善中国特色、国际实质等效的专业认证制度，促进产学合作、协同育人，深化工程教育领域创新创业教育改革，提升中国工程教育国际竞争力。

28—29 日，“2016 年‘面向先进制造的高等工程教育变革’国际会议暨第十一届科教发展战略研讨会”在浙江大学隆重举行。会议由中国工程院教育委员会、中国高等教育学会工程教育专业委员会和浙江大学联合主办。来自法国、英国以及国内 70 余所高校的近 200 名专家、学者参加了会议。与会者围绕“国内外工程教育的变革与挑战”“我国工程教育的改革与战略”“欧洲工程教育的经验与模式”“面向先进制造的工程教育”等主题进行了研讨和交流。

11 月

22 日，中国工程院第五届教育委员会第五次全体会议在京召开。中国工程院副院长、教育委员会主任田红旗主持会议，教育委员会顾问徐匡迪、朱高峰，中国工程院院长周济，教育委员会副主任樊代明、杜占元，教育部副部长林蕙青，教育委员会委员，教育部、人力资源和社会保障部有关同志，教育委员会秘书处成员，中国工程院机关工作人员，有关项目组专家等共 60 余人出席了会议。会议审议、通过了 2017 年咨询研究项目共 6 项，同意向咨询委员会推荐。会议对申请结题的咨询研究项目进行了评审，同意 6 个项目结题。会议讨论并原则通过了 2017 年教育部人文社科专项任务项目（工程科技人才培养研究）指南。会议还听取了教育委员会 2016 年工作总结和 2017 年工作计划汇报。

12 月

12 月 12 日，教育部与福建省人民政府在福州联合召开现代职业教育发展推进会。会议深入贯彻习近平总书记关于职业教育工作重要指示和全国职业教育工作会议精神，认真落实李克强总理重要批示和“推进职业教育现代化座谈会”部署要求，纪念《中华人民共和国职业教育法》颁布实施 20 周年暨中国近现代职业教育发轫 150 周年，总结交流经验，研究部署工作，加快推进职业教育现代化。教育部党组书记、部长陈宝生出席会议并讲话，他要求要让职业教育香起来、亮起来、忙起来、强起来、活起来。福建省委副书记、省长于伟国在会上致辞。教育部党组成员、副部长李晓红作总结讲话。福建省副省长李红出席会议。会上，教育部与两家行业协会签署了职业教育战略合作协议，5 家大型企业与职业院校合作联盟代表签署了校企合作意向协议。大连海事大学、福建省教育厅、中国职业技术教育学会、中国航空工业集团公司、福建船政交通职业学院、贵州省机械工业学校等单位的代表和国家教育咨询委员会专家作交流发言。教育部有关司局负责人,各省级教育行政部门负责人,部分社团团体和研究机构负责人,部分行业、企业和中、高等职业学校代表等约 150 人参加会议。

15 日,第 28 届全国研究生院工科研究生教育工作研讨会在哈尔滨工程大学召开。教育部学位与研究生教育中心、工业和信息化部人事教育司、学位与研究生教育学会、黑龙江省教育厅、北京理工大学、哈尔滨工程大学相关领导出席研讨会开幕式。来自清华大学、复旦大学等全国近 90 所高校的 260 余位代表参加了会议,参会人数为历届最高。

29 日,刘延东副总理与中医药高等学校教学名师座谈。2016 年是中医药高等教育 60 周年。刘延东在座谈中强调,要认真贯彻落实习近平总书记关于发展中医药和高等教育改革的重要讲话精神,遵循中医药发展规律,完善人才培养体系,打造知名院校和学科,办好中国特色、世界水平的中医药高等教育,为中医药事业发展提供智力支持和人才保障。

本文由甘宜涛、雷庆整理和编写。本文资料来源于中国教育新闻网(http://china.jyb.cn)、中国工程院网站(http://www.cae.cn)、教育部网站(http://www.moe.edu.cn)、全国工程硕士教育网(http://meng.edu.cn)、新华网(http://www.xinhuanet.com)、中国政府网(http://www.gov.cn)。谨向上述资料的作者和发布者致谢。